Esoterik

Herausgegeben von Gerhard Riemann

Arthur Ford, 1897 in Florida geboren, entdeckte seinen »sechsten Sinn« schon als junger Soldat im Ersten Weltkrieg. Nach dem Krieg, als Student der Theologie und Psychologie an der Universität von Kentucky, vertraute er sich Professor Elmer Snoddy an, einem der wenigen amerikanischen Psychologen, die damals bereits für parapsychologische Probleme aufgeschlossen waren. Arthur Ford, im Hauptberuf zunächst Gemeindepfarrer, dann Dozent für Parapsychologie, hielt zwischen 1924 und 1970 rund 8000 Séancen in allen Kontinenten ab. Er trat wiederholt in der Carnegie Hall auf, experimentierte mit Sir Arthur Conan Doyle, gastierte in Berlin, beriet Politiker und Monarchen, Künstler, Gelehrte und viele andere. Arthur Ford starb im Januar 1971.

Vollständige Taschenbuchausgabe
Droemersche Verlagsanstalt Th. Knaur Nachf., München
Lizenzausgabe mit freundlicher Genehmigung des
Scherz Verlags Bern und München

Einzig autorisierte Übersetzung und Bearbeitung
der amerikanischen Originalausgaben
»Unknown but Known. My Adventure into the Meditative Dimension«,
erschienen im Verlag Harper & Row, New York

und »The Life beyond Death«, erschienen im Verlag
G. P. Putnam's Sons, New York

Umschlaggestaltung Dieter Bonhorst
Satz IBV Lichtsatz KG, Berlin
Druck und Bindung Ebner Ulm
Printed in Germany 12 11 10
ISBN 3-426-03636-3

Arthur Ford:
Bericht vom Leben nach dem Tode

Knaur®

ISBN 3-426-03636-3 780

Inhalt

Die heidnischen Autoren sagen ausdrücklich, sie fänden sich zu dem Glauben an eine Fortdauer der Seele nach dem Tode bewogen, weil es ganz unzweifelhaft sei, daß viele Abgeschiedene umgingen, oft gehört und gesehen würden, auch mit den Menschen sprächen. Ich selbst habe Verstorbene leibhaftig vor mir gesehen und kenne viele glaubwürdige Männer, welche behaupten, sie hätten nicht nur solche gesehen, sondern auch lange Gespräche mit ihnen geführt. *Melanchthon*

Die Überzeugung unserer Fortdauer entspringt mir aus dem Begriff der Tätigkeit; denn wenn ich bis an mein Ende wirke, so ist die Natur verpflichtet, mir eine andere Form des Daseins anzuweisen, wenn die jetzige meinen Geist nicht ferner auszuhalten vermag.

Goethe zu Eckermann

Die Wissenschaft hat festgestellt, daß nichts spurlos verschwinden kann. Die Natur kennt keine Vernichtung, nur Verwandlung. Alles, was Wissenschaft mich lehrte und noch lehrt, stärkt meinen Glauben an ein Fortdauern unserer geistigen Existenz über den Tod hinaus.

Wernher von Braun

Einführung
von Jerome Ellison

Arthur Fords Ruhm gründet darauf, daß er das bedeutendste psychische Medium[1]* der Welt war und das umfangreichste Beweismaterial für das Fortleben des Menschen nach dem Tode beigebracht hat, das ein einzelnes Medium der Forschung bisher zur Verfügung stellen konnte.
Wie Ford seine außergewöhnliche Begabung entdeckte, wie er sich zu diesem auf den ersten Blick zweifelhaften Geschenk der Natur stellte, wie er die ihm verliehenen, allgemein als paranormal bezeichneten Kräfte aktivierte, wird er selbst berichten. Hier sei nur festgestellt, daß er sie ausschließlich zum Wohl der Menschen, die ihn konsultierten, und zur Förderung unserer Kenntnisse von anderen, höheren Bewußtseinsstrukturen nutzte. Ford wußte, daß er nicht der erste war, der »wie über eine geistige Telefonleitung« Verbindung zu Verstorbenen aufnehmen konnte. Er war jedoch eines der wenigen Medien, die ihre Fähigkeit vorbehaltlos in den Dienst der Wissenschaft stellten, und zwar einer notorisch mißtrauischen, spitzfindigen und doktrinären Wissenschaft. Er wollte dazu beitragen, das Terrain der sogenannten außersinnlichen Wahrnehmungen, das andere vor ihm entdeckt und abgesteckt hatten, durch sein Wirken zu erweitern. Er fühlte sich berufen, die durch telepathische Jenseitskontakte erfahrbare Einsicht, daß der biologische Tod des Menschen nicht auch sein psychischer Tod ist, bekannter und glaubwürdiger zu machen.
Als seine zweite, nicht minder wichtige Aufgabe betrachtete Ford die Ausbildung junger medial begabter Menschen. Er kannte keine Geheimrezepte, aber er wußte aus eigener Erfahrung, worauf es ankommt: auf ein ständiges Training der Konzentrationskraft, auf die Beherrschung der »Technik«, sich selbst in Trance zu versetzen, und nicht zuletzt auf ein untrügliches Moralempfinden. Mit parapsychologischen Zufallserfolgen, im stillen Kämmerlein erzielt, kann die Wissenschaft nichts anfangen. Das Ziel des Mediums muß die willkürliche, wiederholbare und einwandfrei nachprüfbare Manifestation der außersinnlichen Wahrnehmung sein. Fords Aussagen waren fast in jedem einzelnen Fall nachprüfbar. Ob-

* Die hochgestellten Ziffern beziehen sich auf die entsprechenden Nummern des Anhangs.

wohl er sich selbst keineswegs für einen prophetischen Seher hielt und seine Fähigkeit des Voraussehens (Präkognition) gern untertrieb, sei hier erwähnt, daß er fast ebenso viele kommende Ereignisse richtig vorausgesagt hat wie die berühmteste präkognitive Persönlichkeit unserer Zeit, Jeane Dixon, die bekanntlich die Ermordung J. F. Kennedys vorhergesehen hat.

Eine dritte Aufgabe – fast ein Hobby – sah Ford in der Vermittlung zwischenmenschlicher Beziehungen. Er hatte seine helle Freude daran, Leute miteinander bekannt zu machen, die dann gemeinsam irgend etwas Schöpferisches, Weiterführendes zustande bringen konnten. Abgesehen von seinem Herzleiden, das ihn in den letzten zwanzig Jahren seines Lebens zeitweise stark belastete, hatte Arthur Ford eine sehr gesunde Konstitution. Obschon er nicht sehr groß war, hatte er einen muskulösen Oberkörper und machte den Eindruck eines kräftigen Mannes. Sein freundliches rundes Gesicht flößte Vertrauen ein; sein starker Nacken drückte zugleich Energie und Ausdauer aus. Und in der Tat zählte Arthur Ford zu den Menschen, die nicht aufgeben, sich selbst nicht und nicht andere.

Arthur Ford, der Bewunderer und Freund so vieler Wissenschaftler und Männer der technologischen Praxis (ich denke hier besonders an den Astronauten Edgar D. Mitchell), war der Auffassung, daß der moderne Mensch die unbestritten glänzenden Erfolge der Technik überbewertet und dabei die geistigen Erkenntnisse und die Möglichkeiten unseres Bewußtseins in einem Maße unterschätzt, daß er seine eigene Existenz in der Zukunft – diesseits und jenseits des Todes – bedroht. Ford sagte einmal zu mir: »Die Physik befaßt sich mit den Vorgängen, aber nicht mit deren Ursprüngen und tieferen Gründen. Wenn man nur eine einzelne Musiknote analysiert, verliert sich der harmonische Zusammenhang; wenn man nur das Atom studiert, geht der Kosmos verloren.« Mit dieser Überzeugung stand Ford nicht allein da. Tatsächlich mehren sich die Bedenken verantwortungsvoller Persönlichkeiten, daß die moderne physikalische Forschung einer tragischen Entwicklung entgegengehe.

Zwar finden die Warnrufe besorgter Außenseiter der technologischen Gesellschaft noch längst nicht die ihnen gebührende Beachtung, doch ist die Aufnahmebereitschaft für evolutionistische geistige Programme zur Zukunftssicherung der Menschheit heute größer als noch vor zehn Jahren. Die Technokraten sehen sich mehr und mehr dem Vorwurf mangelnder Voraussicht kommender Entwicklungen ausgesetzt, ob es sich nun um die rapide Zunahme der Umweltvergiftung oder um die psychischen Belange der Gesellschaft handelt. Fehlschläge mannigfacher Art, sei es in der Kernwaffentechnik oder in der Raumfahrt, in der Medizin oder

in der Bildungspolitik, haben erwiesen, daß die Urteile der bisher als sakrosankt geltenden Wissenschaft ebensowenig unfehlbar sind wie die der Kirchen während der Ära ihres fast unumschränkten Einflusses. Der rein materialistisch orientierte Naturwissenschaftler hat nicht mehr unbedingt das letzte Wort. Ein anderer Aspekt des Wissens und Forschens, der lange geächtet war, hat sich neuerlich Respekt verschafft: der metaphysische. Allmählich beginnt die Anschauung an Boden zu gewinnen, daß die Struktur des Universums und des Menschen mehr geistig-sensorischer Art ist als mechanisch-physikalischer. Einige solcher Bekenntnisse weitblickender Kapazitäten werden in diesem Buch zitiert und einige vielversprechende Ansätze zur systematischen Erforschung von Problemen beschrieben, an die sich vor zehn Jahren noch kein staatliches Institut herangewagt hätte.
So besteht eine gewisse Aussicht, daß wir in nicht allzu ferner Zeit über das, was jenseits der Grenze unseres Lebens liegt, so genau Bescheid wissen und so selbstverständlich sprechen wie über die Landschaft hinter der Horizontlinie vor unserem Haus.

Zu neuen Ufern

Vor fünfzig Jahren entdeckte ich zu meiner Verblüffung, daß ich mediale Fähigkeiten besaß. Sie äußerten sich mit einer solchen Intensität und bald in einem Ausmaß, daß ich in einen seelischen Zustand geriet, der als einzige Therapie die »willensmäßige Bejahung des Unabänderlichen« – wie der große Psychologe Otto Rank es formuliert hat – wirksam erscheinen ließ. Mit anderen Worten: Ich mußte versuchen, aus dieser mir auferlegten Gabe das Beste zu machen. Meine ganze bisherige Auffassung vom Leben und von der Welt, von den Menschen und Dingen um mich herum, wurde mit einemmal auf den Kopf gestellt, mein Zukunftsplan über den Haufen geworfen, und wohl oder übel begann damit mein Weg als Medium.

Die Vorstellung von der Tätigkeit eines Mediums, der Gedanke an »übersinnliche« Experimente löst bei vielen Menschen Mißtrauen und Beklemmung aus. Niemand von uns ist gegen diese Reaktion gefeit, nur tritt sie beim einen nur anfänglich und vorübergehend auf, während sie sich beim andern hartnäckig wiederholt, so oft er mit »übernatürlichen« Phänomenen konfrontiert wird. Das Gefühl der Beklemmung oder gar der Angst beruht meistens auf Unkenntnis über die Vorgänge, falsche Information und Voreingenommenheit; das Mißtrauen dagegen ist manchmal durchaus begründet.

Man erinnert sich an ironische Berichte über geheimnisvolle Séancen, an Prophezeiungen, von denen man nicht mehr weiß, ob sie sich bewahrheitet haben, und an angebliche Wunder, für die bisher noch keine vernünftige Erklärung gefunden wurde. Mit alldem möchte man nichts zu tun haben; denn wer erst einmal anfängt, darüber nachzudenken, könnte leicht – wie heißt es doch? – »Schaden nehmen an seiner Seele«.

Aber geht es demjenigen, der so denkt, wirklich um sein Seelenheil? Ist diese Anspielung auf das Christuswort nicht im Grunde reine Heuchelei? Es soll uns ja gerade ermahnen, uns nicht einseitig und hektisch auf die Vermehrung unserer irdischen Güter zu konzentrieren, da sie uns *letzten Endes* nicht von Nutzen seien. Wer ehrlich ist, wird zugeben, daß nicht in erster Linie Rücksichtnahme auf das Wohlbefinden seiner Seele ihn dazu veranlaßt, Vorgänge und Erfahrungen, die mit unseren fünf Sinnen nicht zu erfassen sind, einfach zu ignorieren, sondern vielmehr die Tatsache, daß diese Erscheinungen immateriell und irrational, und das bedeutet, *unrationell* sind. Wie immer man zu einem solchen Denken stehen mag, niemand wird bestreiten können, daß es »zeitgemäß« ist – jedenfalls heute noch.

Wir, die wir in das materialistische Klima des 20. Jahrhunderts hineingeboren wurden, schleppen mit unserem »zeitgemäßen Denken« eine schwerere Last herum, als uns vielleicht bewußt ist. Möglicherweise wird dieser Materialismus bei manchen niemals ernstlich in Frage gestellt. Andere wiederum werden zwangsläufig durch den Eindruck bestimmter Ereignisse dazu gebracht, das Vorhandensein von Kräften anzuerkennen, für die das gängige Wissen unserer Zeit keine Erklärung hat. Meine medialen Fähigkeiten, die ich weder gewollt noch erwartet hatte, ließen mich von vornherein zu der zweiten Kategorie gehören.

Die Beschäftigung mit der Telepathie hat mir die Einsicht vermittelt, daß jeder, der diese Möglichkeit einer Bewußtseinserweiterung vorurteilslos, mit der gesunden Neugier des Forschers und Wahrheitssuchenden für sich zu ergründen versucht und dabei die Schranken, die einem jeden von uns gesetzt sind, einigermaßen klar zu erkennen vermag, hierdurch keinen Schaden an Leib und Seele erleiden kann.

Könnten alle Menschen die Scheu vor außergewöhnlichen, noch nicht erklärbaren Sinneswahrnehmungen, wie sie seit Jahrtausenden bekannt und bezeugt sind, ablegen, so würden ungeheure schöpferische Kräfte frei werden. Es gibt keinen vernünftigen Grund, warum das unschätzbare Geschenk eines sechsten Sinnes der Allgemeinheit vorenthalten bleiben, warum sie nicht daran teilhaben sollte.

Ich bin keineswegs der einzige, der den Eindruck hat, daß die vorherrschende, rein materialistische Auffassung des Universums unser Verständnis der nicht greifbaren Realitäten einengt und verfälscht. Diese Erkenntnis reicht tief in die Vergangenheit zurück, wenn sie auch zeitweise kategorisch geleugnet wurde, und zwar von politischer wie von naturwissenschaftlicher Seite – vor allem aber von theologischer, was zu tragischen Mißverständnissen führte. Von einigen wenigen Ausnahmen abgesehen, haben die Theologen die psychischen Quellen der großen Religionen nicht entdeckt. Das, was ursprünglich zur Aktivierung des außersinnlichen Bewußtseinsstromes auffordern sollte, deuteten sie als strenge Ermahnung zur Zurückhaltung.

Heute, nach fünfzig Jahren des Studiums, des Nachdenkens, der Beobachtung und Erfahrung, halte ich die Richtigkeit der folgenden Theorie für erwiesen: Obwohl die verschiedenen Bereiche des Bewußtseins unabhängig voneinander arbeiten mögen, so daß der eine vom andern »nichts weiß«, gibt es kein absolutes Unbewußtes; es gibt nur verschiedene Ebenen des Bewußtseins, das sich immer höher entwickelt. Auch etwas »Übernatürliches« gibt es nicht. Das ganze Universum wird von einem *natürlichen* Gesetz gelenkt, das zu begreifen man eben erst begonnen hat.

»Die Wissenschaft hat festgestellt, daß nichts spurlos verschwinden kann. Die Natur kennt keine Vernichtung, nur Verwandlung«, hat Wernher von Braun gesagt, ein Forscher, dessen Kompetenz in dieser Frage niemand anzweifeln wird, und er hat mutig hinzugefügt: »Alles, was Wissenschaft mich lehrte und noch lehrt, stärkt meinen Glauben an ein Fortdauern unserer geistigen Existenz über den Tod hinaus.«[2]

Damit sind wir beim eigentlichen Thema dieses Buches: Die Zelle, der kleinste Baustein des Lebens, überdauert, wenn auch in verwandelter Form, und so überdauert auch das Konglomerat aus zahllosen verschiedenartigen lebenden Zellen: der Mensch. Demnach gibt es keinen vernünftigen Grund, den biologischen Tod als unabänderliches Ende unserer Existenz zu betrachten – zumindest unserer geistigen. Jeder Mensch, sei er nun gut oder schlecht, introvertiert oder kontaktfreudig, gescheit oder dumm, setzt nach seinem körperlichen »Ableben« sein Leben als ein persönliches Wesen fort, das in der Lage ist, unabhängig zu denken, zu handeln, sich zu erinnern, sich geistig weiterzuentwickeln und unter gewissen Voraussetzungen in Verbindung zu den Lebenden zu treten. Demnach muß außer dem physischen noch eine andere Art quasi-leiblichen Wesens existieren, die »Materie der Körperlosen«. Die Wissenschaft ist ihr auf der Spur. Die Toten unterstützen sie dabei. Sie sind selbst daran interessiert, das Rätsel ihrer neuen Seinsform zu lösen.

Woher man das weiß? Aus direkter Kommunikation, also Zwiegesprächen, zwischen Lebenden und Toten. Allein das Beweismaterial über solche Unterhaltungen, die während der letzten hundert Jahre zustande kamen, also seit Beginn der modernen wissenschaftlichen Forschung mit Hilfe ständig vollkommener werdender technologischer Hilfsmittel, füllt Archive solchen Umfangs, daß selbst ein hundertköpfiges Arbeitsteam sie nicht alle auswerten könnte. Dementsprechend kann dieses Buch auch nur einen geringen Bruchteil der dokumentierten Fälle verzeichnen.

Hundert Jahre intensiver Forschung haben die Jahrtausende alte, oft geleugnete und doch unvergessene Tatsache des Fortlebens allen Lebens für alle diejenigen bestätigt, die sich den zahlreichen nüchtern und kritisch erarbeiteten Beweisen ohne Voreingenommenheit näherten. Ich gehöre zu denen, die zur wissenschaftlichen Klärung dieser Frage beigetragen haben. Ich habe mit Toten gesprochen; sie haben der Welt durch mich vom Leben nach dem Tode berichtet.

Ich wurde 1896 in dem kleinen Dorf Titusville in Florida geboren. Mein Vater, ein Schiffskapitän, war ein überzeugter Anhänger seiner Episkopalkirche, wenn er auch nie zum Gottesdienst ging. Um so eifriger nahm meine Mutter, die strenggläubige Baptistin war, am kirchlichen Leben ihrer Glaubensgemeinschaft teil. Seit wir in Fort Pierce am Atlantik wohnten, arbeitete ich aktiv in der Baptistengemeinde mit. Bei den Zusammenkünften der jungen Leute spielte ich Klavier; fromme Lieder singen war das Wichtigste bei solchen Treffen. Nach außen hin war ich meiner Kirche so verbunden, daß allgemein angenommen wurde, ich würde später einmal Geistlicher werden, ein baptistischer natürlich. Mit der Zeit entwikkelte ich jedoch selbständige theologische Gedanken, die dann für mein ganzes Leben bestimmend werden sollten. Ich lernte einige Unitarier kennen, war bei den Gottesdiensten dabei, und ihre Lehre beeindruckte mich tief, da sie dem Gläubigen viel größere intellektuelle Freiheit bot als das recht philisterhafte Baptistentum, wie es damals in Fort Pierce in Erscheinung trat. Als Sechzehnjähriger stellte ich unseren Kirchenoberen so viele peinliche Fragen, daß sie es für geboten hielten, mich wegen meiner »Verdorbenheit« aus ihrem Kreis auszuschließen. Aber auch die Unitarier konnten mich auf die Dauer nicht fesseln. Ich wußte wohl selbst nicht ganz genau, was ich suchte – dabei hatte ich es unversehens schon gefunden.

Bereits als kleiner Junge »las« oder, besser gesagt, empfing ich manchmal Gedanken anderer Menschen. Freilich wußte ich nicht, daß das etwas Außergewöhnliches war. Wahrscheinlich meinte ich, alle könnten es. Erst, als ich zum Militär kam, entdeckte ich, daß ich in dieser Beziehung meinen Kameraden und Vorgesetzten etwas voraus hatte.

1917 wurde ich einberufen und diente in Camp Grant. Im nächsten Jahr breitete sich die große Grippeepidemie im Lande aus, und besonders viele Rekruten meiner Einheit wurden davon betroffen. Jeden Tag starben mehrere an Influenza. Eines Nachts träumte ich, daß mir ein Blatt Papier übergeben werde, auf dem in großen, deutlich lesbaren Buchstaben die Namen der Soldaten geschrieben waren, die in dieser Nacht sterben würden. Nach dem Wecken erzählte ich den schrecklichen Traum meinen Stubengenossen, und ein paar Stunden später las ich den schwarzumrandeten Aushang: Die Liste der Verstorbenen stimmte genau mit den Namen überein, die ich im Traum erfahren hatte! Das ging noch ein paar Tage so weiter. Nachts träumte ich die Namen, und morgens wurden sie bekanntgegeben.

Bald begannen meine Kameraden sich von mir wie von einem Todesboten fernzuhalten, und als ich das merkte, sprach ich nicht mehr über meine Träume. Doch das Erlebnis wühlte mich tief auf. Ich konnte es nicht mehr

vergessen – und ich hatte weiterhin Träume, die sich als hellseherisch oder präkognitiv erwiesen. Der Verzweiflung nahe, suchte ich unseren protestantischen Regimentspfarrer auf und erzählte ihm, was mit mir los war. Er hörte mich ruhig an und gab mir den Rat, Gott zu bitten, diese »dummen Träume« von mir zu nehmen. Ich war enttäuscht. Der Rat erschien mir allzu billig. Aber hatte ich etwas anderes erwarten können? Für einen ordentlichen Geistlichen gab es für solche Vorkommnisse nur zwei mögliche Erklärungen: entweder sündhaft bigotte Schwärmerei oder die ersten Anzeichen einer Geisteskrankheit.
Ich schrieb meiner Mutter, sie möge mir mitteilen, ob ihr in unserer Familie und weiteren Verwandtschaft Fälle von Geisteskrankheit oder andere auffällige Leiden bekannt seien. Natürlich gab ich keinen Grund dafür an, warum mich diese Frage interessierte, und meine Mutter antwortete denn auch arglos, ich könne überzeugt sein, aus einer gesunden und ehrenhaften Familie zu stammen – sofern man von »Tante Mary in Jacksonville« absehe. Die sei wohl »nicht so ganz richtig«, aber freundlich und harmlos, und darum habe man sie auch nicht in eine Anstalt gebracht... Ich hatte mir schon immer gedacht, daß es mit dieser Tante eine besondere Bewandtnis haben mußte, denn sie wurde bei uns zu Hause nie erwähnt. Nur durch Zufall hatte ich überhaupt von ihrer Existenz erfahren. Erst sehr viele Jahre später entnahm ich den Erzählungen von Leuten, die sie sehr gut gekannt hatten, daß sie medial begabt gewesen sein muß.
Nach Beendigung meiner Militärdienstzeit kehrte ich an die Transylvania-Universität in Lexington, Kentucky, zurück, an der ich Theologie zu studieren begonnen hatte. Ich entschloß mich, nebenbei auch Psychologie zu belegen, da ich hoffte, mir auf diesem Wege Klarheit über meine Psyche zu verschaffen. Das war allerdings eine naive Vorstellung, denn der Professor hätte zweifellos riskiert, seinen Lehrstuhl zu verlieren, wenn er in seinen Vorlesungen auf solche Absurditäten wie parapsychologische Phänomene eingegangen wäre. Persönlich war Professor Dr. Elmer Snoddy jedoch ein verständnisvoller, auch für die im Hörsaal nicht diskutierten Probleme der Seele aufgeschlossener Mann. Ihm vertraute ich meine visionären Erlebnisse an, die inzwischen immer zahlreicher und lebhafter aufgetreten waren.
Einmal hatte ich ganz deutlich das Gesicht meines Bruders George vor mir gesehen, und wie ich später erfuhr, geschah dies im gleichen Augenblick, in dem er an der Influenza starb. Im Schlafsaal unseres Colleges machten die Studenten Experimente mit Tischrücken; wenn ich dabei war, bewegte sich der Tisch. Damals geschah auch die seltsame Geschichte mit Joe, einem Korporationsbruder. Als er an einer schweren Lungenentzündung erkrankte, ließ er mich zu sich rufen und sagte: »Wenn es möglich

ist, zurückzukommen, liefere ich dir den Beweis.« Joe starb. Ein Jahr darauf empfing ich sein Codewort bei einer Séance, die ich zusammen mit einem anderen Medium abhielt. Es war meine erste persönliche Sprechverbindung mit einem Verstorbenen. In einem späteren Kapitel berichte ich Näheres darüber.

Zuvor aber war ich also zu Professor Snoddy gegangen. Was hat das alles zu bedeuten? wollte ich wissen. War bei mir geistig etwas nicht in Ordnung? Wenn ja, ließ sich das beheben? Snoddy sagte mir in seiner souveränen und liebenswürdigen Art, was ihm über »außersinnliche Wahrnehmungen« bekannt war. Zu manchen Zeiten, sagte er, dringen Nachrichten in den menschlichen Geist ein, deren Herkunft noch nicht erforscht sei. Ich hörte aufmerksam zu, als er mir über die im Gang befindlichen Untersuchungen berichtete, die solche Ereignisse verständlich machen sollten. Der große Philosoph und Psychologe William James von der Harvard-Universität interessierte sich für dieses geheimnisumwitterte Gebiet und forderte, daß die sogenannten telepathischen Phänomene methodisch erforscht werden müßten. In England waren unter dem Patronat einer Gesellschaft für parapsychologische Forschung und unter der Leitung von so hervorragenden Gelehrten wie Sir Oliver Lodge, Henry Sidgwick und Frederic Myers experimentelle Studien paranormaler Erscheinungen, wie auch ich sie kannte, schon weit vorangeschritten, und die Lösung des Rätsels schien unmittelbar bevorzustehen. »Tragen Sie dazu bei«, riet Snoddy. »Auch Sie sind offenbar einer dieser seltenen Menschen, ein Medium! Es spricht nichts dagegen, daß Sie Ihre Gabe weiterentwickeln und sie zum Nutzen der Menschheit entfalten sollten.«

Diese Aussprache bedeutete für mich eine innere Beruhigung. Ich beschloß, mein ungewöhnliches Talent zu akzeptieren, statt vor seinen Produktionen zu erschrecken, und versuchte, meine medialen Fähigkeiten zu vervollkommnen. An die Tatsache, daß ich in halb wachem, halb hypnotischem Zustand unsichtbar Anwesende beschreiben und einige ihrer Botschaften zu empfangen vermochte, hatte ich mich beinahe schon gewöhnt. Von der Trance, also von der Möglichkeit, mich in einen Bewußtseinszustand zu versetzen, der die freie Willensentscheidung ausschließt, verstand ich noch keinen Gebrauch zu machen. Ich wollte nicht sozusagen auf halbem Wege stehenbleiben und hatte das Bedürfnis, diese höhere Stufe der Empfangsbereitschaft für außersinnliche Wahrnehmungen zu erklimmen, aber ich wußte nicht so recht, wie ich es anfangen und wer mir dabei als Lehrmeister dienen sollte. Nur sehr wenige Medien sind imstande oder willens, ihre Technik oder Kunst, sich selbst in Trance zu versetzen, weiterzugeben. Schließlich handelt es sich ja nicht um ein Handwerk, zu dessen Erlernung man nur etwas Geschick und Anleitung braucht. Hinzu kam, daß über die praktische, physiologische Seite der Trance sich niemand präzise zu äußern wagte, sei es aus Furcht, seinen Nimbus zu zerstören, sei es, um von den zu materialistischem Denken erzogenen Mitmenschen nicht ausgelacht zu werden. Für neunundneunzig Prozent der Zeitgenossen war es ja schon schlimm genug, daß es so etwas wie Medien und Séancen überhaupt gab und geduldet wurde!

Da ich also von meinen erfahrenen amerikanischen Kollegen nicht viel Hilfe erwarten konnte, suchte ich einen von fernher, aus Indien, kommenden Mann auf, der im Jahre 1920 nach Boston kam, um auf einer Zusammenkunft von Unitariern zu sprechen. Es war der große Hindu-Weise Paramahansa Yogananda.

Ich erzählte ihm von meinen Schwierigkeiten, das Stadium der tiefen Meditation und Losgelöstheit zu erreichen, und er hatte sofort Verständnis, betrachtete mich als »Mit-Suchenden« und half mir zunächst, meine medialen Fähigkeiten im richtigen Maßstab zu sehen, das heißt, er war von ihnen nicht übermäßig beeindruckt und verbot mir geradezu, ihre systematische Weiterentwicklung zu meinem Lebensinhalt zu machen. Solche Fähigkeiten entwickeln sich von selbst mit der sukzessiven Erlangung eines universalen Bewußtseins, hatte er erkannt.

Ich nahm mir Yoganandas Hinweis zu Herzen, daß alle spirituell höherentwickelten Seelen eine gewisse mediale Begabung haben, aber daß nicht alle Medien höherentwickelt sind. Er riet mir, nie in meinen Bemühungen nachzulassen, so viel wie möglich über die greifbare und ungreifbare Struktur des Kosmos zu lernen, und zwar sowohl aus alten als auch aus neuesten Quellen. Ich begann bei den alten und entdeckte, daß die Gelehrten der Antike nicht einfach nur logisch denkende Theoretiker und phantasiebegabte Erzähler gewesen waren. Die besten von ihnen erwiesen sich als genaue Berichterstatter über selbsterlebte paranormale Erscheinungen.

Alles, was ich in dieser Richtung jemals gelesen hatte, las ich jetzt noch einmal und drang dabei in Wissensgebiete vor, mit denen ich mich nie zuvor befaßt hatte.

Man brauchte Yogananda nur kurz zu begegnen, um sogleich zu erkennen, daß man einem außergewöhnlichen Menschen gegenüberstand – einem Menschen mit umfassender Bildung, unanfechtbarer Integrität und grenzenlosem Einfühlungsvermögen. Seine Lehren beeinflußten mich so tief, daß mir schlagartig zu Bewußtsein kam, daß Weisheit auch in anderen Kulturen entstehen kann als in derjenigen, in die ich zufällig hineingeboren war – eine Kultur, die, wie ich nun erkannte, in mancher Hinsicht erstaunlich primitiv war. Diese Einsicht veranlaßte mich zu intensiverem

Studium der Geschichte des Denkens anderer Völker. Und gerade dadurch erfuhr mein Verständnis für die jüdisch-christlichen Glaubensvorstellungen in meiner Umwelt eine große Bereicherung.
Yogananda war kein bloßer Theoretiker und Prediger. Die Wahrheit und Anwendbarkeit seiner Lehren bezeugte er durch Prophezeiungen, geistige Heilungen und die Demonstration seiner Yoga-Übungen. Ich habe ihm viel zu verdanken, aber ich war durchaus kein guter Schüler dieses Idealbildes eines Guru. Ich war ein ungeduldiger junger Mann und hatte nicht allzuviel Lust, mich den Exerzitien und Prüfungen zu unterziehen, die, nach Yogananda, für die Transformation meines Charakters erforderlich waren. Immerhin ging ich für einige Zeit nach Indien, um die Swami-Methoden spiritueller Konditionierung zu studieren, doch ich fand nicht das, was ich suchte. Bei allem Respekt vor den Konzentrationsleistungen der Yogi blieb mir ihre Lehre doch fremd. Vielleicht war mir eine vollkommene Persönlichkeitswandlung aber auch nur zu mühevoll. Jedenfalls beschloß ich, lieber mit dem Charakter und den Geisteskräften, die ich nun einmal besaß, weiter durch das Leben zu gehen. Meine Bewunderung für Yogananda hat dennoch nie nachgelassen. Er war einer der großen Leitsterne meines Lebens. Ihn zu kennen, seine Demonstrationen zu sehen und seine Lehren zu hören – wenn ich mich auch nicht in der Lage sah, sie zu befolgen –, war für mich eine nie versagende Quelle der Inspiration.
Für Yogananda waren die Herrschaft des Geistes über alle materiellen Kräfte und die ständige Erweiterung des schöpferischen Bewußtseins mehr als bloße religiöse Gebote. Die Beherrschung dieser Energien hat ihm während seines langen Lebens Erfahrungen vermittelt, die selbst einem überzeugten Spiritisten unglaublich erscheinen mögen.
Yoganandas Visionen führten ihn bis zur Erfahrung eines kosmischen Bewußtseins, und seine eindrucksvollen Lehren, die das Leben nach dem Tode betrafen, bauten auf einem Verständnis des Alls als Einheit auf. Er sagte mir einmal: »Die Tragik des Todes ist unrealistisch. Jene, denen vor dem Tod schaudert, kommen mir nicht weniger unbedacht vor als nervöse Schauspieler, die auf der Bühne beim Knall einer Theaterpistole vor Schreck wirklich sterben zu müssen glauben.«
Gern erzählte er die Geschichte von Thales von Milet, dem griechischen Weisen, der sechs Jahrhunderte vor Christus gelebt hat. Thales lehrte, daß es keinen Unterschied zwischen Leben und Tod gebe. »Warum«, so fragte ihn ein Kritiker, »willst du denn dann nicht sterben?« Thales antwortete: »Eben weil es keinen Unterschied gibt.«
Yogananda selbst war auch nicht völlig gefeit gegen die Empfindung von Trauer um den Verlust eines ihm nahestehenden Menschen; er war sogar

überwältigt von Kummer, als er – durch eben jenen Tod, der nur eine Illusion ist – einen seiner besten Freunde verlor. Er war über Hunderte von Kilometern hinweg »dabei«, als sein Guru Sri Yukteswar starb. Sterbeerfahrungen, das unmittelbare Miterleben des Hinscheidens einer sich entfernt befindenden Person, gehören zu den bestbezeugten außersinnlichen Wahrnehmungen, und so war auch dies in keiner Weise ungewöhnlich. Yogananda befand sich gerade auf einer Eisenbahnreise. »Plötzlich sah ich eine schwarze Astralwolke, und bald darauf hatte ich eine Vision Sri Yukteswars. Er saß mit ernster Miene da, flankiert von zwei Lichtern. Ich fragte ihn: ›Ist alles vorbei?‹ Er nickte und verschwand langsam.« Wie Yogananda später erfuhr, ist Sri Yukteswar genau zum Zeitpunkt der Vision gestorben – und genau zu der Stunde, die der Weise selbst vorausgesagt hatte.

Der Hindu Yogananda bezweifelte die Auferstehung Jesu nicht, er bezweifelte nur ihre Einzigartigkeit. Wenn das wahre Selbst eine geistig-seelische Struktur reinen Bewußtseins besitzt und wenn dieses Bewußtsein niedrigere Energieformen wie physische Substanz nach seinem eigenen Willen beherrschen kann, dann sah Yogananda nichts Besonderes darin, daß solch ein Bewußtsein irgendwelche Molekularstrukturen wieder zusammensetzte, wenn es Lust hatte, vor den Augen von noch auf Erden weilenden Freunden zu erscheinen. Sri Yukteswar ist, genauso wie Jesus seinen Jüngern erschien, Yogananda wiedererschienen. Es war in seinem Zimmer im Regents Hotel in Bombay am 19. Juni 1936 um drei Uhr nachmittags – über drei Monate nach seinem biologischen Tod. Spontan stürzte Yogananda seinem alten Lehrer entgegen, um dessen Geist so nahe wie möglich zu sein. Als er, erstaunt, einen wirklichen Körper zu umfassen, aufschrie, erklärte Sri Yukteswar: »Ja, dies ist ein Körper aus Fleisch und Blut. Für dich ist er körperlich. Aus kosmischen Atomen habe ich einen neuen Körper, genau wie den physischen, der beerdigt worden ist, geschaffen.«

Sri Yukteswar erzählte ihm von den Welten im Jenseits: »Wesen mit ungetilgtem irdischem Karma dürfen nach dem kausalen Tod nicht in die höhere astrale Sphäre kosmischer Vorstellungen eingehen. Sie müssen zwischen der physischen und astralen Welt reisen, sie sind sich abwechselnd eines physischen und eines astralen Leibes bewußt ...«[3]

Um auf meine eigene Entwicklung und Erfahrung zurückzukommen: Ich selbst habe nicht die Fähigkeit gehabt und nicht das Glück wie Yogananda, einen Verstorbenen als körperlich regeneriertes Wesen vor mir zu sehen. Vielleicht war es diese Begrenzung meiner medialen Begabung, die der mir überlegene Meister so deutlich empfand, und vielleicht habe ich ihn deshalb so verehrt, weil er mich meinen eigenen Weg gehen ließ.

Was ich suchte, war eine Bestätigung meiner eigenen Erfahrungen und Beobachtungen in der Geschichte der mit außersinnlichen Fähigkeiten Begabten. Es ging mir darum, festzustellen, ob das, was ich erlebte, eine neuartige, gar modische Erscheinung war, oder ob es sich um etwas handelte, was es schon immer gegeben hatte. Wenn solche Phänomene, mit denen ich täglich vertrauter wurde, seit den frühesten Berichten über menschliches Leben auf der Erde vorgekommen sein sollten, so war ich wahrhaftig in etwas eingeweiht, was mit der eigentlichen Struktur und dem Zweck des Universums selbst zu tun hatte und als der Schlüssel zum Verständnis der wahren Natur und des wahren Sinns menschlichen Lebens zu betrachten war. Deshalb studierte ich systematisch die Geschichte der Idee vom Fortleben des Menschen nach dem Tode.

Es schien mir, daß vier Hauptpunkte klarzustellen seien, wenn ein Leben jenseits des Todes und die vorhandenen Berichte darüber ernst zu nehmen sein sollten. Erstens wäre ein fortdauerndes Bewußtsein erforderlich, wobei Bewußtsein als sinnliche Wahrnehmung, Erinnerung, Erkenntnis, Vernunft, Entscheidungsfähigkeit und jener ganze Komplex von Charakterzügen, die wir in dem Ausdruck »Persönlichkeit« zusammenfassen, definiert werden müßte. Zweitens müßte irgendeine Art von Aufenthaltsbereich existieren, der wenigstens in groben Zügen mit unserer Erde vergleichbar wäre und in dem die Persönlichkeit unter ähnlichen Verhältnissen weiterwirken könnte. Drittens wäre irgendeine Art Lebenswert, -ziel, -notwendigkeit, -sinn oder -dienst in einem zeitlosen, auch unserem heutigen Daseinsniveau begreiflichen Sinn notwendig. Und schließlich müßte es irgendeine Lösung für gesellschaftliche und ethische Probleme geben – nämlich für alle diejenigen, die unser irdisches Leben belasten und mit dem Tod nicht ohne weiteres aus der Welt zu schaffen sind. Unter diesen Gesichtspunkten beschäftigte ich mich mit der spärlich überlieferten Kunde von der Frühgeschichte der Menschheit, las mit ganz anderen Augen als zuvor die Bibel, die *Odyssee*, fromme und heidnische Selbstzeugnisse aller Epochen und Kulturen, Dantes *Göttliche Komödie*, die Werke Swedenborgs und Goethes *Faust*. Auch ich fühlte mich mehr und mehr bereit, »auf neuer Bahn den Äther zu durchdringen, zu neuen Sphären reiner Tätigkeit«, auch mich lockte »zu neuen Ufern ein neuer Tag«, aber ich spürte zum Glück nichts »Faustisches« in mir, und ich war sicher, daß es kein Pakt mit der Hölle war, den ich im Begriff war einzugehen, sondern ein Pakt mit dem Leben. Ich wollte beweisen, daß es nicht so begrenzt war, wie es sich der Menschheit im allgemeinen darbot.

Ich studierte und las alles Erreichbare über Zeit und Endlichkeit und die Manifestationen ihrer Durchbrechung mit großem Gewinn und doch noch zu früh und nicht zum letztenmal, denn erst im Laufe der Jahre er-

hielt ich durch den immer intensiveren Einblick in jenes »neue Leben« nach dem Tode die Bestätigung für die Wahrheit der Überlieferungen, die sich auf das Jenseits beziehen, und für die Erfahrungen, die früher Lebenden auf medialem Wege zuteil geworden sind.
Zunächst aber suchte ich diese Bestätigung nicht im eigenen Erlebnis von Jenseitskontakten, die zu jener Zeit noch viel zu sporadisch auftraten, sondern in den Werken der fortschrittlichen Wissenschaftler, die sich der Erforschung paranormaler Vorgänge und vor allem der Fortlebensidee widmeten, und da es mir bald nicht mehr genügte, nur von ihnen zu lesen, beschloß ich kühn, sie – soweit noch in diesem Leben erreichbar – persönlich kennenzulernen, mit ihnen zu sprechen und mich ihnen für ihre Experimente als Medium zur Verfügung zu stellen.
Im Jahre 1921 ging ich nach New York, um Miß Gertrude Tubby, die Sekretärin der Amerikanischen Gesellschaft für parapsychologische Forschung, aufzusuchen. Sie vermittelte mir die Bekanntschaft mit dem Parapsychologen Dr. Franklin Prince und sorgte dafür, daß ich mit den zuverlässigsten Medien der Metropole Sitzungen abhalten konnte. 1922 heiratete ich und wurde Pfarrer in der Christian-Science-Gemeinde Barbourville, Kentucky. Ohne mein Amt zu vernachlässigen, nahm ich weiterhin an Séancen teil, um mich als Medium zu vervollkommnen. Eines Tages besuchte mich Dr. Paul Pearson, der damals in den Oststaaten psychologische Lehrveranstaltungen abhielt. Es stellte sich heraus, daß er sich besonders für telepathische Phänomene interessierte und mit großen Fachleuten auf diesem Gebiet, wie Sir Oliver Lodge und Sir Arthur Conan Doyle, bekannt war. Er forderte mich auf, im Sommer 1924 eine Vortragsreise durch die Neuenglandstaaten zu machen. Gern nahm ich den Vorschlag an. Damit begann meine »Karriere« als Medium – und damit endete meine Ehe. Meine Frau, die stark an ihrer Heimat Kentucky hing und die Verbindung mit dem Elternhaus nicht aufgeben wollte, war nicht bereit, mich nach dem Norden zu begleiten.

Meine Auftritte in der Öffentlichkeit bestanden darin, daß ich zunächst einen leicht verständlichen Vortrag über parapsychologische Phänomene hielt und dann meinen Geist in einen Zustand versetzte, der mit der Einstellung einer bestimmten Wellenfrequenz vergleichbar ist: Ich stellte mich auf die Welt der Toten ein, und die irdische Welt entschwand aus meinem Bewußtsein. In diesem Trancezustand empfing ich Botschaften, das heißt, ich übermittelte anwesenden Personen Nachrichten von verstorbenen Verwandten und Freunden oder auch von historischen Persönlichkeiten.
Eine Séance dauerte etwa eine Stunde. Länger hielt meine Konzentra-

tionskraft – zumindest in den ersten Jahren – nicht vor. Ich erwachte wie jemand, dem es nicht so ganz leichtfällt, aus einem tiefen Mittagsschlaf wieder in den hellen Alltag zurückzufinden, der sich andererseits aber auch kaum mehr seiner lebhaften Träume zu erinnern vermag. Nun konnte ich mich nicht etwa zurückziehen, um mich von der geistigen und physischen Anstrengung auszuruhen, sondern ich mußte versuchen, auf alle Fragen zu antworten, die mein Publikum nach den soeben miterlebten, scheinbar ungeheuerlichen Vorgängen beschäftigten. Es waren, wie man sich denken kann, stets die gleichen Fragen:

Wie werden wir im Jenseits beschaffen sein? Haben die Toten noch einen Körper oder nur eine Seele? Was wird mit uns »drüben« geschehen? Verbringen wir die Zeit in paradiesischem Müßiggang, in öder Langeweile, oder werden uns Aufgaben zugewiesen? Werden wir uns noch an alles erinnern können, was in unserem irdischen Leben vor sich gegangen ist? Kann sich jeder Verstorbene über ein Medium mit seinen Lieben in Verbindung setzen? Wie steht es dort mit den uns vertrauten irdischen Lebenselementen wie Nahrung, Obdach, Schlaf, Sex, Beruf, gesellschaftliches Leben? Wie ist es um das Ansehen einer Person bestellt? Kann es mitgenommen werden oder nicht? Kommt unser Pudel eines Tages auch mit? Was haben die großen Denker der Vergangenheit zu den Problemen von morgen zu sagen? Überdauern alle Wesen den biologischen Tod oder nur auserwählte? Und wer entscheidet über unser Schicksal nach dem Tode – Gott?

Das sind – zum Teil Jahrtausende alte – berechtigte Fragen. Noch nicht alle, jedoch eine ganze Reihe von ihnen können heute einigermaßen zufriedenstellend beantwortet werden. Was aber konnte ich meinen Zuhörern damals schon sagen: daß sie nur die Heiligen Schriften der Menschheit gründlich zu lesen brauchten oder gewisse, von höherem Wissen inspirierte Werke der Philosophie und Seelenkunde? Das hätte ihnen auch jeder Pfarrer raten können. Am liebsten hätte ich ihnen empfohlen, ihre verstorbenen Angehörigen doch selbst über das Leben im Jenseits zu befragen, statt von ihnen vor allem erfahren zu wollen, wo sich das vermißte Testament befinde und ob sie sich noch an dieses und jenes gemeinsame Erlebnis erinnern könnten. Doch ich hatte ja längst erfahren, daß es mit den Fragen und Antworten zwischen Lebenden und Toten eine besondere Bewandtnis hat, daß nicht jeder Verstorbene sich sprechen ließ und klare Auskünfte zu geben vermochte.

Bald, nachdem ich die schockierende Entdeckung gemacht hatte, daß einer meiner Sinne wie eine Telefonleitung von einer Daseinsform zur andern eingesetzt werden konnte und ich zusammen mit anderen, meist erfahreneren Medien erstmals Séancen veranstaltet hatte, mußte ich feststellen, daß verstorbene Menschen sich in mancher Hinsicht ebenso wie lebende verhalten – genauer gesagt: daß sie ihre menschlichen Eigenheiten beibehalten haben. Wenn sie Kontakt mit einem Diesseitigen aufnehmen wollen, dann tun sie es; wenn sie es aber nicht wollen, kann man nichts machen. Doch hängt wiederum nicht alles von der »Laune« des Verstorbenen ab. Noch andere allzu menschliche Gründe spielen ebenfalls eine Rolle dabei, ob eine Kontaktaufnahme gelingt und aufschlußreiche Ergebnisse zeitigt oder nicht. Ich werde auf alle diese Probleme im Umgang mit Verstorbenen noch zurückkommen.

In meinen »Lehrjahren« mußte ich bei jeder Séance mit hundertprozentigem Mißerfolg rechnen. Zwar war ich stets bereit, für meine Zuhörer die Verbindung mit irgendeinem Toten herzustellen, doch manchmal meldete sich der Betreffende einfach nicht. Wie sollte ich nun wissen, ob der Verstorbene kein Gespräch wünschte oder ob ich mich nur nicht auf die richtige »Wellenlänge« eingestellt hatte? Mit anderen Worten: War die Verbindung nur gestört, oder war das andere Ende der Leitung unbesetzt? Ich versuchte immer wieder »durchzukommen«, und oft wurde die Mühe belohnt. Es meldete sich jemand, doch es war offenbar nicht der, auf den ich mich eingestellt hatte. Wenn ich nun meine Alltags-Skepsis einschaltete und mir sagte: »Da spricht ein gewisser Gregory Klegory Tegory – aber so kann man doch gar nicht heißen«, dann brach der Kontakt fast immer sofort wieder ab. Möglicherweise hatte ich den Verstorbenen – und mich selbst – mit meinem Zweifel entmutigt. Wenn ich aber nur geradeheraus sagte, was ich empfangen hatte, dann war es im allgemeinen so, daß einer der Zuhörer sich angesprochen fühlte und das scheinbar Ungereimte erklären konnte.

So lernte ich, daß es meine Hauptaufgabe war, für alles, was durchkommen konnte, aufnahmebereit zu sein, die verstorbenen Wesen vor mir erscheinen oder eine Beschreibung von sich geben zu lassen, und nichts selbst zu interpretieren, sondern nur die empfangenen Botschaften zu übermitteln.

Je mehr ich meine Jenseitskontakte intensivierte und je sicherer ich gegenüber meinen Zuhörern wurde, desto mehr meldeten sich zu Wort: aus dem Publikum und aus der anderen Welt. Es gab unter den Verstorbenen, wie sich erwies, nicht nur jene Schwierigen, die in Ruhe gelassen werden wollten, sondern auch solche, die es gar nicht erwarten konnten, mit den Lebenden ins Gespräch zu kommen. Manchmal hatte ich den Wunsch, die große Zahl Verstorbener, die auf mich eindrangen, zurückzuhalten. Es sprachen zu viele zur gleichen Zeit, und es entstand ein heilloses Durcheinander. Es müßte eine Methode oder irgendein Wesen geben, dachte ich, das eine Reihenfolge der Übermittlung herstellen könnte. Ich

wollte nicht immer nur denjenigen, der sich am lautesten meldete, herannehmen. Ich brauchte so etwas wie einen Ordner, einen »Moderator«.
Es war mir bekannt, daß die meisten Medien, die mit Verstorbenen zu sprechen vermochten, nach einiger Zeit in besonders enger Beziehung zu einem bestimmten Jenseitigen standen, der von sich aus seine Hilfe angeboten und eine Mittlerrolle übernommen hatte. Ein solcher »Kontrollgeist« ist für das Funktionieren des Kontakts von großem Nutzen. Er stellt die Verstorbenen, die etwas sagen wollen, vor, er verdeutlicht das, was sie sagen möchten, er spricht mit der Stimme desjenigen, für den er gerade »dolmetscht«, oder auch mit der Stimme des Mediums, das sich in Trance befindet und, äußerlich betrachtet, schläft.
Schon oft hatte ich darüber nachgedacht, welche Vorbedingungen ich wohl würde erfüllen müssen, um einen ständigen Helfer im Jenseits zu finden, ohne auf diese Frage selbst oder bei erfahreneren Medien eine Antwort zu finden. So blieb mir nichts anderes übrig, als zu warten und inzwischen so gut wie möglich allein zurechtzukommen.
Es war im Jahre 1924, als ich, am Ende einer Séance wieder erwachend, von den Teilnehmern erfuhr, daß ein Verstorbener für mich selbst eine Botschaft hinterlassen hatte. Er hatte mit seiner eigenen Stimme gesprochen: »Wenn Ford aufwacht, dann sagt ihm, daß ich von nun an sein Partner sein werde und daß ich mich Fletcher nenne.«

Fletcher – mein Kontaktmann im Jenseits

Da ein Mann namens Fletcher bisher nicht zu meinem Bekanntenkreis gehört hatte, war ich neugierig, Näheres über die Identität meines künftigen »Kontrollgeistes« zu erfahren, und ich bat deshalb die Teilnehmer der folgenden Séancen, soviel wie möglich von ihm zu erfragen. Fletcher gab ihnen bereitwillig Auskunft, allerdings unter einer Bedingung: Die Öffentlichkeit sollte seinen vollen irdischen Namen nicht erfahren. Er nannte die Gründe dafür, und die Zuhörer versprachen, seinen Wunsch zu respektieren.

Fletcher – das war sein zweiter Vorname, also dem Brauch nach wohl der Mädchenname seiner Mutter – stammte aus einer strenggläubigen römisch-katholischen Familie, in der man unumstößliche Vorstellungen vom Aufenthalt der Seele nach dem Tode hatte, die mit Fletchers eigenen Erfahrungen keineswegs übereinstimmten. Aber er hatte sich nun einmal entschlossen, seine Angehörigen in ihrem Glauben zu lassen und keinen direkten Kontakt mit ihnen aufzunehmen. Es hätte sie, wie er wußte, schwerer als sein früher Tod getroffen, zu erfahren, daß er sich in einem Himmel befand, in dem nicht nur Katholiken versammelt waren. »Zuerst war ich ja selbst ein bißchen schockiert darüber«, gestand er seinen Gesprächspartnern. Und dann erklärte er, was ihn mit mir verband. Er sagte: »Arthur Ford ist ein Landsmann von mir und ein Altersgenosse. In unserer Kindheit wohnten wir beide nicht weit voneinander entfernt. Meine Eltern hatten ein Haus in der Nähe von Fort Pierce, auf der anderen Seite des Flusses. Als ich noch ein kleiner Junge war, zogen wir nach Kanada. Dort bin ich groß geworden. Bei Kriegsausbruch meldete ich mich freiwillig und fiel an der belgischen Front... Sie können das alles nachprüfen.«

Er nannte seinen Namen – wie gesagt, unter dem Siegel der Verschwiegenheit –, Tag und Ort seines Todes, die genaue Bezeichnung seiner Truppeneinheit und seine Heimatanschrift. Ich schrieb an seine Hinterbliebenen, tat so, als ginge es um die Feststellung von verwandtschaftlichen Beziehungen, und fragte nach den einzelnen Familienangehörigen, die Fletcher erwähnt hatte. Einer seiner Brüder antwortete mir und bestätigte mir die Angaben über den Tod seines Bruders.

Eine Fotografie, irgendein reales Bild von ihm habe ich nie zu Gesicht bekommen, und doch habe ich ihn oft, kurz bevor ich in Trance fiel, für Sekunden deutlich vor mir gesehen: als einen jungen, aufgeweckten Burschen. Ich kann allerdings weniger seine Gesichtszüge beschreiben als sein Wesen. Das liegt vielleicht daran, daß ich ihn viel zu dicht vor mir sah, um ihn genau zu erkennen. Wenn man ein Objekt zu nahe an die Augen heranbringt, verschwimmen seine Konturen, man spürt es mehr, als daß man es sieht. So war es auch mit Fletcher. Ich hatte manchmal das Gefühl, daß sein Gesicht, sein Körper durch meine geschlossenen Augen in mich übergingen. Es war der Moment, in dem ich das Bewußtsein verlor.

In der folgenden Zeit wurden wir unzertrennlich. Fletcher erschien in nahezu jeder Sitzung, wenn auch einmal deutlicher und ein andermal nur wie von fern, mal gut gelaunt, mal in schlechter Stimmung. Wir trainierten miteinander wie Sportskameraden, nur daß es hier um die Verbesserung der Kommunikationsmöglichkeiten zwischen den beiden Sphären ging. Wir bildeten eine Arbeitsgemeinschaft, wie ich sie mir schon so lange gewünscht hatte; ich empfand Fletcher als einen genauso guten und genauso lebendigen Freund wie meine irdischen Freunde um mich herum, und Fletcher versicherte mir, daß diese große Sympathie auf Gegenseitigkeit beruhe. Gewiß war dies nicht die unwichtigste Voraussetzung für das Funktionieren unserer Zusammenarbeit.

Meistens meldete er sich, sobald ich in Trance war, mit einem jungenhaften »Hallo!«, aus dem man sogleich seinen französisch–kanadischen Akzent heraushörte. Meist sprach er für unsere Begriffe auffallend langsam und überdeutlich, und er beklagte sich oft darüber, daß seine Partner im Jenseits, deren Botschaften er entweder selbst übermitteln oder nur ankündigen sollte, viel zu schnell sprachen, nämlich so schnell wie im vorigen Leben, und das führte zu großen Verständigungsschwierigkeiten, vor allem zu Irrtümern bei der Weitergabe von komplizierteren Eigennamen, und das alles bedeutete Zeitverlust, wenn nicht gar das Mißlingen der Séance überhaupt. Denn ich konnte ja nicht beliebig lange in diesem Energien verzehrenden Zustand einer Bewußtlosigkeit verharren, die nicht mit einer gewöhnlichen Ohnmacht zu vergleichen ist. Und schließlich schadete die von Fletcher als hektisch und unkonzentriert getadelte Sprechweise der Körperlosen auch unserem Renommé! So manches bedauernde oder ärgerliche Kopfschütteln (»Ist ja doch alles Unsinn!«) unter den Teilnehmern auf dieser Seite unseres »Spiels ohne Grenzen« verdankten wir dem Umstand, daß sich Fletchers Schützling auf seiner neuen Bewußtseinsebene noch nicht so recht akklimatisiert hatte. Auf diese Anpassungsschwierigkeiten komme ich noch an anderer Stelle ausführlich zu sprechen.

Ein weiteres Handikap für Fletchers Dolmetschertätigkeit war ein Faktum, das ich hier ohne jedes Werturteil über meinen Partner nennen muß: Er brachte uns oft mit Persönlichkeiten ins Gespräch, die ein Vokabular benutzten, das ihm, selbst langsam gesprochen, nicht verständlich war. Fletcher hatte nun einmal keine akademische Bildung genossen und daher keine großen Fremdwortkenntnisse, von irgendeiner Fachsprache ganz zu schweigen. Er war indessen äußerst lernbegierig und wiederholte ein ihm bis dahin unbekanntes Wort so oft, bis er es richtig aussprach. Der Beifall der Séanceteilnehmer belohnte ihn für seine Mühe. Aber er liebte es gar nicht, wenn sich, nachdem er ein Wort falsch betont oder falsch angewandt hatte, im Raum leises Lachen erhob. Dann konnte er sehr ironisch werden. »Was meint der komische Kauz dahinten in der Ecke?« oder »Ihr Name, Mylady, klingt auch nicht viel besser!« rief er ins Publikum, wie ein verärgerter Conférencier, der sich für die Störung seiner Vortragsnummer rächt.

Fletchers Lernbegierde und seine schnelle Auffassungsgabe können nicht mit unseren üblichen Maßstäben gemessen werden, es sei denn, man attestiert ihm, daß er ein Gedächtniskünstler war. Er übermittelte im Laufe der Zeit nicht nur Botschaften von Altsprachlern und Philosophen, die sich einer Terminologie bedienten, der kaum einer unter meinen Gästen folgen konnte, sondern er sagte auch Nachrichten in Sprachen durch, die weder er noch ich gelernt hatten, zu verstehen oder gar zu sprechen. Er sprach Chinesisch, Hindi und Arabisch, außerdem »natürlich« Deutsch und Italienisch und verstand mit einiger Mühe die Antworten und neuen Fragen des lebenden Gesprächspartners. Fletcher erklärte das so, daß er selbst nicht wisse, was er sage und höre, aber er wisse genau, was er zu sagen habe, und was derjenige, der spricht, denke, und diese Gedanken seien nicht an eine Sprache, nicht einmal an Worte gebunden. Für den noch Unerfahrenen, den Neuankömmling in der neuen Lebenssphäre gehe es vor allem darum, die Ausstrahlung der anderen Wesen aufzufangen und richtig zu interpretieren, und nicht um mechanisches Erlernen von Sprachen und anderem Wissensstoff.

Die »Übersetzung« der Gedankensprache der Körperlosen in unsere Wortsprache geht offenbar assoziativ vor sich. Im normalen Fluß des Gesprächs zwischen den Bereichen fällt diese Transponierung kaum auf, wohl aber, wenn Namen und bestimmte Begriffe umgesetzt werden müssen. Fletcher sprach zu Beginn einer Séance gern die im Raum Versammelten mit ein paar Begrüßungsworten an. Man brauchte sie ihm nicht vorzustellen; er kannte sie, auch wenn sie zum erstenmal bei mir waren. Das heißt, er konnte sie identifizieren und bezeichnende Aussagen über sie machen, aber ihre Namen zu nennen, bereitete ihm Schwierigkeiten.

Um ihnen zu beweisen, daß sie keine Fremden für ihn waren, sagte er zum Beispiel: »Sie kommen aus meiner Gegend« oder »Sie sind extra von der Westküste hergekommen«. Geographische Zuordnungen der Personen fielen ihm am leichtesten. Auch Ausländer erkannte er schnell, und Franzosen sprach er gern in ihrer Muttersprache an. Eine andere Identifikationsmöglichkeit boten die Berufe. Er sagte zu einem Herrn, von dem auch ich nicht wußte, daß er ein Kunstmaler war: »Ich sehe Sie dauernd vor der Leinwand stehen.« Und einen katholischen Geistlichen, der sich im grauen Straßenanzug in unsere Sitzung eingeschmuggelt hatte, begrüßte er mit den Worten: »Ich freue mich, daß auch ein Vertreter des Klerus anwesend ist.«
Die Séanceteilnehmer waren aus naheliegenden Gründen mitunter ganz froh, daß Fletcher sie so gut wie nie beim Namen nannte. Ihr Name tat ja auch nichts zur Sache. Anders war es bei der Vorstellung der Unsichtbaren. Sie legten meistens allergrößten Wert darauf, sich eindeutig zu erkennen zu geben, und wenn sie es nicht gerade vorzogen – so wie Fletcher –, ihren irdischen Namen mit Rücksicht auf Hinterbliebene zu verschweigen, machten sie freimütig und ausführlich Angaben zur Person. Daß die Übermittlung von Namen nicht so einfach ist, sagte ich schon, und richtig assoziieren, das war auch für Fletcher bisweilen Glückssache.
Besonders schwer fiel es ihm offenbar, ähnlich Klingendes auseinanderzuhalten. (Zur Entschuldigung Fletchers sei daran erinnert, daß das richtige Verstehen von Namen am Telefon auch nicht so einfach ist.) Fletcher mochte also mit überzeugter Stimme beginnen: »Hier meldet sich ein *Henry*, der –« und stockte dann, weil ihm der Namensträger zu verstehen gab, daß er nicht Henry heiße. Fletcher korrigierte: »Bedaure, es meldet sich ein *Harry* –«, wieder wurde er unterbrochen, »– vielmehr ein Mister *Harrison*, wenn ich recht verstanden habe – nein, nicht? Aber die Silbe *Har-* stimmt doch – oder? Aha, jetzt hab' ich's. Es handelt sich um Mister *Harrall*.« Der andere schien ihm zu bestätigen, daß dies sein Name sei, und nun konnte es endlich weitergehen. Der Gesprächspartner unter den Sitzungsteilnehmern mußte herausgefunden werden. Oft war das leicht, nämlich dann, wenn ein Familienangehöriger oder Freund im Publikum war, der schon aufgeregt darauf wartete, mit dem Verstorbenen sprechen zu können. Fast genausooft meldeten sich jedoch Jenseitige zu Wort, die sich an keine bestimmte Person wandten, sondern einfach nur etwas durchgeben wollten.
Auf die sehr unterschiedlichen Kontaktgründe, die sich erkennen lassen, wenn man die Verbindung analytisch und statistisch untersucht, komme ich noch später zurück. Hier möchte ich aber davon erzählen, auf welche

Tricks Fletcher mit der Zeit kam, um die Gedanken-Sprachbarriere zu überwinden.
»Ich habe hier einen Arzt«, sagte er einmal, »der gern einer bestimmten Person im Saal, die dringend ärztlicher Hilfe bedarf, einen Rat geben möchte. Es scheint sich um eine Dame zu handeln, ihr Name ist – warten Sie: es ist Sommer, alles blüht – ich glaube, sie heißt June.« Eine June war anwesend, und sie fühlte sich tatsächlich unwohl, wußte jedoch nicht, daß sie ernstlich krank war. Der unsichtbare Arzt stellte seine Diagnose und gab therapeutische Ratschläge.
Mehrmals leistete bei der Identifizierung der Jenseitigen die Literatur Hilfestellung. Fletcher sagte: »Ich kann den Namen der jungen Frau, die sich hier bei mir befindet, nicht herausbekommen, aber sie deutet auf ein Buch. Es ist ›Alice im Wunderland‹. Möglicherweise heißt sie also Alice. Ja, sie bestätigt mir das!«
Wie oft brach Fletcher den Versuch einer Kontaktherstellung abrupt ab, weil die Verständigungsschwierigkeit anscheinend unüberwindlich war! Das lag allerdings nicht immer an den Jenseitigen. Häufig gab es auch auf unserer Seite Komplikationen. Ich erinnere mich besonders an einen tragikomischen Fall, der ein gefundenes Fressen für den lokalen Zeitungsreporter war: Fletcher hatte mit Mühe und Not den Namen eines alten Mannes sozusagen zusammengereimt und danach Buchstabe für Buchstabe den Empfänger der Botschaft im Sitzungsraum genannt. Es schien klar: Ein Vater wollte sich seinem Sohn zu erkennen geben. Da aber erhob sich im Publikum ein junger Mann und rief empört: »Offenbar meint der Mann mich, aber ich bin nicht sein Sohn. Mein Vater sitzt hier neben mir!« Fletcher verstummte irritiert. In diesem Augenblick stand der als »mein Vater« bezeichnete Herr auf, legte seinem aufgebrachten Sohn zugleich beruhigend und wie um Verzeihung bittend die Hand auf die Schulter und sagte mit verlegener Stimme: »Ich habe es bis heute nicht übers Herz gebracht, dir die Wahrheit zu gestehen, aber nun mußt du es wissen: Deine Eltern sind ums Leben gekommen, als du noch ein Baby warst. Wir haben dich adoptiert. Der von drüben zu dir sprechen wollte, ist tatsächlich dein Vater. Ich habe ihn gut gekannt.«
Alle diese typischen, zum Teil alltäglichen Szenen habe ich nicht bei Bewußtsein miterlebt, sondern den Stenogrammen und Protokollen – später auch den Tonbandaufnahmen – entnommen, die von jeder Séance angefertigt wurden. Ich brauche indessen sicherlich kein Wort darüber zu verlieren, daß alle diese Aufzeichnungen zuverlässiger waren als mein Erinnerungsvermögen es jemals sein könnte. Manchmal war ich nach einer Séance, bedingt durch die Dauer und ihre Intensität, aber auch durch mein physisches Befinden, durch Witterungseinflüsse usw., so müde, daß ich

weder einen Blick auf die Protokolle warf, die man mir nach dem Erwachen reichte, noch den Teilnehmern zuhörte, die mir erzählen wollten, was Fletcher gesagt hatte. Ich erhob mich mehr oder weniger erschöpft, winkte zum Abschied meinen Freunden zu und ging weg, um mich auszuruhen.

Waren meine Lebensgeister wieder voll erwacht, las ich die Aufzeichnungen durch und hörte die Tonbänder ab. Es kam aber auch vor, daß ich ein paar Tage lang keine Zeit dazu hatte und die Protokolle schließlich ins Archiv legte, ohne mich mit ihnen beschäftigt zu haben. Das mochte Fletcher gar nicht gern! Er schien es jedesmal ganz genau zu wissen, wenn ich meine »Hausaufgabe« nicht gemacht hatte, und ließ mir dann durch einen der Séanceteilnehmer ausrichten, ich solle doch diese oder jene Stelle unseres letzten Gesprächs nachlesen oder abhören; sie würde mich gewiß interessieren. Das tat ich dann meistens auch.

Anfang 1964 ließ Fletcher mich daran erinnern, daß er an einem bestimmten Tag des vergangenen Jahres angekündigt habe, man werde den Präsidenten in einer fahrenden Autokolonne ermorden. Ich konnte mich nicht daran erinnern, von einer so ungeheuerlichen Prophezeiung erfahren zu haben, und hörte mir sofort das Tonband von dieser Sitzung an. Fletcher hatte recht. Entweder war keinem der Anwesenden die Botschaft – eine unter vielen – aufgefallen, oder man hatte sie als peinlich empfunden und übergangen. Jedenfalls hatte sie niemand ernst genommen – genausowenig wie die Voraussage der Jeane Dixon. Als ihre Prophezeiung nachträglich, das heißt, als es zu spät war, bekanntwurde, entbrannten, wie wir alle wissen, in der ganzen Welt hitzige Debatten darüber, ob der Mord an Kennedy hätte verhindert werden können, wenn man Jeanes »Warnung« befolgt hätte. Aber es war gar keine Warnung vor einem Geschehen, das noch nicht stattgefunden hatte. Sie hatte ja *gesehen*, wie es passierte!

Anstatt diese äußerst komplizierte Frage zu erörtern, nämlich ob Propheten etwas »nützen« können (»Wozu sind sie denn sonst da?« fragten die Zeitungen), möchte ich aus einem Gespräch zwischen Fletcher und einem Séanceteilnehmer, einem Politiker, zitieren. Die Tonbandaufnahme der Sitzung vom 16. April 1967 hat u.a. folgenden Dialog festgehalten:

Fletcher: Es sind verschiedene Leute hier ... Ein gewisser Carlson sagt, daß er etwas vorhersagen werde, was sehr sorgfältig protokolliert werden muß. Er sagt, es handle sich um jemanden, der Martin Luther heißt, um einen Farbigen. Es gibt einen Plan, der bereits ausgearbeitet ist und auch durchgeführt werden wird. Es ist ein schlimmer Plan. Ein Geistlicher namens Martin Luther King soll ermordet werden. Und zwar bald.

John: Kann Carlson mir sagen, wer King ermorden will?
Fletcher: Nein.
John: Sieht er, wann es geschehen soll, Fletcher?
Fletcher: Nein, nicht genau. Er sieht nur einen Teil des Bildes. Vorhersagen wie diese empfängt man nur in groben Umrissen, nur den Plan.
John: Aber es wird geschehen?
Fletcher: Ja.

Viele Menschen erfuhren von dieser Voraussage. Ein Jahr später, am 4. April 1968, wurde Martin Luther King ermordet. Ein weiterer Kommentar erübrigt sich.

Über die Nachteile der Vorurteile

Es würde nicht weiterführen, den Fall Martin Luther King und die Voraussage der Ermordung isoliert zu betrachten. Um ihn richtig zu verstehen, muß man die komplexen Zusammenhänge und tieferen Ursachen für die Mißachtung solcher Prophezeiungen kennen.

Die vergangenen vierzig Jahre meines Lebens haben niemals Zweifel in mir aufkommen lassen, daß der Mensch nach dem Tode weiterlebe. Denn in all diesen Jahren habe ich sozusagen Tag und Nacht unumstößliche Beweise dafür erlebt. Ja, ich war daher zunächst entschlossen, auf die Diskussion um diese Frage hier überhaupt nicht mehr einzugehen.

Nichtsdestoweniger führt das Leben in einer skeptischen, materialistischen Welt zu Kontakten, die nach entschiedenem persönlichem Engagement verlangen. Immer wieder gilt es, sich mit einem völlig falsch bzw. uninformierten Publikum auseinanderzusetzen. Darüber hinaus hat meine Arbeit das Interesse von Wissenschaftlern jeder Disziplin und Richtung erregt, wodurch ich in erheblichem Maß ihren individuellen Urteilen ausgesetzt gewesen bin. Und weil die Meinung des einzelnen das intellektuelle Klima und damit die geistige Einstellung beeinflußt, mit der die Öffentlichkeit unserem Thema gegenübersteht, will ich für einen Moment abschweifen, um einige fest eingefahrene, hoffentlich nicht unausrottbare Voreingenommenheiten unter die Lupe zu nehmen.

Vor mehr als drei Jahrhunderten wurde mit der Gründung der Royal Society in England ein Markstein für den Beginn moderner und systematischer wissenschaftlicher Forschung gesetzt. Seither hat die Menschheit ihre ebenso großartigen wie ungeheuerlichen Fähigkeiten zur Umgestaltung der sie umgebenden Natur unermüdlich von neuem unter Beweis gestellt. Die materiellen Erfolge der Naturwissenschaften sind so offensichtlich, daß kein vernünftiger Mensch sie leugnen kann. Viele geachtete und gebildete Persönlichkeiten gehen allerdings so weit, zu behaupten, Vorgänge, die sich naturwissenschaftlich nicht restlos klären lassen, seien nicht denkbar.

Wenn man von dieser Annahme ausgeht und dabei ein Übermaß an Selbstsicherheit, sprich Arroganz, an den Tag legt, bildet sich eine Einstellung heraus, die man günstigenfalls als engstirnig, eigentlich aber als bösartig bezeichnen müßte.

In einem renommierten College im Mittleren Westen hielt ich einmal eine Sitzung, bei der etwa dreißig Personen anwesend waren. Wie bei allen Séancen wurden auch diesmal von verschiedenen Personen genaue Aufzeichnungen über die Ereignisse während meines Trancezustandes gemacht. Einer der Protokollanten lieferte hinterher folgenden Bericht ab:

Durch Arthur Ford enthüllte Fletcher Botschaften, die anscheinend für die Menschen, die sie betrafen, eine Bedeutung hatten. An einer bestimmten Stelle sprach er von »Brasilien – nein, nicht das Brasilien, nicht das Land, aber ein Name wie Brasilien und doch kein Land. Weiß jemand, worüber ich spreche?« Niemand antwortete. Fletcher fuhr fort: »Ich kann einen Namen ausmachen, der ähnlich wie Brasilien klingt. Es ist aber der Name einer Person.« Zwei Teilnehmer meldeten sich; sie wollten demnächst nach Südamerika fahren. Fletcher glaubte nicht, daß die Botschaft für sie bestimmt war. Er fragte sie, ob sie dort studieren wollten. Sie verneinten, und er sagte, es hätte etwas mit einem Stipendium zu tun und mit einem Namen, der möglicherweise Brasila laute. Als sich kein weiterer zu Wort meldete, ließ Fletcher mit offensichtlicher Enttäuschung das Thema fallen.

Als ich mich für das – natürlich auch mich enttäuschende – Protokoll einer wenig ergiebigen Séance bedanken wollte, sagte der Verfasser, ein mir unbekannter junger Mann, den ich zum erstenmal sah: »Lesen Sie bitte auch meinen Nachtrag auf der Rückseite.« Ich drehte das Blatt um und las:

Nach Beendigung der Sitzung hörte der Unterzeichnete einen der anwesenden Professoren, Dr. X., zu einem Kollegen sagen: »Erinnern Sie sich, daß dieser Fletcher Brasila erwähnte? Natürlich glaube ich kein Wort von dem ganzen Zeug, deshalb habe ich mich auch nicht gemeldet. Ich weiß aber genau, was er gemeint hat. Unser College hat früher einmal eine Auszeichnung vergeben, die Brasila-Stipendium hieß!«

Was war geschehen? Fletcher hatte sich, nach den üblichen Schwierigkeiten der Identifikation seines Gesprächspartners und der Kontaktaufnahme, bemüht, eine Botschaft mit konkretem Inhalt zu vermitteln. Wie aber reagierte der unnahbare Skeptiker, als er feststellte, daß offenbar nur er mit dem Stichwort »Brasila« etwas anzufangen wußte? Er sabotierte die mühevoll hergestellte Verbindung, indem er die Antwort auf Fletchers Frage verweigerte. Sein Grund: »Ich glaube kein Wort von dem ganzen Zeug.« Weil nicht sein konnte, was seiner Meinung nach nicht sein durfte, hatte er das Experiment scheitern lassen. Und dies war die Einstellung eines Wissenschaftlers, der auf seinem technologischen Spezialgebiet als Autorität galt und an Erfindungen mitgewirkt hatte, die einige Jahre zuvor anderen Fachleuten noch unrealisierbar erschienen waren!

Wissenschaftler denken also nicht immer wissenschaftlich und nicht immer fortschrittlich. Die brüske Ablehnung der von Kapazitäten gelieferten Beweise für die Existenz außersinnlicher Wahrnehmung kam und kommt noch immer fast ausschließlich von Kritikern, die diese Beweise nicht geprüft haben – das heißt, von vornherein abgelehnt haben, sie zu prüfen. Glücklicherweise sind dennoch eine ganze Reihe von Wissenschaftlern dem Prinzip der objektiven Erforschungen *aller* Probleme, die unser Leben und unsere Welt stellen, treugeblieben. Von diesen Unvoreingenommenen wiederum haben einige ein übriges getan und für die Arbeit der Medien und Medienforscher eine Lanze gebrochen, indem sie dem pauschalen Vorurteil entgegenwirkten, daß Parapsychologen Wunschdenker seien, für die das Wunder »des Glaubens liebstes Kind« ist.

»Zwar bringt uns schon allein das Wort ›Medium‹ sofort unzählige Fälle von erwiesenem Betrug in Erinnerung«, sagte Curt Ducasse, einer der angesehensten amerikanischen Philosophen der Gegenwart, in einer Vorlesung an der University of California, »aber die Trickmethoden von Scharlatanen, die Möglichkeiten von Fehlinterpretationen und die Gefahr der Selbsttäuschung sind den Parapsychologen doch ebenso bekannt, ja, sie haben meist sehr viel mehr Erfahrung mit den Machenschaften von Geisterbeschwörern und betrügerischen Medien und ergreifen weit strengere und sinnreichere Vorsichtsmaßnahmen, als der gewöhnliche Skeptiker sich ausdenken könnte. Stets sogleich Betrug oder mangelhafte Beobachtungsgabe anzunehmen, ist daher oft ein Anzeichen größerer Leichtgläubigkeit als die Akzeptierung der berichteten Vorgänge.«

Bis jetzt sind nur zwei einigermaßen annehmbare Hypothesen zur Erklärung dieser paranormalen Fakten aufgestellt worden. Die erste betrifft die Telepathie, das heißt, die Annahme (die gewiß schon aufregend genug ist), daß das Medium Informationen direkt vom Geist eines anderen zu beziehen vermag, so daß also dieser als die eigentliche Quelle der Information anzusehen ist. Diese sogenannte animistische Hypothese müßte allerdings ziemlich überanstrengt werden, um für sämtliche telepathischen Phänomene gültig sein zu können, von denen einige voraussetzen würden, daß das Medium auch die Hirne und das Unterbewußtsein weit entfernt befindlicher und ihm völlig unbekannter Personen anzuzapfen vermag. Die zweite Hypothese besagt, daß die »Mitteilungen aus dem Jenseits« tatsächlich von Personen stammen, die gestorben sind und doch fortleben. Angesichts des Vorhandenseins zwingender empirischer Beweise für das Fortleben müssen wir unsere gewohnten Vorstellungen über das, was in der Natur möglich und was unmöglich ist, radikal revidieren.

Der berühmte Psychologe Gardner Murphy von der Columbia-Universität, Präsident der Amerikanischen Gesellschaft für parapsychologische Forschung, veröffentlichte eine mit großer Sorgfalt erstellte Studie von medial übermittelten Informationen, die, seiner Meinung nach, keinen anderen Schluß zuließen als den, daß sie von Verstorbenen kamen. Hier einige der von ihm dokumentarisch belegten Fälle:

Ein Vater, der einige Zeit nach seinem Tode einem seiner Söhne erschien, informierte diesen von der Existenz und dem Aufbewahrungsort eines zweiten Testaments, das dann auch an der bezeichneten Stelle gefunden wurde. – Ein Mädchen erschien ihrem Bruder neun Jahre, nachdem sie gestorben war, mit einem auffallenden Kratzer an der Wange. Die Mutter gestand ihm daraufhin, daß sie den Kratzer versehentlich selbst verursacht hatte, als sie ihre Tochter für die Beerdigung zurechtmachte, daß sie ihn sofort mit Puder kaschiert und niemandem davon erzählt hatte. – Einem General der britischen Kolonialtruppe in Indien erschien ein Leutnant, den er zwei oder drei Jahre lang nicht gesehen hatte. Der Leutnant ritt auf einem ausgemergelten braunen Pony, dessen Mähne und Schwanz schwarz waren. Er war viel dicker als der General ihn in Erinnerung hatte und trug jetzt einen gepflegten Bart, während er früher glattrasiert war. Auf seine Erkundigungen hin erfuhr der General, daß der Leutnant tatsächlich vor seinem Tode »ziemlich auseinandergegangen« war und sich einen Bart habe wachsen lassen. Auch hätte er sich ein Pony zugelegt und es zu Tode geritten.

Diese Fälle sind keineswegs spektakulär. Ich führe sie hier nur als Beispiel dafür an, daß es Wissenschaftler von Rang und Namen gibt, die es für wert befinden, solchen scheinbar banalen Meldungen von Übersinnlichkeit nachzugehen, die Vorkommnisse zu untersuchen, wenn möglich, exakt zu dokumentieren, und die dann, selbst auf die Gefahr hin, von gewissen Kollegen lächerlich gemacht zu werden, in Wort und Schrift ihre Überzeugung vertreten, daß es sich in den vorliegenden Fällen nicht um naturwissenschaftlich erklärbare Erscheinungen handelt.

Die Hauptursache für die weitverbreitete Animosität gegen alles, was angeblich »paranormal« sein soll, ist sicherlich darin zu sehen, daß die unte-

ren und mittleren Ränge unserer Wissenschaftler immer noch einer Weltanschauung anhängen, die erwiesenermaßen mindestens seit hundert Jahren überholt ist. Der logische Positivismus von Auguste Comte, der 1857 starb, ist nach wie vor Tausenden von Wissenschaftlern ein Leitstern, die sich das Universum als eine Maschine vorstellen, die genau nach den Gesetzen der klassischen Physik und Chemie funktioniert und ausschließlich mittels der fünf groben Sinne wahrnehmbar ist. Da aber die wichtigsten wissenschaftlichen Entdeckungen des letzten Jahrhunderts nicht ohne die Hilfe anderer Sinne als dieser fünf hätten gemacht werden können, hat sich Comtes Philosophie als unzulänglich erwiesen.
Seit Anbruch des Atomzeitalters und der Weltraumeroberung ist es offenbar, daß wir über die Natur und Struktur des menschlichen Daseins und des Universums bis zur Mitte unseres Jahrhunderts unzureichend oder falsch unterrichtet worden sind, und zwar nicht nur deshalb, weil man eben bis zu dieser Zeit noch nicht genug über den Atomaufbau und den Kosmos gewußt hat, sondern weil die Naturwissenschaften sich gegen die subjektive Erfahrung der Sinne durch einen Eisernen Vorhang abgeschirmt haben, weil sie, in der Meinung, dies dem Fortschrittsglauben schuldig zu sein, Jahrhunderte altes überliefertes Wissen mißachtet und nicht genutzt haben. Erst allmählich setzt sich jetzt die Einsicht durch, daß eine große Zahl bisher vernachlässigter Erkenntnisse und Ideen aus früheren Epochen neu untersucht werden müssen, sei es, um ihre Richtigkeit zu bestätigen, sei es, um sie zu verwerfen.
Der Soziologe Joseph Mayer strich das in einem Vortrag vor der Versammlung der American Association for Advanced Science deutlich heraus:
»Haben mechanistische und materialistische Auffassung die gelehrte Welt nicht lang genug in Ketten gehalten? Ist es nicht an der Zeit, daß die Wissenschaftler damit aufhören, das Wort ›Geist‹ nur verstohlen, gewissermaßen nur hinter der vorgehaltenen Hand zu flüstern? Wünscht jemand seinen Glauben an die ›Materie‹ zu bewahren, weil er sie immer noch für die ›sicherste Grundlage für die Erforschung der Wirklichkeit‹ hält, so steht ihm das natürlich frei... Aber sollte man sich heute nicht frei genug fühlen, sich einer ›geistigen‹ oder ›spiritualistischen‹ Hypothese zu stellen, entweder um die eigene materialistische Auffassung zu objektivieren oder um ihre Alleingültigkeit zu prüfen?
Man kann unschwer wahrnehmen, daß jede menschliche Aktivität mit neuen physikalischen Erkenntnissen parallel verläuft. Wenn es kleinste Materieteilchen gibt, die unbestimmbar sind, das heißt, daß sie zeitweise als körperliche Substanzen auftreten und zeitweise körperlos als Schwingungen erscheinen, verhält es sich mit geistigen Dingen wohl ebenso.

Wenn in der subatomaren Welt nichts von absoluter Dauer erscheint, ist das nicht besonders erstaunlich, denn, wenn der Mensch schläft, ist der Strom seines Bewußtseins unterbrochen, und seine Erfahrungen werden nur vom Gedächtnis gespeichert. Das unmittelbare Erinnerungsvermögen des Menschen ist es, das ihn seiner Gefühle, Wahrnehmungen, Wünsche, Erwartungen, Entscheidungen und Erfüllungen inne werden läßt. Sind Rudimente davon auch auf anderen Bewußtseinsebenen wahrnehmbar, lassen sie sich dorthin ablenken, wie subatomare Teilchen? Vermutlich wird die Wissenschaft darauf eine Antwort finden, doch bedarf es dazu noch erheblicher Fortschritte ... Materialismus war nie völlig wissenschaftlich. Es war der Physik-Nobelpreisträger Percy W. Bridgman von der Harvard-Universität, der als Ergebnis seiner Erforschung des Verhaltens der Materie sagte: ›Wir stehen an der Schwelle einer neuen Ära menschlichen Denkens.‹«[4]

Eine erstaunlich große Anzahl mit dem Nobelpreis ausgezeichneter Physiker haben sich zu dieser neuen liberaleren Auffassung von ihrer wissenschaftlichen Verpflichtung bekehrt.[5] Arthur H. Compton (Nobelpreis 1927) sprach von Einsichten, die »der Unsterblichkeit als wissenschaftlich erwiesener Möglichkeit eine starke Position einräumen«. Wolfgang Pauli (Nobelpreis 1945) hat kürzlich mit Experimenten begonnen, um das immer kleiner werdende Niemandsland zwischen dem geistig-seelischen und dem physikalischen Bereich zu erforschen. Richard Feynman vom California Institute for Technology (Nobelpreis 1965) verglich das Universum mit einer »Hierarchie, die von den einfachsten atomaren Strukturen über die subtilsten geistigen Begriffe bis zu der Erkenntnis Gottes reicht«. Sogar die Mathematik, »Königin und Dienerin der Wissenschaft«, neigt sich dem Geistigen zu. Seit 1933 der Österreicher Kurt Gödel, jahrzehntelang der führende Mathematiker in Princeton, mit einem heute nach ihm benannten Lehrsatz aufzeigte, daß kein mathematisches System konsequent in sich selbst beweisbar ist, sind die Mathematiker von ihren streng materialistischen Anschauungen ein wenig abgerückt.

Wissenschaft und Religion haben denselben Ursprung – die Faszination, die der Kosmos, aus dem der Mensch hervorgegangen ist und in dem er lebt, auf ihn ausübt. Die frühen Priester, die sich eine Erdmutter und einen Sonnenvater vorstellten, die Leben spendeten, sagten auf mystische Weise das gleiche, was der moderne Wissenschaftler sagt, wenn er feststellt, daß die Nahrung des Menschen aus Stoffen besteht, die von der Erde geliefert und von der Sonne aktiviert werden. Der ekstatische Eifer des Heiligen und des ehrgeizigen Wissenschaftlers wächst aus einer Wurzel: dem Bewußtsein, daß sie Teil und Werkzeug unermeßlicher Kräfte sind, die einem Kosmos Gestalt und Sinn geben. Wenn Gelehrte und

Wissenschaftler gezielter darauf hinarbeiten würden, die fruchtbare Verbindung zwischen Wissenschaft und Religion aufzuzeigen, könnte dies das Ende der Frustration bedeuten, der Millionen von Menschen in einer den Materialismus überbewertenden, technologisch zersplitterten Welt ausgesetzt sind.

Im Lichte der Rivalität zwischen den Wissenschaftlern der USA und der UdSSR ist es aufschlußreich, ja, von allergrößter Bedeutung, daß die staatlich gelenkte sowjetische Forschung die Notwendigkeit einer Synthese von physikalischer und geistiger Materie begriffen und die parapsychologische Forschung im letzten Jahrzehnt enorme Fortschritte gemacht hat.[6]

Ob politisch-strategische Überlegungen die Sowjets zur Anerkennung paranormaler Realitäten »bekehrt« haben oder tatsächlich neu erwachte geistig-seelische Interessen ohne materialistische Hintergedanken, kann hier außer acht gelassen werden. Wichtig ist zunächst einmal, daß überhaupt eine »Bekehrung« stattgefunden hat und der biologisch-psychologischen Forschung ein neues Aufgabengebiet zugewiesen worden ist.

Manche modernen Erforscher paranormaler Phänomene, auch die berühmtesten und vor allem solche, die sich zuvor jahrzehntelang nur mit den »reinen« Naturwissenschaften beschäftigten, sind durch eine geradezu schockartige Erkenntnis zur Einsicht gelangt, daß es so etwas wie außersinnliche Wahrnehmung gibt. Ohne hier ergründen zu wollen, warum der eine oder andere erst ein einschneidendes persönliches Erlebnis wie Saul vor Damaskus haben mußte, seien im folgenden einige eklatante Beispiele aufgeführt:

Der Fall Sigmund Freud

In einem Brief, den Freud im April 1909 an C. G. Jung schrieb, tat er dessen »Complexspukforschung« und die in diesem Zusammenhang aufgestellten Hypothesen seines Freundes leichthin als »holden Wahn« ab. Alles, was ihm nicht in sein Bild von der Psyche paßte, bezeichnete er geringschätzig als »okkultistisch«. Jung berichtet in seinen *Erinnerungen* eine Episode, die sich ebenfalls 1909 abspielte, als er Freud in Wien besuchte:

»Während Freud seine Argumente vorbrachte, hatte ich eine merkwürdige Empfindung. Es schien mir, als ob mein Zwerchfell aus Eisen bestünde und glühend würde – ein glühendes Zwerchfellgewölbe. In diesem Augenblick ertönte ein solcher Krach im Bücherschrank, der unmittelbar neben uns stand, daß wir beide furchtbar erschraken. Wir dachten, der

Schrank fiele über uns zusammen. Genauso hatte es getönt. Ich sagte zu Freud: ›Das ist jetzt ein sogenanntes katalytisches Exteriorisationsphänomen.‹ – ›Ach‹, sagte er, ›das ist ja ein leibhafter Unsinn!‹ – ›Aber nein‹, erwiderte ich, ›Sie irren, Herr Professor. Und zum Beweis, daß ich recht habe, sage ich nun voraus, daß es gleich noch mal so einen Krach geben wird!‹ – Und tatsächlich: Kaum hatte ich die Worte ausgesprochen, begann der gleiche Krach im Schrank.
Ich weiß noch heute nicht, woher ich diese Sicherheit nahm. Aber ich wußte mit Bestimmtheit, daß das Krachen sich wiederholen würde. Freud hatte mich nur entsetzt angeschaut. Ich weiß nicht, was er dachte, oder was er schaute! Auf jeden Fall hat dieses Erlebnis sein Mißtrauen gegen mich geweckt, und ich hatte das Gefühl, ihm etwas angetan zu haben. Ich sprach nie mehr mit ihm darüber.«[7]

Irgendwann im Laufe der nächsten beiden Jahre machte Freud eine Erfahrung, die ihn tief beeindruckte und von Grund auf wandelte. Am 15. Juni 1911 schrieb er an Jung:

»In Sachen des Okkultismus bin ich seit der großen Lektion durch die Erfahrungen Ferenczis demütig geworden. Ich verspreche, alles zu glauben, was sich irgendwie vernünftig machen läßt. Gerne geschieht es nicht, das wissen Sie. Aber meine Hybris ist seither gebrochen. Ich möchte Sie gerne in Einklang mit F. wissen, wenn einer von Ihnen daran geht, den gefährlichen Schritt in die Öffentlichkeit zu tun, und stelle mir vor, daß dies mit voller Unabhängigkeit während des Arbeitens vereinbar ist.«[8]

Freud, der Begründer der Psychoanalyse, wußte aus eigener trüber Erfahrung, wie gefährlich es für einen noch am Anfang seiner akademischen Laufbahn stehenden Wissenschaftler war, mit Thesen an die Öffentlichkeit zu treten, die der herkömmlichen Lehrmeinung widersprachen.

Im Jahr zuvor hatte auf dem Kongreß deutscher Neurologen und Psychiater in Hamburg Professor Wilhelm Weygandt bei der Ankündigung einer Diskussion über die Psychoanalyse mit der Faust auf den Tisch geschlagen und ausgerufen:

»Dies ist kein Diskussionsthema für eine wissenschaftliche Versammlung, dies ist Sache der Polizei!«

Ein Sprecher der Medizinischen Gesellschaft von Budapest äußerte sich im gleichen Sinn:

»Der richtige Ort für Psychoanalytiker ist nicht der Ordinationsraum, sondern das Gefängnis.«[9]

Jeder Universitätsdozent, der es gewagt hat, unkonventionelle psychologische Ideen vorzutragen, muß nach wie vor mit Diffamierung rechnen, (wenn auch vielleicht nicht überall mit Gefängnis), und es ist im Grunde ein trauriger Trost, daß er sich, historisch betrachtet, in der erlauchten

Gesellschaft der großen revolutionären Erneuerer unseres Weltbildes befindet; denn seit der Verfolgung Galileis sind dreihundert Jahre vergangen, ohne daß sich in der Einstellung der Bildungsfunktionäre Wesentliches geändert hätte.
Freud wurde Mitglied mehrerer nationaler Gesellschaften für parapsychologische Forschungen und experimentierte selbst mit Medien. 1924 schrieb er an Ernest Jones, seinen Schüler und späteren Biographen, daß er bereit sei, »die Sache der Telepathie durch die Psychoanalyse zu unterstützen«. Aber Jones befürchtete, daß die Psychoanalyse dadurch in Mißkredit geraten könnte, und er riet Freud von jeder öffentlichen Äußerung ab. Er verhinderte auch, daß Freud 1922 dem Internationalen Psychoanalytischen Kongreß eine Abhandlung über »Psychoanalyse und Telepathie« vortrug. Sie wurde erst nach Freuds Tod veröffentlicht. Am Ende seiner Laufbahn erkannte Freud: »Wenn ich noch einmal beginnen könnte, würde ich mich der Parapsychologie widmen.«

Der Fall Robert A. Bradley

Der namhafte amerikanische Psychologe Robert A. Bradley berichtet über seine »Bekehrung« folgendes:
»Eines Morgens erwachte ich früher als die andern, stieg die Treppe unseres großen, alten Hauses hinunter und ging in das Eßzimmer. Ich wollte mir mit dem schwarzen Zigarrenanzünder, der auf dem Marmortisch stand, eine Zigarre anzünden. Als ich die Hand danach ausstreckte, sah ich zu meiner Bestürzung, wie der Anzünder sich sanft in die Luft erhob, etwa dreißig Zentimeter weit schwebte und lautlos wieder landete. Verwirrt nahm ich ihn mit festem Griff in die Hand und untersuchte ihn ganz genau. Es war keine Schnur daran befestigt, und die übrigen Hausbewohner schliefen alle noch im ersten Stock. Es war ausgeschlossen, daß sich einer einen Scherz mit mir erlaubt hatte. Ich stellte den Anzünder wieder genau an die Stelle, von der aus er sich selbständig fortbewegt hatte. Aber diesmal geschah nichts dergleichen.
Man liest oft von ähnlichen physikalisch unerklärlichen Vorkommnissen, geht jedoch mit einem skeptischen Achselzucken darüber hinweg. Ein solcher Spuk, sagt man sich, sei auf Halluzination, Tricks, Unfug oder Schwindel zurückzuführen. Doch erleben Sie es selbst. Erleben Sie es nur einmal selbst!«[10]
Der beinahe banal klingende Zwischenfall mit dem Zigarrenanzünder war nur der Beginn einer Reihe ähnlicher psychokinetischer Erscheinungen, die Bradley davon überzeugten, daß es im Universum Kräfte gibt, die man

mit unseren fünf Sinnen nicht erfassen und mit dem zur Zeit vorhandenen technischen Instrumentarium höchstens festhalten, aber nicht erklären kann.

Der Fall Cleve Backster

Cleve Backster, der Leiter des Instituts für Lügenaufdeckung in New York, das sich um die technische Vervollkommnung der Lügendetektoren (Polygraphen) und ihrer Anwendung verdient gemacht hat, erlebte sein Damaskus 1967 vor einem Blumentopf in seinem Büro. Was er entdeckte, ging als Sensationsmeldung um die Welt:
»Als ich, wie so oft, eine Pflanze begoß, fragte ich mich plötzlich, wie lange es wohl dauere, bis die Feuchtigkeit, die die Wurzel aufsaugt, in die Blätter gelangt ist. Der Polygraph registriert die Veränderungen der physiologischen Aktivität im menschlichen Körper – warum nicht auch in einer Pflanze? Ich befestigte die Elektroden an beiden Seiten eines Blattes und erwartete, daß die Kurve auf dem Kontrollstreifen gleichzeitig mit dem Wasser stieg. Statt dessen fiel sie ab. Ich hatte eine solche Reaktion bei Menschen noch nie erlebt, außer wenn eine starke emotionale Depression mit im Spiel war. Wenn ein Mensch bedroht wird, schlägt die Nadel des Polygraphen sehr heftig aus. Ich beschloß, das Wohlbefinden der Pflanze zu bedrohen. Ich tauchte ein Blatt in Kaffee. Nichts geschah. Ich versuchte es mit lauter Musik. Kein Zittern der Nadel. Endlich dachte ich: Ich verbrenne das verdammte Ding. Es war nur ein Gedanke, aber die Nadel schnellte spontan in die Höhe. Wilde Erregung! Monatelang testete ich verschiedene Pflanzen und stellte fest, daß sie auf alles Ungewöhnliche reagierten. Wenn ich nur meinen Hund ins Zimmer brachte, schnellte die Nadel des Polygraphen sofort in die Höhe.«
Backster überlegte dann, wie die Pflanzen wohl auf Leiden anderer Wesen reagieren würden. Er besorgte sich lebende Garnelen (kleine Meereskrebse) und tötete sie, indem er sie in heißes Wasser warf. Die Nadel schlug wie verrückt aus. War es möglich, daß Zellen, wenn sie starben, Signale aussandten, die von anderen Zellen, selbst solchen von völlig anderer Struktur, aufgefangen wurden?
»Mir fiel auf, daß die Pflanzen nicht reagierten, wenn etwas sie ablenkte, das sie mehr interessierte. Also lenkte ich sie ab. Ich wandte den Pawlowschen Schock an. Dann richtete ich es so ein, daß die Pflanzen einen elektrischen Schlag bekamen, sobald die erste Garnele ins heiße Wasser fiel, der Schlag bei der zweiten jedoch ausblieb. Sie reagierten trotzdem, als wären sie geschockt worden. Bald darauf brauchte ich nur zu denken, daß

ich sie schocken wollte, und schon verloren sie das Bewußtsein, wie Menschen, wenn sie in Ohnmacht fallen ... Nichts scheint diese Kommunikation verhindern zu können, nicht einmal Bleiplatten.«[11]

Backsters Experimente wurden in anderen Laboratorien, vor allem in den Ostblockstaaten, wiederholt und seine Ergebnisse bestätigt. Demnach besitzen auch Pflanzen Gefühle, ein Gedächtnis und die generelle Fähigkeit zu außersinnlicher Wahrnehmung. Ihre einzelnen Zellen können sich anscheinend mit jeder Spezies von lebender Zelle, also auch menschlichen und tierischen Organismen, »verständigen«. Ein solches allumfassendes telepathisches Verbindungsnetz könnte, wie sowjetische Militärtechnologen geäußert haben, eines Tages als ein unschlagbares Kommunikationssystem Verwendung finden.

Es scheint mir nicht vermessen, anzunehmen, daß Backsters Beobachtungen möglicherweise viel weiter reichende Folgen haben können als die Entdeckung Einsteins (dessen Neugier übrigens durch scheinbar unbedeutende, aber anhaltende Perturbationen in der Umlaufbahn des Merkur geweckt wurde). Endlich könnte, nach mehr als vierhundert Jahren, eine kühne philosophische Idee des viel zu wenig bekannten Renaissancephilosophen Pico della Mirandola voll begriffen und praktisch nutzbar gemacht werden. In seiner Schrift *Über das Sein und das Eine* (1557) heißt es:

»Erstens gibt es eine Einheit der Dinge, durch die jedes Ding eins mit sich selbst ist, aus sich selbst besteht und mit sich selbst zusammenhängt. Zweitens gibt es eine Einheit, durch die *ein* Geschöpf mit allen anderen vereint ist, und alle Teile der Welt ergeben *eine* Welt.«

Der Gerechtigkeit halber muß hier freilich erwähnt werden, daß Backster oder irgendein anderer wacher Geist die außersinnliche Kommunikationsfähigkeit aller Zellen ohne die hervorragenden Präzisionsgeräte, die uns die moderne Technologie zur Verfügung stellt, niemals hätte in Erfahrung bringen können. Dies sei vor allem deswegen betont, um den Verdacht zu widerlegen – oder ihn gar nicht erst aufkommen zu lassen –, Parapsychologen im allgemeinen und ich im besonderen stünden der Technologie feindselig gegenüber.

Das Gegenteil ist der Fall! Die gesamte parapsychologische Forschung wäre über ihr Embryonalstadium gar nicht hinausgekommen und wäre womöglich die Domäne von Magiern und Spekulanten geblieben, hätten wir in den Laboratorien nicht hochspezialisierte, unbestechliche Apparaturen: kybernetische, radiologische, quantifizierende, fotografische usw. Alle Errungenschaften der Technologie sind in den letzten Jahrzehnten irgendwo und irgendwie auch in den Dienst der Parapsychologie gestellt worden und haben sie fast in jedem Fall weiter vorangebracht, genauso die

Erforschung der Echtheit von Jenseitskontakten und der Grundbedingungen für ihr Zustandekommen.
Mit Absicht habe ich in diesem Kapitel keinen Fall von »Bekehrung« zur Parapsychologie durch Manifestationen Verstorbener – etwa gar durch Vermittlung Fletchers und durch meine mediale Fähigkeit – beschrieben. An vielen anderen Stellen dieses Buches sind die Reaktionen und Kommentare der Teilnehmer an entsprechenden Séancen ausführlich wiedergegeben, und der Leser möge selbst darüber urteilen, ob es überzeugende Aussagen sind und ob es an der Zeit ist, zu zweifeln oder nicht mehr zu zweifeln.

Die Evolution des Bewußtseins

Viele Wissenschaftler, die noch dem darwinistischen Konzept des 19. Jahrhunderts verhaftet sind und an die physische Evolution durch Auslese und Mutation glauben, sind zu dem Schluß gekommen, daß die Evolution zum Stillstand gekommen ist, da drastische körperliche Veränderungen beim Menschen seit langem nicht mehr festgestellt worden sind. Tatsächlich aber ist die Evolution sehr wohl noch im Gange, nur nicht mehr rein körperlicher Art, sondern sie hat sich in die psycho-soziale Sphäre hineinentwickelt, wo sich jetzt evolutionäre Veränderungen in schneller Folge zeigen.

Dies ist eine der wichtigsten wissenschaftlichen Erkenntnisse unserer Zeit: Der Mensch ist ein vollgültiger Partner und aktiver, verantwortungsbewußter Teilnehmer an seiner eigenen Evolution geworden. Er muß sie nicht mehr mit sich geschehen lassen, ohne eingreifen zu können, er bestimmt sie weitgehend selbst.

Wenn das so ist – und von so großer Bedeutung –, warum hört man dann nicht mehr darüber? Es fehlt ganz einfach das *öffentliche* Interesse daran! In unserer Zeit schenkt man allen Entdeckungen, die keinen kommerziellen, politischen oder militärischen Profit abwerfen, kaum irgendwelche Aufmerksamkeit. Die Pioniere auf dem Gebiet eines neuen Evolutionsverständnisses waren alle isoliert für sich arbeitende Wissenschaftler: u. a. der Psychiater Richard M. Bucke, der Schriftsteller Samuel Butler, der Philosoph Henri Bergson, der Psychiater und Psychologe C. G. Jung, der Paläontologe Pierre Teilhard de Chardin, der Biologe Julian Huxley und der Theologe H. T. Wieman. Diese Männer waren meistens überrascht, als sie erfuhren, daß auch andere, ganz unabhängig voneinander, zu der gleichen Erkenntnis gekommen waren, nämlich, daß der Mensch an seiner Evolution in steigendem Maße selbst mitwirkt. Eine klare Definition der »Evolution des Bewußtseins« hat in den vierziger Jahren Julian Huxley geliefert: »Der Mensch ist nichts anderes als das, was die Evolution aus seinem Bewußtsein gemacht hat.« Er erklärt dazu:

»Im Laufe der Evolution gewinnt das Bewußtsein (oder auch die Gesamtheit der geistigen Eigenschaften des Lebens) eine immer stärker werdende Bedeutung für den Organismus, bis es schließlich beim Menschen das wichtigste Charakteristikum seines Lebens wird ... Die Evolution gewinnt ein neues Erscheinungsbild: Sie wird primär zu einem psychosozialen Prozeß ... der sich in einem Zusammenwirken von Wissen, Fühlen und Wollen äußert.«

Im gleichen Sinne schrieb C. G. Jung: »Der Zweck menschlichen Lebens ist die Steigerung des Bewußtseins.«

Die Anerkennung der Notwendigkeit eines ständig wachsenden Bewußtwerdens ist eine Voraussetzung dafür, unser gegenwärtiges Bewußtsein besser zu verstehen und das Wesen des Weiterlebens nach dem Tode und unsere diesbezüglichen Erfahrungsmöglichkeiten zu begreifen.

Unsere normale Bewußtseinskraft hat viele Schwächen. Wer hätte nicht schon unter dem Einfluß gewisser Menschen gelitten, die kein ausgeprägtes Einfühlungsvermögen besitzen? Es gibt eine Anzahl empfindlicher Gefühlsregungen, für die andere Menschen kein Verständnis aufbringen. Es muß sich nicht immer um das Verständnis für Menschen und persönliche Belange handeln, auch den Dingen gegenüber sind wir emotional sehr unterschiedlich eingestellt. Man braucht nur an die vielgestaltete Welt um uns herum zu denken, von deren Wesen wir nur eine verschwommene oder auch gar keine Vorstellung haben: Wissenschaft, Kunst, Sport, Musik, Erziehung, Psychologie, Handel, Landwirtschaft, Industrie, um nur einige Gebiete zu nennen. Dann erkennt man gleich, daß unsere »blinden Flecke« – unser mangelhaftes Interesse und unsere Erkenntnisunfähigkeit für die Zusammenhänge – nicht nur auf das Wesen der Dinge, die sich nach dem Tode abspielen, beschränkt ist. Diese Bewußtseinsmängel erstrecken sich auf alle Bereiche unseres täglichen Lebens. Deshalb vertrödeln Menschen, auf die das Bewußtsein der Welt des Außersinnlichen eingestürmt ist, ihre Zeit meist nicht gern mit Leuten, die kategorisch erklären, daß sie »von so etwas nichts halten«. Wir sollten uns indessen gerade bemühen, auch solchen Menschen etwas von unserer Erlebniswelt zu vermitteln. Insofern möchte ich versuchen, dem Leser das »Bewußtsein« jener Daseinsformen zu erläutern, die sich von dem erdgebundenen und fleischlichen Sein unterscheiden.

Ein großer Teil unseres Universums, möglicherweise der gesamte Kosmos, ist nach festen Gesetzen der Vibration aufgebaut: Wir begreifen die Welt durch unsere fünf Sinne, die auf Schwingungen (Schallwellen, Lichtwellen etc.) reagieren. Diese Vibrationen, die im spezifischen Rhythmus der Wellen auf unsere Nervenenden einwirken, machen sich in Sinnesempfindungen wie Sehen, Hören, Riechen, Schmecken und Fühlen bemerkbar.

Offenbar verfügen wir aber auch über die Fähigkeit und über Wege, noch viele andere Schwingungen und Krafteinwirkungen als nur die fünf genannten wahrzunehmen. Man kann es auch so ausdrücken: Wir haben sicherlich mehr als nur fünf Sinne. Da aber die Wissenschaft solchen Empfindungen bisher keinen Namen gegeben hat, bezeichnet man sie als »außersinnlich«.

Das ist natürlich eine unlogische Benennung, da sie dem Wortsinn nach besagt, daß solche Empfindungen eigentlich nichts mit den Sinnen, also auch nichts mit dem Bewußtsein zu tun haben. Dies anzunehmen wäre jedoch wahrhaft *unsinnig*; denn womit wohl sollten Wahrnehmungen, gleichgültig, welcher Art, zusammenhängen, wenn nicht mit der Aktivität unseres Bewußtseins, unserer Sinne?

Die Fehlbezeichnung »außersinnlich« ist jedoch nicht nur irrig, sondern leider auch verhängnisvoll. Sie stuft die so benannten Wahrnehmungen als nebensächlich, außerhalb des wissenschaftlichen Interesses liegend ein und hat, wie sich nachweisen läßt, bis zum heutigen Tage viele Wissenschaftler davon abgehalten, sich mit einer so peripheren, kaum ernstzunehmenden Angelegenheit überhaupt zu befassen. Dadurch wiederum wird die Menschheit daran gehindert, diese »außersinnlichen Sinne« voll zur Entfaltung zu bringen. Wir besitzen zum Beispiel einen Sinn für das Gravitationsfeld. Bei einfachen Lebewesen, etwa bei Muscheln oder auch bei Pflanzenkeimen, ist dieser so hoch entwickelt, daß sie sich im Dunkeln und unter der Erde nach der Sonne und dem Mond richten können. Wir haben einen Orientierungssinn – bei Vögeln ist er so ausgebildet, daß sie auch über Tausende von Meilen die Zielrichtung nicht verlieren. Vor allem aber ist uns eine Empfänglichkeit für Gedanken anderer Gehirne eigen – sie hat sich so häufig manifestiert, daß sie nicht mehr als »außersinnliche« Erscheinung bezeichnet, sondern als vollgültiger sechster Sinn eingestuft werden sollte.[12]

Wenn wir die gewaltige Vielfalt der uns zu allen Zeiten umgebenden Schwingungskräfte in Betracht ziehen, deren wir uns nur selten oder überhaupt nicht bewußt werden, können wir erkennen, wie lächerlich die Vorstellung ist, daß unsere »fünf Sinne« einen halbwegs genauen Eindruck des Universums vermitteln könnten. Und doch wollen die materialistischen Wissenschaftler uns glauben machen, daß wir nur von diesen Sinnesempfindungen Erfahrungen ableiten können.

Die Erforschung der noch unbekannten Schwingungskräfte erscheint mir außerordentlich wichtig. Ich bin überzeugt davon, daß das Bewußtwerden unserer nächsten Daseinsform jenseits der irdischen Biosphäre in großem Maße davon abhängt, wie wir uns auf diese Schwingungskräfte einstimmen. Jeder Leser wird wissen, daß wir ständig von Schwingungsfeldern umgeben sind. Unseren Urgroßvätern war das noch nicht bekannt. Wenn wir das bedenken, kann es nicht mehr allzu schwierig sein, die Möglichkeit spezieller Schwingungen zu akzeptieren, nämlich Vibrationen oder

Strahlungen, die wir noch gar nicht entdeckt bzw. noch nicht enträtselt haben. Beispielsweise kann ein trainiertes menschliches Ohr nur Töne im Bereich zwischen 20 und 20000 Schwingungen pro Sekunde unterscheiden. (Die meisten Tiere hören mehr.) Und wie steht es mit elektromagnetischen Wellen? Wenn sie länger als vier Zehntausendstel eines Millimeters (violett) und kürzer als sieben Zehntausendstel eines Millimeters (rot) sind, dann können wir sie sehen. Der Myriaden elektromagnetischer Wellen außerhalb dieses Bereichs – Röntgenstrahlen, Radiowellen, kosmische Strahlungen – werden wir uns jedoch nicht bewußt. Sind sie deshalb »nicht vorhanden« oder ohne Bedeutung für unser Leben? Gewiß nicht! Es ist die Behauptung aufgestellt worden, daß kosmische Strahlungen eine der Hauptursachen für die Mutationen der Lebensformen gewesen sind und vielleicht noch immer sind.
Wir haben uns zwar längst an Nachrichtenübermittlung über Radiowellen gewöhnt, aber wir sind doch in der Mehrzahl der Meinung, daß es sich bei diesen Wellen um eine »Errungenschaft« der letzten hundert Jahre handelt. Die sogenannten Radiosterne senden jedoch schon seit der Entstehung des Universums Radiowellen aus. Sie waren schon Millionen Jahr lang wirksam, als Heinrich Hertz sie im Jahre 1886 entdeckte. Ist es in Anbetracht dessen schwierig, die große Bedeutung der Schwingungen und Wellen zu ahnen, die von der wissenschaftlichen Lehre noch nicht beschrieben sind? Für alle, die sich ernstlich darum bemühen, ihre Empfänglichkeit dafür zu schärfen, sind diese unerforschten Strahlungen eine Realität.
Warum haben die berühmten Stahlungsforscher unseres Jahrhunderts gerade vor diesen Strahlen haltgemacht, deren Kenntnis und Nutzung unsere Sinneswahrnehmungen komplettieren könnten? Es läßt sich kaum die zynisch klingende Frage unterdrücken, ob denn das Experimentieren mit atomaren Kernstrahlen tatsächlich sinnvoller ist, als es die Erforschung jener Strahlungen wäre, von denen ich spreche.
Der weltweit verehrte Philosoph Michael Polanyi hat als Achtzigjähriger, am Ende seines universalen Studien gewidmeten Lebens, postuliert: »Die mechanistische Wissenschaft hat vor gut einem Jahrhundert einen kapitalen Fehler begangen. Man könnte es auf die einfache Formel bringen, sie wollte das Pferd am Schwanz aufzäumen. Die Wissenschaft ging davon aus, daß die Natur zunächst im Kleinen und dann erst im Großen zu ergründen sei. So ist alles Kleine bis hin zum Atomkern analysiert worden, in der Hoffnung, dabei hinter die letzten Geheimnisse der Natur zu kommen. – Nur Enttäuschungen waren die Folge.«
Polanyis Argumentation läuft darauf hinaus, daß man damit eigentlich hätte rechnen müssen. Eine einfache Form könne niemals eine komplexe

übergeordnete schaffen. Keine Schulklasse kann spontan einen Lehrer hervorbringen. Geschmolzenes Eisen und Gummi allein können kein Automobil produzieren. Man kann nicht den Sinn eines Gedichtes erfassen, wenn man sich auf ein Wort konzentriert. Ausdrücklich sagt er, daß höhere Existenzformen nie von niedrigeren beherrscht werden. Genau das Gegenteil spiele sich ab: Die höheren Daseinsformen wirken sich nach unten aus, sie führen, beherrschen und formen die einfachen existentiellen Erscheinungen. Die Hindus drücken dies so aus: »Wenn du eine Führung brauchst, dann wende dich an deinen Guru, nicht an deinen Hund.«
Weiter sagt Polanyi: »Die hemmungslose Spezialisierung und Aufsplitterung der mechanistischen Wissenschaft zerstört nur unsere Erkenntnisfähigkeit. Sie zeigt nur kleinste, sich bewegende Teilchen in einer Welt, in der niemand lebt ... Wir müssen unser körperliches Wesen durch Einfühlung und geistige Ausdehnung subtilere und heute noch nicht faßliche Daseinsbereiche erschließen lassen.«
Ich hoffe, daß sich die unvoreingenommenen wirklichen Denker unter den Wissenschaftlern den Gedankengängen von Polanyi anschließen werden, um sich wieder den geistigen Bereichen zuzuwenden, die dem Aufbau unseres Universums zugrunde liegen, und ich glaube, daß hierdurch der Wissenschaft wieder ihre eigentliche Rolle als Führungskraft der Menschheit zugewiesen wird.
Wenn ich der heutigen Wissenschaft in mancher Hinsicht ein schlechtes Zeugnis ausstelle, warum bediene ich mich dann in meinen Ausführungen der Sprache und der Begriffsbezeichnungen dieser Wissenschaft?
Der Grund ist folgender: Wer von seinen Zeitgenossen verstanden werden will, muß sich in der Sprache ausdrücken, die für seine Zeit charakteristisch ist. Wie man auch dazu stehen mag, es ist die Sprache unseres zwanzigsten Jahrhunderts. Wir sind mit dieser Ausdrucksweise aufgewachsen und können unsere Gedanken nur in dieser Form artikulieren. Ich werde mich auch trotz der erwähnten Vorbehalte des Jargons der Psychologen bedienen und weiterhin von »außersinnlicher Wahrnehmung« sprechen. Unser Zeitalter ist nun einmal das der materialistischen Wissenschaft. Ich bin allerdings davon überzeugt, daß in nicht allzu ferner Zukunft eine ganze Reihe der heute noch mit Elan und Stolz betriebenen wissenschaftlichen Forschungen sich als ebenso müßig oder gar lächerlich herausstellen werden, wie es die Streitgespräche mittelalterlicher Gelehrter gewesen sind, die darum kreisten, wie viele Engel auf einem Stecknadelkopf Platz hätten.

Ich glaube, daß die in den letzten achtzig Jahren neu gewonnenen Erkenntnisse über das jenseitige Leben mit einigen abergläubischen oder

mittelalterlichen Vorstellungen aufgeräumt und uns auf dem Wege zum Verständnis der Realitäten der Schöpfung etwas weitergebracht haben. Doch sollten wir uns deshalb nicht für generell gescheiter halten als die Weisen des Altertums. Diese Denker und Seher waren keineswegs weniger klug als unsere »modern denkenden« Geistesgrößen. Wir haben sogar allen Grund zu der Annahme, daß die besten von ihnen schon so tiefe Einsichten hatten, daß wir noch lange Zeit brauchen werden, um die gedanklichen Bereiche, die sie uns eröffnet haben, ganz zu erschließen.
Freilich haben sich diese Menschen nicht in unserer Ausdrucksweise geäußert. Wie wir heute mit Hilfe von Statistiken, Formeln und Daten dokumentieren, so boten sie Mythen, Legenden und Parabeln als Zeugnisse ihrer Wahrheit an. Die Vortragsformen, die Symbole haben sich geändert, doch der Sinngehalt ist weitgehend der gleiche geblieben, so wie auch die Gegebenheiten des Universums noch immer die gleichen sind. Aus diesem Grund dürfen wir die »Alten« nicht unterbewerten, und wenn sie zweifellos in vielem geirrt haben und vieles noch nicht wußten, so ist andererseits ebenso wahr, daß sie vieles besser gewußt haben als wir. Es steht uns daher nicht gut an – und wir können es uns nicht leisten –, ihr Wissen zu ignorieren.
Bevor wir jedoch die Schriftsteller der Antike befragen, müssen wir aus den Steinen, aus Felszeichnungen und Grabbeigaben lesen. Aus prähistorischen Funden wissen wir nicht nur, daß der Vorzeitmensch an ein Weiterleben nach dem Tode glaubte, wir können uns auch ein ungefähres Bild davon machen, wie er es sich vorstellte. Er nahm an, daß diejenigen, die zu Lebzeiten böse gewesen waren, sich in Dämonen verwandelten; Edelmütige, Vornehme und Tapfere dagegen wurden zu guten Göttern erhoben.
Einige primitive Gemeinschaften hatten ganz feste Vorstellungen über den Verbleib der Seele unmittelbar nach dem Tode. Sie glaubten zum Beispiel, daß die Seele sich so verhalte, wie es James Agee in seinem 1958 erschienenen Roman *A Death in the Family* geschildert hat: Eine Zeitlang verharrt sie am Grabe, macht dann einen kurzen Besuch bei vertrauten Personen und Plätzen und wandert schließlich weiter zu einem ferneren Bestimmungsort.
Jedenfalls war bekannt, daß die Toten die Eigenart haben, nicht nur zuweilen in unsere Gefilde zurückzukehren, sondern daß sie auch auf Erden weiterhin Aktivität entfalten können, wobei ihre Verhaltensskala von Freundlichkeit und Hilfsbereitschaft bis zu Haß und Zerstörung reicht. Um die Toten am »Umgehen« zu hindern, trieb man durch die Leiche eines Bösen einen Holzpflock, mit dem sie an die Erde festgenagelt wurde, oder man fesselte sie mit Stricken, bedeckte sie mit schweren Steinen. Die

guten Toten bedachte man mit Grabbeigaben oder bemühte sich auf andere Weise, sie davon zu überzeugen, daß man ihrer in Liebe gedachte. In primitiven Kulturen, in denen der Aberglaube noch eine starke Rolle spielt, haben sich solche Bestattungsbräuche bis heute erhalten. Und da bei diesen Völkern die Anrufung von Toten in Gegenwart einer auserwählten Schar oder der ganzen Dorfbevölkerung zum Stammesritus gehört, also etwas Selbstverständliches ist, kann man annehmen, daß auch die Cro-Magnon-Menschen schon so etwas Ähnliches wie Séancen abgehalten haben. Wie das geschah und mit welchem Erfolg, darüber wollen wir nicht spekulieren.

Die erste ausführliche Beschreibung einer Séance, die in etwa unseren Vorstellungen entspricht, fand ich in der *Odyssee*. Daß sie in Homers Werk erscheint, gibt ihr ein besonderes Gewicht, da der »blinde Sänger« für seine Gewissenhaftigkeit in der Berichterstattung über Bräuche, Rituale, Meinungen, Kleidung, Waffen, Bauwerke und Schauplätze seiner Zeit bekannt ist. Wer die Szene liest, zweifelt wohl kaum daran, daß Homer seine Kenntnisse vom Ablauf einer Séance aus persönlicher Erfahrung bezogen hat.
Die Episode wird im elften Gesang beschrieben, der auch »Buch des Todes« genannt wird. Circe hat dem Helden Odysseus geraten, seine medialen Fähigkeiten aufzubieten, um mit dem verstorbenen Propheten Teiresias in Verbindung zu treten, damit dieser ihm rate, was er nun tun solle. Circe, selbst ein kompetentes Medium, gibt Odysseus genaue Direktiven für die Beschwörung von Geistern. (Dies ist übrigens das erste mir bekannte historische Beispiel für das Training eines Mediums durch ein anderes, so wie ich selbst so vielen anderen jungen Medien zu helfen versucht habe. Doch verwenden wir heute kein Schafsblut mehr dabei!) Teiresias hat laut Circe einen »durch den Tod nicht beeinträchtigten Verstand« und wird mit Sicherheit Rat wissen.
Mit größter Sorgfalt befolgt Odysseus die Anweisungen. Sie bezeugen den alten Glauben, daß die Seelen der Toten irgendwie gewisse Ingredienzien von Nahrungsmitteln verwerten können. Während Odysseus also den Toten vom Hades heraufruft, besprenkelt er den Boden mit Getreidekörnern, Honig und Schafsblut. Die annäherndste moderne Parallele, die ich finden konnte, ist die von einigen Parapsychologen unserer Zeit vertretene Meinung, daß das Ektoplasma oder die »odische Kraft«, die körperliche Manifestationen möglich macht, ein unkörperliches Element des Blutstroms sei, das vorübergehend materialisiert werde, wenn derartige Phänomene auftreten. Da meine Erfahrungen mit außersinnlichen Phänomenen der physischen Kategorie begrenzt sind, kann ich dazu

aus eigener Praxis nichts sagen. Immerhin stimmen die geistigen Aspekte von der Séance des Odysseus mit heutigem Erfahrungsmaterial überein. Der Hades besitzt im homerischen Wortsinn nicht den Beiklang von ewiger Verdammnis, der die spätantike und mittelalterliche Vorstellung von der Hölle kennzeichnet. Der Hades ist einfach die spirituelle Umwelt, in der die Seelen der Verstorbenen leben. Er befindet sich am jenseitigen Ufer eines »Stroms der Klagen« oder der Angst, Homers poetischer Versinnbildlichung der unter den Menschen aller Zeitalter so verbreiteten Todesfurcht.

Ohne Zeit zu verlieren, erscheinen die Geister, nachdem Odysseus sie gerufen hat. Ich finde es bemerkenswert, daß der erste Geist, der mit Odysseus Kontakt aufnimmt, sich genau in der wie in der heutigen Praxis von Jenseitskontakten üblichen Weise verhält. Er gibt einen akkuraten Bericht über den Hergang seines Todes, hier eines Unfalltodes, dessen Einzelheiten den noch auf Erden Weilenden nicht bekannt sind. Dieser zuerst erscheinende Geist ist Odysseus' Reisegefährte Elpenor, den Odysseus zuletzt lebend und wohlauf in Circes Palast gesehen hat. Odysseus will wissen, was geschehen ist. »Es kam von dem vielen Wein, den ich vor dem Schlafengehen getrunken hatte«, erklärt Elpenor. »Als ich erwachte, vergaß ich glatt, daß ich die lange Leiter benutzen mußte, um nach unten zu gehen, und so fiel ich kopfüber vom Dachgarten. Ich brach das Genick, und meine Seele kam in den Hades.« In den Berichten unseres Jahrhunderts über Gespräche mit Verstorbenen wird man mit Leichtigkeit Tausende von Elpenors finden.

Odysseus sieht nun eine große Anzahl von Seelen:

Jüngling' und Bräute kamen und kummerbeladene Greise
Und aufblühende Mädchen, im jungen Grame verloren,
Viele kamen auch, von ehernen Lanzen verwundet,
Kriegserschlagene Männer mit blutbesudelter Rüstung ...

Aber er spricht nur mit wenigen: mit Elpenor, seiner Mutter und natürlich Teiresias. Dieser gibt ihm den erbetenen Rat, und die Séance ist beendet.

Die Griechen vorhellenistischer Zeit glaubten, daß die Toten in einer unterirdischen Welt weiterlebten, die unter der Herrschaft der Großen Göttin oder Erdmutter stand. Es gab dort ein Inselparadies, zu dem die Seelen der Verstorbenen mit einer Fähre übergesetzt wurden. In der hellenistischen Periode glaubte man, daß die Seele in das *eidilon* verwandelt werde, ein ätherisches, unkörperliches Abbild der irdischen Erscheinung des Verstorbenen zu seinen Lebzeiten. In der *Odyssee* ist es dies, was den

Helden beim Wiedersehen mit seiner toten Mutter Anticlea in der Séance so sehr verstört. Nachdem er vergebens versucht hat, ihre schattenhafte Form zu umarmen, ruft er aus: »Ist dies nur ein Phantom, das Persephone mir gesandt hat, um meinen Schmerz noch zu vergrößern?« Seine Mutter beruhigt ihn:

Gar nicht täuschet sie dich, die erhabene Persephoneia;
Nein, so will's der Gebrauch der Sterblichen, wenn sie verblüht.
Denn nicht wird Fleisch und Gebein durch Sehnen verbunden;
Sondern die große Gewalt der brennenden Flamme verzehrt dies
Alles, sobald aus dem weißen Gebein das Leben hinwegfloh.
Aber die Seele verfliegt, wie ein luftiger Traum, und entschwebet.

Daß der Mensch weit mehr ist als ein Körper aus Fleisch, Gebein und Sehnen, galt, soviel wir wissen, bei allen Völkern des Altertums als feststehende Tatsache. Man kann sogar sagen, daß dem psychischen Bestandteil des Menschen und seinem Wohlergehen damals mehr Bedeutung beigemessen wurde, als dies seit den letzten zweihundert Jahren unserer Zeitrechnung der Fall ist. Daß Seele und Geist der höchste Besitz des Menschen sind, daß sie besonders gepflegt werden müssen und unsterblich sind, das war so etwas Selbstverständliches, daß in der überlieferten Literatur die Psyche paradoxerweise wie etwas Körperliches, Sichtbares behandelt und das Jenseits oder das Totenreich, in das sie eingeht, wie ein Nachbarland beschrieben wird, das allerdings meistens nicht *neben* dem eigenen Land liegt, sondern *darunter* (Unterwelt, Hades, Tartarus, Hölle) oder *darüber* (Himmel, Elysische Gefilde) – und mit dem es gewisse Schwierigkeiten im Grenzverkehr gibt.

Ich kann aus der Geschichte der Fortlebenslehre hier nur einige Beispiele dafür herausgreifen, daß man vor fünftausend Jahren – und über Tausende von Kilometern und kaum überbrückbare Kulturbarrieren hinweg – beinahe ebenso genaue Kenntnisse vom Jenseits und vom Stufenplan des Voranschreitens in jenem Bereich hatte wie sie uns in unserer Zeit durch Medien wie Frederic Myers, Raymond Lodge, Ruth Finley und nicht zuletzt Fletcher vermittelt worden sind. Die Übereinstimmung in diesen Berichten über Jahrtausende hin sind deswegen so verblüffend, weil wir Menschen des zwanzigsten Jahrhunderts uns in allen anderen Lebensfragen unendlich weit von den Anschauungen des Altertums entfernt zu haben glauben. Mit Ausnahme des universal gebildeten Altphilologen Myers gibt es meines Wissens keinen einzigen unter den zeitgenössischen Berichterstattern aus dem Jenseits, der zu seinen Lebzeiten die

Totenbücher der Ägypter, Tibeter und anderer orientalischer bzw. asiatischer Völker studiert hätte. Und doch schildern uns alle Medien des 20. Jahrhunderts eine archaisch gegliederte Welt der Seelen, gewissermaßen also einen Bereich von ewig unverändertem Bestand. Unseren konventionell-materialistischem Denken verpflichteten Psychologen hat das verdächtig erscheinen müssen; C. G. Jung aber hat gerade darin, in diesen frappierend übereinstimmenden Äußerungen der Unsichtbaren über ihre neue Existenzform, einen Hinweis darauf gesehen, daß die Seele, »nach allem, was wir darüber wissen, eine Seinsform relativ unabhängig von den Schranken von Raum und Zeit darstellt«.[13]

Die Ägypter glaubten an eine progressive Entwicklung des Geistes über den Tod hinaus, die schließlich zu einer persönlichen Begegnung mit dem Schöpfer selbst führen könnte. Eine über alle Maßen verheißungsvolle Aussicht! Kein Wunder, daß das erste voll ausgearbeitete Konzept vom Leben nach dem Tode bei den Ägyptern, im zweiten Jahrtausend v. Chr., zu finden ist. Das sogenannte *Buch der Toten* enthält Anleitungen zur Vorbereitung auf ein glückliches Leben im Jenseits. Mit dem Königreich des Osiris verband sich die Vorstellung vom Schauplatz einer sinnvollen Existenz nach dem irdischen Dasein. Die Seele begab sich »mit dem Wanderstab in der Hand« auf den weiten Weg zu den »Osirischen Gefilden«, die irgendwo in Richtung Milchstraße, dem Großen Weißen Nil des Himmels, zu denken waren. Gemäß dem Totenbuch verdiente nicht jeder sofort die ewige Seligkeit: Im vorletzten Stadium der Reise wird die Seele in die Halle der Wahrheit geführt, wo Osiris Gericht über sie hält. Die Seele kann zu ihrer Verteidigung eine Liste der Sünden und Verbrechen vorbringen, die sie *nicht* begangen hat. Aber das Urteil ist unantastbar gerecht, und wenn es günstig ausfällt, kann die Seele zu den Gefilden der ewig währenden Wonne fortschreiten.

Aus Pyramidentexten, die sogar bis 4000 v. Chr. zurückreichen und den toten Pharaonen als eine Art Reiseführer auf ihrer Wanderschaft in die nächste Welt dienen sollten, wissen wir, daß nach Auffassung der Ägypter zwei Wesenheiten, das Ka und das Ba, den physischen Leib überleben. Das Ka scheint von einer Art zarter körperlicher Substanz zu sein, während das Ba reiner Geist oder Seele ist. In der Kunst wurde das Ba als ein Vogel mit Menschenkopf dargestellt – ein Symbol für die zu freiem und ungehindertem Flug befähigte Seele. In Illustrationen zum *Totenbuch* ist das Ba häufig über dem Eingang zum Grab kauernd oder auch im Fluge den Schacht hinunter zu sehen, auf dem Wege zu dem einbalsamierten Leichnam. In ihrer Konzeption des menschlichen Wesens als eines psycho-physischen Organismus ist die Auffassung der alten Ägypter von der

menschlichen Natur und Bestimmung überraschend modern. Man kann wohl sagen, daß sie unserer christlichen Anschauung näher steht als die buddhistische.
Buddha suchte einen Weg, um die endlose Kette des wiederholten Todes und der Wiedergeburten – das »Rad des Karma« – zu durchbrechen, in der sich unaufhörlich eine Reinkarnation an die andere reiht. Er fand ihn in der Wirklichkeit einer universalen Liebe. Nur sie kann das Rad des Karma durchbrechen und den Menschen zur Vereinigung mit dem Ewigen und Göttlichen führen. Von einem Gläubigen wurde erwartet, daß er durch beharrliches Voranschreiten auf dem »achtfachen Pfad« die »drei Leidenschaften« – Begierde nach Lust, Wissen und nach dem Leben –, die zur Wiedergeburt und Wiederholung des Gewesenen führen, besiege. Nur durch die Bezwingung des Lebenstriebes, durch völlige Selbstentäußerung könne das endgültige Verbleiben im Jenseits, in jenem Zustand, den der Buddhist Nirwana nennt, verdient werden.
Jenen Grad der Vollkommenheit zu erlangen, den ein buddhistischer Heiliger besitzt, ist freilich nur wenigen möglich, und es gab bei dieser Lehre nie den geringsten Zweifel, daß der gewöhnliche Sterbliche nach dem Tode ins Leben zurückkehren mußte. Um seine Idee von dem Zusammenhang des physischen Körpers und des Erdenlebens mit der jenseitigen Welt zu verdeutlichen, gebrauchte der Meister einen wunderbaren Vergleich. »Es ist wie mit dem metallenen Stempel, der seinen Abdruck auf weichem Wachs hinterlassen hat. Das Metall läßt man liegen, der Abdruck aber bleibt.«
Besonders interessant für unsere Zeit ist der buddhistische Sprößling, das *Tibetanische Totenbuch (Bardo-thos-sgrol).* Seit der ersten Veröffentlichung der englischen Übersetzung, die 1927 von Walter Y. Evans-Wentz herausgegeben wurde und Kommentare von C. G. Jung und anderen Autoritäten enthält, hat dieses bemerkenswerte Buch immer wieder Neuauflagen erlebt. Von jenen jungen Amerikanern, die sich für meditative Techniken gesteigerter Wirklichkeitsempfindung interessieren – also für eine Erweiterung der »Pforten der Wahrnehmung«, aber nicht unbedingt mit Hilfe von Drogen –, wird es viel gelesen und diskutiert.
Das *Tibetanische Totenbuch* ist eine Anleitung zum richtigen Sterben. In Tibet galt es als Brevier, das an einem Sterbelager laut verlesen wurde. Einige Zitate aus den Einleitungstexten lassen deutlich das Zentralthema erkennen, daß das Ziel des Lebens eine richtige Einstellung zum Sterben sei, das irdische Dasein eine Vorbereitung auf den Tod und das danach beginnende ewige Sein.
»Du sollst begreifen, daß die Wissenschaft vom Sterben eine höchst vorteilhafte, allen anderen überlegene Wissenschaft ist ... Lerne zu sterben,

und du wirst lernen zu leben ... Die Erforschung des menschlichen Innenlebens ist unvergleichlich viel wichtiger als die Erforschung des Weltraums. Auf dem Mond zu stehen, vermehrt lediglich die Kenntnis vergänglicher Dinge. Aber das letzte Ziel des Menschen ist die Überwindung des Vergänglichen ... Da alle ihren fleischlichen Körper verlassen und den Tod erfahren müssen, ist es äußerst nützlich zu wissen, wie man dem Tode richtig begegnet ... Laßt uns nicht die einzigartige Gelegenheit, die uns mit der Geburt geboten wird, mit unnützer Geschäftigkeit vergeuden, damit wir dieses Leben nicht mit leeren Köpfen verlassen müssen ... Dies betrifft die Kunst, den Körper zu verlassen oder das Bewußtsein von der irdischen Sphäre zur jenseitigen zu transferieren ... Eine erdgebundene medizinische Wissenschaft hat kein Wort der Unterweisung des Sterbenden darüber, was den Zustand nach dem Tode betrifft, sondern steigert häufig sogar die unbegründeten Ängste und die mangelnde Todesbereitschaft ihrer Patienten, denen sie womöglich noch betäubende Spritzen verabreicht ... Der Übergang vom menschlichen Bewußtseinszustand zu dem Prozeß, der Tod genannt wird, kann und sollte freudevoll sein.«[14]
Nicht wenige Aussagen des *Tibetanischen Totenbuchs* decken sich mit den Mitteilungen Jenseitiger, die Medien unserer Tage, darunter auch ich, den Lebenden weitergeben konnten. So heißt es darin beispielsweise, daß der Augenblick unmittelbar nach Eintritt des Todes für die Seele der entscheidendste sei. »Jetzt erfährst du den strahlenden Glanz des klaren Lichts, der reinen Wirklichkeit«, liest der Priester an der Seite des Toten der eben befreiten Seele aus dem Buch vor. »Erkenne es, Hochgeborener. Das, was du jetzt wahrnimmst, und was in der Realität des Diesseits leer, form- und farblos erschien, das ist die wahre Wirklichkeit ...« Und dann erfährt die Seele die erstaunliche Neuigkeit, daß dieser strahlende Glanz, dieser »höchste Intellekt – uneingeschränkt, blendend, erregend –« eins sei mit seinem eigenen Bewußtsein. »Diese Vereinigung ist der Zustand vollkommener Erleuchtung.« Die Seele muß nun alle Kräfte aufbieten, um sich über diese tiefe Wahrheit ganz klarzuwerden. Wenn ihr das gelingt, wenn dieser Moment der Erkenntnis festgehalten und dauerhaft gemacht werden kann, braucht sie nie wieder zu sterben und wiedergeboren zu werden. Sie ist dann eins mit Gott und wirkt von nun an im Verein mit den anderen großen Erleuchteten. Aber wenn der entscheidende Augenblick ungenutzt vorübergeht, sei es wegen mangelhafter Vorbereitung, fehlender Konzentration oder weil der Betreffende noch nicht zu dem Grad geistiger Entwicklung fortgeschritten ist, der eine Vereinigung mit Gott möglich macht, wird er nicht wiederkommen bis zum nächsten Tod, der die nächste Inkarnation beendet. Seelen, die diesen entscheidenden Moment verpaßt haben, müssen über eine abwärtsführende Stufen-

leiter des Bewußtseins hinab, bis sie zu einem befruchteten Leib gelangen, der es ihnen ermöglicht, auf einem ihrem Karma gemäßen Niveau wiedergeboren zu werden – das heißt, auf der Stufe eines Bewußtseins, das das Ergebnis aller ihrer Handlungen während aller ihrer früheren Inkarnationen ist.

Die Bewußtseinslage der Seele nach der Todessekunde, wie sie im *Tibetanischen Totenbuch* beschrieben ist, stimmt in überraschender Weise mit entsprechenden gesammelten Zeugnissen heutiger sowohl westlicher als auch östlicher Erforscher von Jenseitskontakten überein, die nicht der Wiedergeburtslehre anhängen: »Wenn das Bewußtseinsprinzip aus dem Körper heraustritt, sagt es zu sich selbst: Bin ich tot oder bin ich nicht tot? Das kann es noch nicht erkennen. Es sieht seine Verwandten und Angehörigen, wie es zuvor gewohnt war, sie zu sehen.« Es kann sie sogar hören, aber es kann sich nicht mit ihnen verständigen. Drei oder vier Tage nach dem Tode verliert die Seele vor Angst das Bewußtsein. »Dann, wenn du dich von dieser Ohnmacht erholt hast, muß der Wissende in dir in seinem Urzustand auferstanden und ein strahlender Körper, der dem früheren Körper gleicht, hervorgesprungen sein – wie das Tantra sagt: ›Mit einem Körper, anscheinend von Fleisch, der dem früheren gleicht und dem, der erzeugt werden soll, ausgestattet mit allen Sinnesfähigkeiten und der Macht zu ungehinderter Bewegung, wunderbare Kräfte besitzend, sichtbar reinen himmlischen Augen gleicher Natur.‹ Dieser Körper, ›aus dem Wunsche geboren‹, ist eine gedachte Form im Zwischenzustand, und er wird ›Wunschkörper‹ genannt.«

Berichte über die Existenz eines »Wunschkörpers« sind außer aus der buddhistischen Welt noch aus vielen anderen Richtungen gekommen. Der Herausgeber Evans-Wentz berichtet von einem europäischen Pflanzer, der im südwestindischen Dschungel starb und dort begraben wurde. Jahre später fand ein Freund, der in dem betreffenden Gebiet zu Besuch war, das Grab, das mit leeren Whisky- und Bierflaschen umrahmt und bedeckt war. Die Eingeborenen erklärten, daß der Geist des toten Sahib soviel Unruhe verursacht habe, daß man einen Weg habe suchen müssen, um ihn zu beruhigen. Der Dorfweise stellte die Diagnose: Der Geist, der in fleischlicher Gestalt ein so starker Trinker gewesen sei, daß diese Angewohnheit zu seinem Tode geführt habe, giert auch im Jenseits nach Alkohol. Die Eingeborenen kauften daraufhin, obwohl sie aus religiösen Gründen Abstinenzler waren, die von dem verstorbenen Trinker bevorzugten Sorten Bier und Whisky und schütteten sie über das Grab, um den Geist zu beruhigen. Die Methode war zwar kostspielig, aber sie wirkte!

Ob es sich in diesem Fall um »faulen Zauber« handelte oder um eine echte Erfahrung im Umgang mit Toten, bleibe dahingestellt. Ich werde auf die nicht gerade erfreulichen Aussichten für Trinker im Jenseits in unverdächtigerem Zusammenhang noch zurückkommen.

Der Verdacht, daß Geisterseherei, Astrologie und Magie »fauler Zauber« sei, ist ebenso alt wie das Wunderwirken und der Wunderglaube selbst. Im *3. Buch Mose* wird auf den gefährlichen Einfluß von »Totenbeschwörern, Wahrsagern und Zeichendeutern« hingewiesen und ihnen die Todesstrafe angedroht. Das scheint auf den ersten Blick befremdend, da doch das Alte Testament und das ganze biblische Zeitalter voll ist von Propheten und Wundertätern. Moses selbst besaß mediale Eigenschaften und magische Kräfte. Er konnte Stimmen Unsichtbarer hören und dem Volk die wie von Zauberhand geschriebenen Gebote Gottes vorweisen. Abraham hörte ebenfalls Stimmen und hatte in der Trance prophetische Visionen. Jakob verspürte die Anwesenheit von überirdischen Wesen und unterhielt sich mit ihnen. Joseph hatte Vorahnungen und konnte Träume deuten. Balaam war ein Hellseher und hörte Stimmen, ebenso Gideon. Elisa hatte Vorahnungen. Elias besaß alle diese Gaben und die besondere Befähigung, bestimmte Dinge an vorausgesagten, manchmal weit entfernten Orten erscheinen zu lassen.
Entweder ist dies alles Unsinn, oder es ist die einfache Tatsachenbeschreibung von parapsychischen Erscheinungen. Ich wage zu behaupten, daß sie nur als letztere zu verstehen sind, denn Phänomene ganz ähnlicher Art haben sich seitdem unzählige Male wiederholt und wurden von glaubwürdigen Personen und kritischen Untersuchungskommissionen als echt bezeugt – wenngleich nicht immer geklärt und mit den uns bekannten Naturgesetzen in Einklang gebracht. Aber gerade wenn alle diese Manifestationen nicht auf »reinem Mythos« und bloßem Blendwerk beruhen, liegt die Vermutung nahe, daß auf diesem heiklen Gebiet Betrug mittels Wunder-Imitationen an der Tagesordnung war und die Obrigkeit im alten Israel gut daran tat, Staat und Volk vor dem Mißbrauch der Magie und des Hellsehens durch strenge Strafandrohungen zu schützen.
Mit meinen Erfahrungen auf parapsychologischem Gebiet ist auch mein Verständnis für die alttestamentarische Verdammung des »Medien-Unwesens« gewachsen. In diesem Punkt sind heute die Verhältnisse nicht so sehr viel anders als vor zweieinhalbtausend Jahren im Vorderen Orient. Von jeher gibt es mehr betrügerische Medien als seriöse, und für Laien ist es oft unmöglich, die Spreu vom Weizen zu sondern. Ferner treten immer wieder Medien auf, deren spirituelle Begabung wohl anerkannt werden muß, die man aber dennoch nicht konsultieren und nicht empfehlen sollte, da sie charakterlich labil und daher ihrer Aufgabe moralisch nicht gewachsen sind. Schon die alten Hebräer wußten genau: Sehe-

rische Gaben sind keine Gewähr für Rechtschaffenheit. Sie unterschieden, wie hoffentlich alle vernünftigen Menschen, zwischen »Totenbeschwörern, Wahrsagern und Zeichendeutern«, denen ethisches Verantwortungsbewußtsein mangelte, und Propheten, die von geradezu transzendentaler Geistesgröße erfüllt waren. Zurückblickend auf die Menschen mit medialen Gaben, die ich in meinem Leben kennengelernt habe, muß ich sagen, daß viele von ihnen makellos integre Persönlichkeiten, manche zweifelhafte Charaktere und nur wenige wirklich kriminell waren.

Nicht eines Tages, aber eines Jahrhunderts, lange Zeit vor dem sensationellen Auftreten des von drei Magiern vorausgesagten Gottessohnes, wandten die alten Hebräer sich von der Vorstellung eines öden Totenreiches, Sheol genannt, ab, in dem die Verstorbenen ein Dasein als Schatten führten. Es setzte sich die Auffassung von einem jenseitigen Leben mit voll etnwickelter Körperlichkeit, hoher Geisteskraft und Bewußtheit durch. »Paradies«, »Garten Eden«, »Abrahams Schoß« oder »unter dem Throne« wurde dieses »neue Reich« der Verstorbenen genannt. Alle diese bildhaften Namen enthielten positive, anspornende Elemente: eine Fortsetzung personaler Aktivität, ein lebendiges Bewußtsein und eine Umgebung voller Verheißungen. Diese Vorstellungen erweckten eine neue Jenseitserwartung.
Trotz der Bannstrahlen der Propheten gegen kommerzielle Magier, Astrologen und Medien waren sich die Hebräer der möglichen Kontakte zwischen körperhaften und körperlosen Wesen bewußt und stellten sie häufig mit Hilfe von Medien her. Ein bemerkenswertes Beispiel, die Séance des israelitischen Königs Saul mit der »Hexe von Endor«, einem weiblichen Medium, zeigt deutlich, daß den Juden um 1000 v. Chr. das Fortleben des Individuums mit Gedächtnis, Erkennungsvermögen und all den anderen Attributen der Hirnaktivität bekannt war. Das *1. Buch Samuel* berichtet darüber:

Da sprach Saul zu seinen Dienern: »Sucht mir ein Weib, das einen Totengeist hat! Ich will zu ihr gehen und sie befragen.« Da sprachen seine Diener zu ihm: »Ein Weib, das einen Totengeist hat, ist zu Endor.« Da vermummte sich Saul; er zog andere Kleider an und ging hin, zwei Männer bei sich. So kamen sie des Nachts zu dem Weibe. Er sprach: »Wahrsage mir mit dem Totengeiste und laß mir einen erscheinen, den ich dir nennen werde!« Da sprach das Weib zu ihm: »Du weißt, daß Saul die Totenbeschwörer und Wahrsager im Lande ausgerottet hat. Warum legst du meinem Leben eine Schlinge, mich zu töten?« Da schwor ihr Saul beim

Herrn: »So wahr der Herr lebt, dich trifft kein Schaden in dieser Sache.« Da sprach das Weib: »Wen soll ich dir erscheinen lassen?« Er sprach: »Laß mir Samuel erscheinen!« Da sah das Weib Samuel, und sie schrie laut auf. Dann sprach das Weib zu Saul: »Warum betrügst du mich? Du selbst bist Saul.« Da sprach zu ihr der König: »Sei ohne Furcht! Was siehst du?« Da sprach das Weib zu Saul: »Ich sehe einen Überirdischen aus dem Boden steigen.« Da fragte er: »Wie sieht er aus?« Sie sprach: »Ein alter Mann steigt herauf, in eine Kutte gehüllt.« Da erkannte Saul, daß es Samuel war. Er neigte sich mit dem Antlitz zu Boden und verbeugte sich. Da sprach Samuel zu Saul: »Warum störst du mich, daß du mich erscheinen lässest?«

Der Geist Samuel soll dem von seinen Feinden bedrängten und sich von seinem Gott verlassen fühlenden Saul raten, was er nun beginnen soll, aber er hält ihm, wie Körperlose unserer Tage dies bisweilen auch zu tun pflegen, erst einmal seine Versäumnisse vor ...

Wie Circe ist die »Hexe von Endor« imstande, Verstorbene leibhaftig erscheinen zu lassen, was den Anschein erwecken mag, daß sie mehr vermochte als die Medien heute, die fast ausnahmslos die Stimme des Jenseitigen vernehmen lassen können, also nur einen akustischen Kontakt herstellen. Ohne die großen Fähigkeiten der Medien des Altertums anzweifeln zu wollen, wäre die körperliche Erscheinung des Toten auch als eine durch Hypnose vermittelte Vision erklärbar. Wie dem auch sei: Aus Sauls Frage nach einem Weib (warum es wohl ausgerechnet ein Weib sein muß?), das einen »Totengeist« hat, können wir jedenfalls schließen, daß das Medium aus Endor einen Fletcher hatte und daß dem König von Israel die hilfreiche Funktion einer solchen Mittelsperson bekannt war.

Sauls Zusammenkunft mit dem Medium in Endor könnte man als zeitloses Musterbeispiel einer Séance mit Jenseitskontakt bezeichnen. So etwas wie damals in Endor hat sich schon viele Male in meiner Wohnung zugetragen: Jemand wünscht mit einem Verstorbenen aus einem bestimmten Grund in Verbindung zu treten. Das Medium hat den Besucher zuvor nie gesehen und weiß zu Beginn der Séance nichts über ihn. Wenn die Sitzung erfolgreich verläuft, meldet sich das herbeigerufene Wesen, und das gewünschte Gespräch findet statt. Nach einer Weile wird der Kontakt wieder schwächer, die Stimme des Körperlosen immer leiser, oder sie bricht ganz plötzlich ab. Die Séance ist zu Ende.

Die vollendetste mediale Manifestation, die die Geschichte kennt, war das unvergleichliche Wirken Jesu. Zweifellos war er ein göttlich inspirierter Lehrer und der Prophet einer kosmisch-evolutionären Mission. Er war außerdem – wie es ein anderer großer Seher, Johannes, der Täufer, sofort erkannte – ein Medium mit sehr großer Kraftausstrahlung. Obwohl er prophezeite, »daß ihr noch größere Werke vollbringen werdet« (Johannes 14, 12), und obwohl Erscheinungen, die mit dem Wirken Jesu vergleichbar sind, sich auch heute zeigen, reichte seine geistige Kraft weit über die jedes anderen Mediums, von dem wir Kenntnis haben, hinaus.

Wenn man so wie ich die Hypothese vertritt, daß Jesus ein Medium gewesen ist, stellt sich eine interessante Frage: Die meisten Medien haben geistige Lenker. Wer war der Lenker von Jesus? War es Abraham? (Christus sprach einmal zu seiner Zuhörerschaft davon, daß er diesen Erzvater kenne.) War es Moses oder Elias? (Beide sprachen mit ihm im Beisein von drei Jüngern.) Oder war es – wie ich glaube – das Kosmische Wesen selbst, der Heilige Geist der Bibel?

Jesus betonte immer wieder, daß visionäre Erscheinungen niemals isoliert betrachtet werden dürften, sondern als Veranschaulichungen der Tatsache, daß das Universum geistig und nicht materiell zu begreifen sei. Häufig bezeugte er seine Vertrautheit mit jenem Leben, das in Ewigkeit fortdauert. Am eindrucksvollsten kommt dies in seiner gleichnishaften Erzählung vom reichen Mann und vom armen Lazarus zum Ausdruck, die in der Prophezeiung gipfelt – und diese erwies sich als richtig –, daß manche Menschen auch dann nicht glauben würden, »wenn jemand von den Toten auferstünde«.

Der Auferstehungsglaube, wie ihn Jesus verkündet hat, war den Hebräern seiner Zeit aus dem seit dem dritten vorchristlichen Jahrhundert eingesikkerten Gedankengut der Nachbarvölker zwar schon bekannt, aber doch noch so fremd, daß der Mann von Nazareth es trotz der unvergleichlichen Bildhaftigkeit seiner mit Autorität vorgetragenen Lehre offenbar absichtlich vermied, detaillierte Beschreibungen zu geben von dem, was man nicht würde ertragen können. Er wußte, daß die schlichten Gemüter seiner Jünger noch nicht aufnahmebereit waren für eine so radikale Veränderung in ihrer Einstellung zum Tod. Jene Jünger, von denen er glaubte, daß sie »es ertragen« könnten, konfrontierte Jesus in der Rolle eines Mediums in der bereits erwähnten »Séance« mit den Erscheinungen von Moses und Elias. Petrus, Johannes und Jakobus waren nachhaltig beeindruckt von der strahlenden Schönheit der nach dem biologischen Tod spirituell fortgeschrittenen Wesen. Gewisse Worte Christi sind wohl indessen so zu interpretieren, daß er eine Beeinträchtigung lebenswichtiger Tätigkeit in der Gegenwart durch Spekulationen über das jenseitige Leben nicht für wünschenswert hielt. Seine Lehren betonen immer das zwingende Hier und Heute. Ein Leben, das alle Tage in fortschreitendem, liebendem Verständnis gelebt würde, so deutete er an, müßte wie von selbst zu einem Glauben an die Fortdauer führen. Immerhin hob Jesus mehrmals den Vorhang für einen kurzen Blick auf das Leben, das seine Anhänger »in seines Vaters Haus« erwartete. Daß es »viele Wohnungen« habe, kann als Hinweis auf die von fast allen späteren Medien berichtete grenzenlose Vielfalt der auf der höheren Seinsebene erreichbaren Bewußtseinszustände gelten.

Als Jesus und der reumütige Dieb ans Kreuz genagelt und der Agonie des Todes nahe waren, konnte der Heiland voller Zuversicht sagen: »Heute noch wirst du mit mir im Paradiese sein.« Das Paradies, in dem von den Juden jener Zeit gebrauchten Wortsinn, war nicht das gleiche wie die unmittelbare Nähe zum Schöpfer, die mit Himmel bezeichnet wurde. Es war eine der Bezeichnungen für die erste Station nach dem Tode. Diese wohlbezeugte Äußerung bestätigt uns das Jenseits als einen Ort, wo die Menschen in vollem Bewußtsein leben und einander erkennen.

Auch der Apostel Paulus hat in seinen Schriften Himmel und Paradies deutlich voneinander unterschieden. »Ich kenne einen Mann«, schreibt er, »der in den dritten Himmel aufgenommen wurde.« Von einem anderen berichtet er, er sei »ins Paradies gekommen«. Das hatte Paulus möglicherweise durch Glaubensbrüder erfahren, die die Fähigkeit besaßen, mit Verstorbenen zu sprechen. Ihm selbst wurde sie, trotz vieler Gebete um Jenseitsoffenbarungen, nicht zuteil. In seinem *1. Brief an die Korinther* nennt er alle Arten spiritualistischer Erfahrung, die ihm bekannt waren: die Gabe, Geister zu sehen (mediale Begabung), die des geistigen Heilens, des Prophezeiens, des Zungenredens und des Wunderwirkens. Aber er weist darauf hin (und hier werde ich an Yoganandas Ermahnungen erinnert), daß keine dieser Fähigkeiten allein wahren geistigen Fortschritt kennzeichne. Ohne liebevolles Verständnis seien sie wie »tönendes Erz oder eine klingende Schelle«.

Paulus war einer der ersten und zugleich, für Jahrhunderte, einer der letzten Verkünder der Lehre Christi, der freimütig aussprach, daß es außer Jesus auch noch andere Menschen mit außergewöhnlichen Geistesgaben, wie er sie im Brief an die Korinther aufzählt, gebe und daß sie unter günstigen Vorbedingungen »Wunder« zu tun vermögen. Nachdem die Kirche sich zu einer machtvollen, auch in weltlichen Belangen einflußreichen Institution entwickelt hatte, trat eine für die freie Entfaltung der seelischen Kräfte verhängnisvolle Wendung ein. Die geistig-revolutionäre Atmosphäre, die der Gründung der neuen Religion zugrunde gelegen hatte, wurde, aus Furcht vor einer zu Ungehorsam gegenüber den geistlichen Machthabern verleitenden Gedankenfreiheit der Gläubigen, durch Dogmen und Gesetze erstickt, die, im Namen Christi verfaßt, sein Gebot der Liebe und der Hoffnung auf höhere Erkenntnisse mißachtete.

»Unnatürliche« Erscheinungen, wie sie nach wie vor auftraten, wurden in der Regel als Teufelswerk angesehen. Es war fortan riskanter denn je zuvor, mediale Kräfte zu besitzen. Zwar wurden einige unerschrockene große Medien heiliggesprochen (z. B. Franz von Assisi, Theresa von Avila), andere jedoch, die meisten, wurden als Ketzer verbrannt und blieben namenlos, sofern ihnen nicht *post mortem* doch noch Gerechtigkeit widerfuhr, wie der Seherin Jeanne d'Arc, die fünfundzwanzig Jahre nach ihrer Verbrennung auf dem Scheiterhaufen von der Kirche rehabilitiert und weitere fünfhundert Jahre später unter die Heiligen aufgenommen wurde. Die autoritäre einzige christliche Kirche des Mittelalters betrachtete sich auch als die einzige von Gott eingesetzte Vermittlungsstelle zwischen den Menschen und dem Schöpfer. Es galt als sündhaft, mit Gott und dem Himmel »direkt« in Verbindung zu treten oder zu behaupten, daß dies möglich sei. Auf denjenigen, der persönliche innere Einsichten zu haben glaubte, die vom allein gültigen Dogma abwichen, wartete nicht nur eine schmerzvolle, menschenunwürdige Todesstrafe, sondern – angeblich schlimmer noch – die Hölle!
Weder Jesus noch der Apostel Paulus und die anderen Christen der »ersten Stunde« haben die Hölle so drastisch als den Ort der fürchterlichsten Qualen und Strafen beschrieben wie später die Priester des Mittelalters, die ihren Gemeinden auf diese Weise nichts anderes als Angst einflößen wollten. Für die Christen der Antike war die Hölle nicht viel mehr als eine unangenehme Zwischenstation, bei der die Seelen auf ihrer Reise in die Ewigkeit zwecks Ermittlung ihrer Qualitäten eine Pause einlegen mußten. Hier mußten sie sich von falschem Denken und Handeln befreien und gegebenenfalls die Erfahrung machen, daß sie auf die veränderten Seinsbedingungen in der anderen Welt schlecht vorbereitet waren. Natürlich konnte diese deprimierende Einsicht sehr wohl auch als eine Art Hölle im übertragenen geistigen Sinn empfunden werden, wie uns dies viele Körperlose im Gespräch gestanden und detailliert beschrieben haben. Die brodelnden Kessel, in die der Teufel die sündigen Seelen steckt, die glühenden Zangen, mit denen er sie zwickt, und all die anderen sadistischen Folterinstrumente, diese Alpträume unserer Kindheit, sind gewiß Erfindungen verderbter Phantasten. Ich erinnere mich an meine eigene Jugend im Süden der Vereinigten Staaten. Wie brachte unser Pfarrer die ungestümen, unaufmerksamen Kinder im Religionsunterricht am bequemsten zur Räson? Indem er ihnen mit ein, zwei Sätzen Angst und Schrecken für den ganzen Tag einjagte. So ein alter Teufel sagte einfach: »Wenn ihr nicht folgsam seid, dann fährt der Böse auf euch herab, hebt euch hoch in die Luft und wirft euch mitten hinein in die heißeste, schwärzeste, grausamste Hölle.«

Freilich können sich die Höllenpropagandisten auf das im *Matthäus-Evangelium* verbürgte »Heulen und Zähneklappern« berufen, aber ist es denn überhaupt der körperliche Schmerz des Am-Spieß-gebraten-Werdens und anderer Torturen, der die Seele zum Heulen oder zum Frösteln zu bringen vermag? Um weinen zu müssen, um zu zittern und zu frieren, genügen geringere Anlässe. Jeder von uns hat, auch als Erwachsener, solche Situationen erlebt und ganz normal reagiert, wenn er in trostlosen Augenblicken oder verzweifelten Stimmungen losgeheult hat oder vorübergehend »durchdrehte«. In eine solche Lage kommt der Verstorbene mit großer Wahrscheinlichkeit auch wieder. Die vorliegenden Berichte darüber lassen darauf schließen, daß die – möglicherweise unumgänglichen – Eingewöhnungsschwierigkeiten wirklich groß sind und den Geist deprimieren, aber sie sind deshalb noch lange nicht »höllisch«.

Das Höllenfurcht-Predigen ist meines Erachtens für die Ausbreitung des Unglaubens mindestens ebensosehr verantwortlich wie jedes andere menschliche Versagen. Wer denkt gern an ein Fortleben, wenn es etwas Unangenehmes ist?

Es ist kaum zu glauben, wie weit die Höllenprediger, sowohl Protestanten als auch Katholiken, mit ihren Greuelmärchen gehen. In einem Heftchen, das ich kürzlich in einer römisch-katholischen Kirche fand, las ich folgendes: »Mein Kind, wenn du zur Hölle fährst, wird ein Teufel an deiner Seite gehen, der dich immerzu schlägt. Er wird dich jede Minute schlagen, ohne aufzuhören, für immer und ewig. Der erste Schlag wird deinen Körper so verletzen, daß er dem Körper Hiobs gleicht. Der zweite Schlag wird ihn doppelt so schlimm verletzen. Der dritte Schlag wird dich in einen Zustand versetzen, der dreimal so schrecklich ist wie der Hiobs. Wie aber erst wird dein Körper sein, wenn der Teufel ihn hundert Millionen Jahre lang in jeder Sekunde, ohne einmal aufzuhören, geschlagen hat? Komm morgen abend um sieben Uhr her und frage, wie es dem Kind geht. Die Teufel werden sagen: ›Das Kindlein brennt.‹ Geh nach Millionen Jahren wiederum hin und frage das gleiche. Die Antwort wird immer die gleiche sein: ›Das Kindlein brennt.‹ Und wenn du immer wieder und in alle Ewigkeit hingehst und fragst, wirst du immer wieder die gleiche Antwort bekommen: ›Das Kindlein brennt.‹«

Der protestantische Höllensadismus steht dem katholischen nicht nach. Folgendes stammt aus einem Buch mit evangelischen Predigten: »Wenn du tot bist, wird deine Seele Blut schwitzen und dein Körper vergehen in unsagbaren Ängsten. In einem Feuer, das genau wie ein irdisches Feuer ist, wird dein Leib in alle Ewigkeit brennen, aber ohne zugrunde zu gehen – jede Ader wird ein Flammenstrom sein, jeder Nerv eine Saite, auf der der Teufel in Ewigkeit seine diabolische Begleitmusik zum unsäglichen

Wehklagen der Hölle spielt.« Können Menschen, die solchen »Visionen« – Wahnprojektionen eines kranken, frustrierten und ressentimentgeladenen Hirns – regelmäßig ausgesetzt werden, einem Leben im Jenseits mit irgend etwas anderem als Grauen entgegensehen?
Glücklicherweise ist ein großer Teil der Menschheit dieser Psychopathologie nicht ausgesetzt. Wenn sie trotzdem nur verschwommene und angsterfüllte Vorstellungen vom Jenseits hat, muß es dafür einen anderen Grund geben. Meines Erachtens liegt dieser in der Lebensweise, die wir anscheinend zwangsläufig führen. Die tägliche Tretmühle des Brotverdienens und des Sein-Gesicht-wahren-Müssens beläßt uns wenig Kraft für zusätzliche geistige Anstrengungen, welcher Art diese auch immer sein mögen. Ist es da verwunderlich, daß bei den meisten Menschen keine Neigung besteht, über ein – nach traditioneller Meinung – so düsteres und im wörtlichsten Sinn so peripheres Problem nachzudenken wie das Leben nach dem Tode? Erst wenn der Tod herannaht und unter der Schockwirkung eines schmerzlichen Verlustes geht es einem schlagartig auf, wie bedeutungsvoll diese Frage ist.
»Beim Eintritt hier laßt alle Hoffnung fahren«, steht über dem Höllentor, wie Dante es sieht, dem wir die ergreifendste Beschreibung von Hölle (Inferno), Fegefeuer (Purgatorium) und Paradies verdanken. Die *Göttliche Komödie*, deren Jenseitsbild auf volkstümlicher Überlieferung, zum Teil fragwürdigen Zeugnissen mittelalterlicher Autoren und der eigenen dichterischen Phantasie beruht, stellt, literarisch sowie geistesgeschichtlich betrachtet, zweifellos ein unvergleichliches Meisterwerk dar. Daß es eine echte Offenbarung ist und ein »Bericht vom Leben nach dem Tode« auf Grund von persönlichen oder auch nur referierten Jenseitskontakten, wie Dantes Zeitgenossen und noch viele spätere Generationen annahmen, muß in Anbetracht unseres ganzen Wissens über die Struktur und die Bedingungen der Welt jenseits des Todes abgelehnt werden. Manches mag mit unseren Kenntnissen übereinstimmen, etwa der allmähliche, fast systematische Aufstieg von Stufe zu Stufe zu höherer Bewußtheit der Seele, doch der dokumentarische Wert der Aussagen Dantes und seiner Gewährsleite von »drüben« ist gering. Der Dichter hatte, wie sein erster Biograph, Boccaccio, bestätigt, Visionen – in denen er vor allem seine Geliebte, Beatrice, sah –, aber er war weder selbst medial begabt, noch ist mir bekannt, daß er von bezeugten Jenseitskontakten anderer wußte.

Dennoch werden Dantes Höllen- und Paradiesschilderungen in der geistigen Welt unserer Tage oftmals ernster genommen als die Jenseitsberichte des berühmtesten aller Seher und aller mediumistischer Wunder unter den Intellektuellen der westlichen Hemisphäre. Ich spreche von dem schwedischen Universalgelehrten, Techniker und Theosophen Emanuel Swedenborg. 1688 wurde er als Sohn eines Theologieprofessors und Bischofs von Westgotland geboren, der mit den Autoritäten seiner Kirche ständig Schwierigkeiten hatte, weil er den Standpunkt vertrat, daß unmittelbare religiöse Erfahrungen wichtiger seien als abstrakte Glaubenssätze. Der junge Emanuel schien für geistliche Probleme wenig Interesse zu haben. Ihn zog es zu Forschung und Technik, und mit dreißig Jahren machte der Stockholmer Bergwerksassessor zum erstenmal auf spektakuläre Weise von sich reden: Zur Belagerung der norwegischen Festung Frederikshall schaffte er 1718 sieben Schiffe mittels Rollen »fünf Stunden weit über Berg und Tal«. In seinen späteren Jahren schrieb er einem Freund, daß seine fünfunddreißig Jahre lange Tätigkeit als Naturwissenschaftler die ihm von Gott gewährte Vorbereitungszeit auf den Empfang der Geheimnisse des Lebens nach dem Tode gewesen seien. Seine Leistungen als Astronom und Physiker waren phänomenal. Lange vor Laplace und Kant nahm er die Nebularhypothese vom Sonnensystem als einer großen, wirbelnden Masse, die zur Sonne und zu den Planeten kondensiert wurde, vorweg. Er machte wichtige Entdeckungen, die zum Verständnis der Phosphoreszenz, des Magnetismus und der Atomtheorie beitrugen, und leistete Pionierarbeit auf dem Gebiet der Kristallographie. Als Mediziner bereitete er die moderne Wissenschaft der Neurologie – speziell durch die schematische Darstellung von Hirnzellen, Großhirnrinde und Rückenmark – und der Endokrinologie vor. Swedenborg beschränkte sich jedoch nicht nur auf die Forschung, er betätigte sich auch aktiv im öffentlichen Leben als Regierungsbeamter und Gesetzgeber.

Swedenborg, wie gesagt, eine der bedeutendsten für außersinnliche Einflüsse empfänglichen Persönlichkeiten aller Zeiten, erlebte spontane paranormale Phänomene selbst mitten in intensiver wissenschaftlicher Arbeit. Einer der aufsehenerregendsten und meistzitierten Fälle von Hellsehen ist eine Vision des großen Brandes von Stockholm im Jahre 1759. Während er zu Besuch in Göteborg weilte, »sah« er an einem hellichten Samstagnachmittag die fünfhundert Kilometer entfernte Stadt Stockholm in Flammen stehen, im besonderen, daß das Haus eines Freundes niederbrannte und seine eigene Wohnung bedroht war, jedoch von dem Feuer verschont wurde. Erst am Dienstagmorgen erreichte die Nachricht von der Katastrophe Göteborg. Sie hatte sich genauso abgespielt, wie Swedenborg es beschrieben hatte.

Im Alter von siebenundfünfzig Jahren hatte er ein überwältigendes spirituelles Erlebnis. Es war ihm, als sehe er »die Himmel offen«. Er gab seine naturwissenschaftlichen Studien auf, um diese neuen Dimensionen der Wirklichkeit zu erforschen. Er hatte, wie er sagte, freien Zugang zu der geistigen Welt, konnte sich in völliger Freiheit in ihr bewegen, mit den Bewohnern plaudern und das »Land« erkunden. Nie hat Swedenborg, wie es fälschlicherweise oft heißt, eine neue Religion gepredigt oder die Gründung einer Sekte auch nur erwogen; die Swedenborgsche Kirche ist von seinen Anhängern gegründet worden. Er hat jedoch ein umfangreiches Schrifttum in lateinischer Sprache mit genauen Beschreibungen seiner Reisen ins Jenseits hinterlassen.

»Unter den Regionen des Jenseits«, so berichtet Swedenborg, »gibt es eine Welt, die in vielem mit unserer eigenen übereinstimmt.« Er fand ein »natürliches Terrain« und Wohnzentren, in denen Männer und Frauen mit allen uns vertrauten menschlichen Gewohnheiten leben. Jeder verfolgt irgendein dem Allgemeinwohl dienenden Ziel, und alle lernen und lehren zugleich – lernen von Seelen, die zu höherer Weisheit gelangt sind, und lehren die noch unerfahrenen Neuankömmlinge. Auch Swedenborg betonte immer wieder, daß die weitverbreitete menschliche Furcht vor dem Tode völlig unbegründet sei. Erleuchteten Menschen sei es durchaus möglich, ohne Anstrengung von einer Sphäre zur anderen zu gelangen. Nach dem Hinübergang sei man körperlos und befände sich inmitten der Geisterwelt. Dort würden »Himmel und Erde zusammen sein und eine Einheit bilden«.

Swedenborg lehnte die Vorstellung, daß die Individuen edler würden, nur weil sie in eine nächsthöhere Sphäre aufgerückt seien, ab. »Unser Häkelmuster von dem abstrakten Edelsinn der Geister«, schreibt er, »erfährt auf der ersten Stufe eine schwere Erschütterung. Die Seelen unserer Väter sind in keiner Weise besser dran – weder weniger schlecht noch weniger körperlich, und ihre Beschäftigungen sind oft unwürdiger als unsere eigenen ... Wir brauchen sie nicht zu verehren – sie verdienen es nicht ... Alles ist hier recht prosaisch, der Tod bedeutet keine Veränderung von Wesentlichkeiten. Die gleichen Probleme erheben sich, und der Mensch hat sie zu lösen. Nichts gedeiht außer Tugend und Wahrheit. Jenseits des Grabes gibt es keine Ruhe, außer im Frieden Gottes, der auch schon vorher Ruhe bedeutete.«

Hier spricht er natürlich von dem fegefeuerähnlichen Zwischenbereich, in dem sich die gerade Verstorbenen läutern und besinnen müssen, bevor sie zur nächsthöheren Stufe voranschreiten dürfen. Bevor diese erreicht werden kann, muß der mächtige Sog der negativen Emotionen – Haß, Stolz, Abhängigkeit von Gelüsten, Gewohnheiten und Besitztümern – überwunden werden. Ein bedeutsamer Teil der Arbeit einer fortgeschrittenen Seele besteht, wie wir noch sehen werden, darin, Neuankömmlingen bei diesen Bemühungen zu helfen.

Swedenborgs hellseherische Begabung, für die es zahllose geradezu historische Beispiele und illustre Zeugen gibt, erweckte in ganz Europa das Interesse an derartigen Phänomenen. Zwar paßten solche rational nicht erklärbaren Erscheinungen schlecht in das Zeitalter der Aufklärung, doch mußten selbst diejenigen, die Swedenborgs philosophisch-religiöse Anschauungen kritisierten (z. B. Kant), seine hellseherischen Fähigkeiten anerkennen. Bewundernswert war indessen nicht nur diese Gabe, sondern nicht weniger, daß er, ein Naturwissenschaftler und beamteter Akademiker, es wagte, die Wirkung seiner übersinnlichen Kräfte vor der gebildeten Gesellschaft seiner Zeit zu demonstrieren.

Um die Mitte des 18. Jahrhunderts war man soeben noch bereit, sich durch handfeste Beweise von der realen Möglichkeit des geistigen Sehens und des Geistersehens überzeugen zu lassen. Fünfzig Jahre später, vom Beginn des Zeitalters der Industrialisierung an, wäre ein Swedenborg auf Ablehnung gestoßen, ohne daß man sich die Mühe gemacht hätte, seine Fähigkeiten erst einmal zu prüfen. Eine übermächtige Welle von materialistischem, fortschrittsfanatischem Skeptizismus überspülte alle, die sich der Dikatur des Realismus entgegenzustellen wagten. Der vernünftige Mensch hatte sich auf die technische und ökonomische Nutzbarmachung und Ausbeutung der materiellen Güter dieser Erde zu konzentrieren und dabei auf Gott zu vertrauen, einen Gott der etablierten, erstarrten Kirchen. Die Geschichte der abendländischen Ethik von David Hume über Schelling und Kierkegaard bis Albert Schweitzer ist ein einziger Bericht über den fast aussichtslosen Kampf des denkenden europäischen Menschen, seine transzendentalen Werte angesichts der Hochflut des meditationsfeindlichen Materialismus zu retten.
Den Philosophen aus der psychologischen Schule ist es zu danken, daß kurz vor Beginn des 20. Jahrhunderts mit der Idee der Bewußtseins-Evolution die Probleme der Menschenseele wieder ernst genommen, wieder Gegenstand der Forschung wurden. Hervorragende Denker der verschiedensten Nationalität haben zu dieser Neubewertung der Seele Anstoß gegeben: William James und Henri Bergson, C. G. Jung und Julian Huxley, Teilhard de Chardin, P. B. Medawar u. a. Eine der wichtigsten grundlegenden Erkenntnisse dieses neuen Denkens hat der kanadische Psychiater Richard M. Bucke formuliert:
»Die Reichweite des einfachen Bewußtseins ist weit geringer als die des Selbst-Bewußtseins, während die des kosmischen Bewußtseins weit größer ist als beide. Der Mensch, der auch nur für wenige Augenblicke das kosmische Bewußtsein erlebte, wird wahrscheinlich nie wieder zu der geistigen Stufe des nur selbstbewußten Menschen zurückkehren, sondern wird immer in sich die reinigende, stärkende und überwältigende Aus-

wirkung jener höheren Erfahrung spüren, und viele von denen, die um ihn sind, werden erkennen, daß seine geistige Kapazität den Durchschnitt weit überragt.«[15]

Niedrigeren Bewußtseinsstufen Zugehörige, die nicht in der Lage sind, Dimensionen zu begreifen, welche auf höheren Ebenen Lebenden klar sind, werden behaupten, daß es solche Dimensionen gar nicht gibt. Es ist wie bei dem Planierraupenfahrer, der, im Begriff, eine der schönsten Stellen vor der Stadt zu zerstören, sich mit einer empörten Gruppe von Umweltschützern konfrontiert sah. Der Planierraupenfahrer stemmte die Hände in die Hüften, spuckte auf den Boden und schaute umher. »Welche Werte?« fragte er. »Ich sehe keine!«

In dieser jahrhundertealten Kontroverse schöpfe ich Trost aus dem schrulligen Humor, mit dem die Angelegenheit von einem Mann behandelt wurde, der als einer der besten philosophischen Köpfe unserer Zeit gilt: Charles D. Broad, Professor der Philosophie an der Universität Cambridge. Er hat sich zu der von Bertrand Russell, Sigmund Freud und anderen aufgestellten Behauptung geäußert, daß alle religiösen Erfahrungen von der gleichen Art seien wie Illusionen und Halluzinationen. (»Rein wissenschaftlich betrachtet«, sagte Russell, »können wir keinen Unterschied machen zwischen dem Menschen, der wenig ißt und den Himmel sieht, und dem, der viel trinkt und Schlangen sieht.«)

Broad schreibt: »Nehmen wir einmal an, daß es einen Aspekt der Welt gibt, der völlig außerhalb des Wahrnehmungsvermögens gewöhnlicher Sterblicher im Alltagsleben liegt. Dann erscheint es sehr wahrscheinlich, daß ein gewisser Grad von geistiger und körperlicher Anomalie erforderlich ist, um sich von den Objekten gewöhnlicher Sinneswahrnehmung hinlänglich zu lösen und diesen höheren Aspekt zu begreifen. Deshalb ist die Tatsache, daß Personen, die diese besondere Art der Wahrnehmung zu besitzen behaupten, durchweg gewisse geistige und physische Anomalien aufweisen, völlig plausibel – vorausgesetzt, daß ihre Behauptungen stimmen. Möglich, daß man ein bißchen ›angeknackst‹ sein muß, um Gucklöcher in die außersinnliche Welt zu finden.«

Professor Broad glaubte also nicht, daß die Halluzinationsthese alles zu erklären vermag. »Solche Theorien«, so schreibt er, »haben eine zu gelbsüchtige Färbung, um wirklich vertrauenerweckend sein zu können. Ich würde jedenfalls Theorien über das Wesen der Musik und ihre Funktion im menschlichen Leben, die von einem unmusikalischen Psychologen vorgebracht werden, dessen Frau obendrein noch mit einem Musiker durchgebrannt ist, mit äußerster Vorsicht genießen.«

Experimente mit »Sherlock Holmes«

An einem Apriltag des Jahres 1927 kam ich, erwartungsvoll und verzagt zugleich, in London an. Ich wollte mich in der Weltmetropole der parapsychologischen Forschung den Experten präsentieren, von denen ich schon soviel gelesen hatte – aber würden sie meine bescheidenen Gaben überhaupt interessieren? Gab es in England nicht Medien wie Sand am Meer? Zwar hatte ich ein an Sir Arthur Conan Doyle gerichtetes Empfehlungsschreiben bei mir, doch wie sollte ich an ihn herankommen? Der Schöpfer von Sherlock Holmes und Dr. Watson war kein gewöhnlicher Kriminalromanautor, den man einfach anrufen oder in seiner Stammkneipe kennenlernen konnte. Er war so populär, daß er, wann immer er sich in der Öffentlichkeit zeigte, sogleich von Sherlock-Holmes-Fans umringt wurde. In der Meinung, er vereinige in sich die fast übernatürlichen Fähigkeiten seiner beiden Meisterdetektive, suchten Zahllose bei Doyle Rat und Hilfe in allen scheinbar unlösbaren Kriminalfällen. Nur wenige seiner Leser wußten, daß Sir Arthurs wahre Leidenschaft keineswegs der Aufklärung von Verbrechen, sondern der Erklärung paranormaler Phänomene galt. Die Zeit der Produktion von scharfsinnig-witzigen Detektivgeschichten, die der Dreißigjährige verfaßt hatte, um seine dürftigen Einkünfte als junger Arzt in Plymouth aufzubessern, war längst vorbei. Conan Doyle lebte schon seit mehr als zwanzig Jahren fast ausschließlich von den Honoraren, die ihm die ständigen Nachdrucke seiner Sherlock-Holmes-Bücher in aller Welt einbrachten, und widmete sich seitdem vor allem der psychologischen Forschung und der Öffentlichkeitsaufklärung über die Möglichkeiten der psychischen Selbstverwirklichung des Menschen.
Auch durch die Vereinigten Staaten hatte er Vortragsreisen unternommen, und das Publikum, das sich in den Sälen drängte, um Sherlock Holmes persönlich über Mord und Totschlag sprechen zu hören, verließ die Veranstaltung entweder enttäuscht oder unverhofft bereichert um die ersten Einblicke in eine neue Dimension des Lebens.
Das erste, was mir, dem Neuankömmling, in London ins Bewußtsein drang, war keine der Sehenswürdigkeiten der Stadt, sondern ein Plakat, auf dem ich las, daß Sir Arthur Conan Doyle am gleichen Abend in der Grotrian Hall einen Vortrag halten werde – und zwar über »Die Bedeu-

tung medialer Fähigkeit für die Bewußtseinserweiterung des Menschen«, also über mein Thema. Im Jahr zuvor hatte er eine zweibändige *Geschichte des Spiritismus* herausgebracht, die seitdem von Anhängern und Gegnern heftig diskutiert wurde, und ich konnte mir vorstellen, daß es hoffnungslos sein würde, auch nur in Doyles Nähe zu gelangen.
Ich mußte mir zuvor eine andere Protektion suchen und begab mich zu Mrs. Mabel St. Clair Stobart, einem einflußreichen Mitglied der Society for Psychical Research. Ihr Buch *Torchbearers of Spiritualism* (»Fackelträger des Spiritismus«) hatte ich mit großem Gewinn gelesen. Doch es genügt keineswegs zu erwähnen, daß sie selbst eine solche »Fackelträgerin« war. Um diese großartige Frau angemessen und anschaulich zu beschreiben, brauchte ich das Talent eines Epikers und eines Porträtmalers. Ich würde Mrs. St. Claire Stobart gern eine »Emanzipierte« nennen, doch haftet dieser Bezeichnung nach wie vor leider ein ironischer Beigeschmack an. Ihr Mut, ihre Initiative, ihr energisches Wirken in den verschiedensten Tätigkeitsbereichen konnten selbst erfolggewohnte Männer nervös machen. Sie aber blieb immer die Ruhe selbst, sie bewahrte immer Haltung. Nur wer ihren bisherigen Lebensweg kannte, wußte, was das für sie bedeutet hatte: Haltung bewahren. Die junge Tochter eines geadelten Industriellen hatte zu Beginn des Ersten Weltkriegs das erste fahrbare Lazarett der britischen Streitkräfte organisiert und mit den Invasionstruppen nach Belgien begleitet. Von den Deutschen gefangengenommen und als Spionin vor ein Kriegsgericht gestellt, gelang es ihr zu fliehen und quer durch das Kampfgebiet die eigenen Linien zu erreichen. Wieder in der Heimat, bekam sie den Auftrag, ein Lazarett für die im Vorderen Orient gegen die Türken kämpfenden Truppen einzurichten. Weil sie dort stets einen Rappen ritt, nannten die Soldaten sie »The Lady on the black horse«. Später versuchte sie, etwas Ordnung in den Rückzug der Serben durch das unwegsame albanisch-makedonische Bergland zur griechischen Küste zu bringen. Sie half, Tausende von Verwundeten und Zivilisten zu retten, und erhielt dafür von den Regierungen der westlichen Verbündeten hohe Orden. Nach Kriegsende wurde sie in der britischen Frauenbewegung aktiv, gründete gemeinnützige Vereinigungen, demonstrierte gegen gesellschaftliche Mißstände, ließ sich als Suffragette auslachen, aber auch als erste Frau in Großbritannien in einen Kirchenvorstand wählen.
Während wir auf das Eintreffen von Conan Doyle in der Grotrian Hall warteten, erzählte mir Mrs. St. Clair Stobart, wie sie dazu gekommen war, sich mit dem Spiritismus zu beschäftigen. Ein Bekannter in Kanada hatte sie Anfang der zwanziger Jahre brieflich gebeten, ihm das Protokoll einer bestimmten Séance des britischen College of Psychic Science zu be-

sorgen. Es fiel ihr nicht leicht, ihr Vorurteil gegen alles, was nach Spuk roch, zu überwinden, aber wenn sie sich nun einmal einem guten Freund zuliebe mit diesem Thema befassen mußte, dann wollte sie es auch gleich ein bißchen gründlicher tun. Sie bekam Gelegenheit, den psychokinetischen Experimenten des College mit dem Medium Maria Silbert, einer Lehrerswitwe aus Österreich, beizuwohnen, und was sie sah, überzeugte sie. Fortan betrachtete sie es als eine ihrer wichtigsten Aufgaben, der Erforschung paranormaler Vorgänge und denen, die sie hervorrufen, den Medien, zu gesellschaftlicher und wissenschaftlicher Anerkennung zu verhelfen. Sie veranstaltete spiritistische Sitzungen und bemühte sich in Vorträgen und Schriften vor allem darum, der Öffentlichkeit begreiflich zu machen, daß der Glaube an das Vorhandensein eines sechsten Sinns durchaus mit dem christlichen Glauben vereinbar sei. Deutlich unterschied sie die Interessen der akademischen Parapsychologen und die der Spiritisten: »Die Parapsychologie erforscht das, was in einer Séance vorgeht; der Spiritismus erforscht, was in der Seele vorgeht.«
Man muß verstehen, daß diese bewundernswert aktive Frau ihr immenses tägliches Programm nur durch rigorose Rationalisierung der banalen Lebensnotwendigkeiten bewältigen konnte. Um keine Zeit mit Mode- und Garderobeproblemen zu verschwenden, hatte sie für sich selbst eine Art Uniform in zeitlosem Schnitt entworfen. So unterschieden sich alle ihre Kleider höchstens in der Farbe und im Material voneinander. An dem Tag, als ich sie kennenlernte, trug sie purpurne Seide, dazu Sandalen mit großen Silberschnallen und auf ihrem zerzausten Haar einen kegelförmigen Hut. Da sie an starken Gelenkschmerzen litt, stützte sie sich auf einen knüppelartigen Stock. Manche fanden, daß sie wie eine Hexe aussehe – nun, wenn, dann wie eine höchst respektable und sehr humorvolle. Mit Humor übrigens mußten ihre Tischgäste, zu denen auch ich in der folgenden Zeit oft zählte, eine besonders harte Rationalisierungsmaßnahme des Stobartschen Haushalts hinnehmen: Es gab an jedem Wochentag – alle Montage, alle Dienstage usw. des ganzen Jahres – das gleiche Menü. Das ersparte zeitraubendes Nachdenken über den Speisezettel und Ärger mit einfallslosen Köchinnen, und es vereinfachte den Lebensmitteleinkauf. Die Tafelfreuden bei Mrs. St. Clair Stobart waren eben nicht kulinarischer, sondern geistiger Art.

Dieser erste Abend in London war der schönste meines ganzen Englandaufenthalts. Ich gewann zwei illustre Freunde, von denen ich unendlich viel lernen konnte, und ich hatte, völlig unerwartet, meinen ersten großen Erfolg als Medium im Ausland und unter dem Patronat eines weltberühmten Mannes, dessen Urteil in der Öffentlichkeit noch mehr galt als

das eines akademischen Fachmannes. Schließlich war jedermann überzeugt, daß »Sherlock Holmes« auch der geschickteste Betrug eines Mediums nicht verborgen bleiben konnte, und wenn der skeptische, gegen Unverschämtheit und Hinterlist geradezu allergische, jeden Nonsens verachtende Sir Arthur Conan Doyle für ein Medium seine Hand ins Feuer legte, dann war jeder Zweifel überflüssig.
Mein erster Eindruck von Conan Doyle bestätigte mir das Urteil aller, die ihn kannten: Er war im wahrsten Sinn des Wortes eine joviale Erscheinung: imposant, stämmig, vital – und trotz mancher schwerer Schicksalsschläge in früheren Jahren strahlte er unerschütterliche Lebensfreude aus. Er wirkte wesentlich jünger als Ende Sechzig und als die drei Jahre nach ihm geborene Lady St. Clair Stobart. Sie nahm mich hinter die Bühne in sein Vorbereitungszimmer mit, und nachdem er mir kräftig die Hand gedrückt und mein Empfehlungsschreiben überflogen hatte, lud er mich ein, im Saal auf einem der für Ehrengäste reservierten Sitze in der ersten Reihe Platz zu nehmen.
Keiner, glaube ich, lauschte ihm an diesem Abend aufmerksamer als ich. Doyle war ein hervorragender Redner. Noch nie zuvor hatte ich jemand mit soviel Gescheitheit, Witz und Ernst, Weltgewandtheit und Verinnerlichung über unser Thema sprechen hören. Was mir neu war, und was mich gewissermaßen beruhigte: Auch Doyle war erst auf Umwegen und nach langem Zögern zur Anerkennung spiritualistischer Kommunikationsmöglichkeit gekommen. Er hatte zwar schon in seiner Studienzeit mit einem Freund »einfache« Gedankenübertragung über unterschiedliche Entfernungen ausprobiert, wobei der Partner als Empfänger eine verhältnismäßig hohe Richtigkeitsquote erzielte; und er hatte sich auch ernsthaft für das um die Jahrhundertwende besonders populäre psychokinetische Gesellschaftsspiel des Tischrückens interessiert, doch er weigerte sich jahrzehntelang, andere außersinnliche Phänomene zu akzeptieren als telepathische. Erst nach einem Vierteljahrhundert der intensiven Auseinandersetzung und Beobachtung zahlloser Experimente rang er sich dazu durch, die Hypothese von Jenseitskontakten und Erscheinungen Verstorbener zu bejahen. Man hat gesagt, der plötzliche Tod seines Sohnes Kingsley, kurz vor Ausbruch des Ersten Weltkriegs, und eine gewisse mediale Begabung seiner zweiten Frau hätten ihn zum Spiritismus geführt. Doyle selbst hat diese Vermutung stets zurückgewiesen, und er war wohl auch tatsächlich nicht der Typ, dessen Verstand sich von Vorgängen in der Familie dirigieren ließ. Er gehörte zu den Skeptikern, die das zufällige, unberechenbare Auftreten von außersinnlicher Wahrnehmung nicht zufriedenzustellen vermochte. Er verlangte den konstanten, hier und jetzt produzierten sechsten Sinn als Beweis. Ich weiß nicht genau,

wie oft er diesen Beweis schon vorgeführt bekommen hatte; jedenfalls forderte er ihn auch an jenem Abend – und zwar von mir.
Nachdem der Beifall für seinen Vortrag verklungen war, deutete Doyle auf mich und verkündete zu meiner größten Bestürzung: »Ein bekanntes Medium aus den Vereinigten Staaten von Amerika, Arthur Ford, weilt heute unter uns. Ich möchte ihn bitten, seine hellseherischen Fähigkeiten auch Ihnen zu demonstrieren.«
Mit zitternden Knien erhob ich mich, stolperte auf das Podium und bedankte mich mit rotem Kopf und verkrampftem Lächeln für den freundlichen Begrüßungsapplaus. Sekundenlang war ich auf Doyle wütend. Wäre es nicht fair gewesen, mich darauf vorzubereiten, daß er mit mir experimentieren wollte? Hatte er sich vorgenommen, mich hereinzulegen? Nie hatte ich behauptet, ein »bekanntes Medium« zu sein, erst recht nicht, als ich mich Doyle vorstellte, aber plötzlich hatte ich das Gefühl, daß man mich als offiziellen Repräsentanten des amerikanischen Spiritismus betrachtete und die Lauterkeit der außersinnlichen Wahrnehmungen eines ganzen Kontinents auf dem Spiel stand. Meine Kondition konnte gar nicht miserabler sein. Ich war abgespannt von der langen Reise, irritiert von der neuen Umgebung, von der Begegnung mit zwei beinahe übermenschlichen Persönlichkeiten. Und vor allem: Wußte ich denn überhaupt, ob Fletcher mich nach England begleitet hatte, ob es nicht aus irgendwelchen physischen oder physikalischen Gründen vielleicht unmöglich war, in dieser Zone, in der Alten Welt, mit ihm in Verbindung zu treten? Kurz, meine hellseherischen Fähigkeiten beschränkten sich in diesem Augenblick auf die Vorahnung der größten Blamage meines Lebens. Am liebsten wäre ich tot umgefallen.
Statt dessen fiel ich in Trance. Der Wunsch, mich einfach fallen zu lassen, hatte offenbar genügt. Kaum saß ich auf einem freien Stuhl an dem auf der Bühne aufgebauten Vorstandstisch einer spiritistischen Vereinigung, da schlief ich auch schon ein.
Als ich nach etwas mehr als einer halben Stunde wieder erwachte, empfing mich langanhaltender Applaus. Sir Arthur schüttelte mir die Hand, und Mrs. St. Clair Stobart umarmte mich herzlich. Offenbar hatte ich die Prüfung bestanden. Aber ich war zu müde, um Fragen zu stellen.
»Lesen Sie morgen den *London Express*«, war alles, was Doyle noch zu mir sagte, bevor er sich zurückzog, um den Artikel zu schreiben, den ich anderntags in der Zeitung las. Er begann mit dem Satz: »Eine der erstaunlichsten medialen Leistungen, die ich in einundvierzig Jahren parapsychologischer Experimente gesehen habe, war das Auftreten von Arthur Ford am gestrigen Abend.«
Dann beschrieb er nacheinander alle Kontakte, die zwischen Jenseitigen

und Angehörigen im Publikum durch mich »und einen sehr sympathischen Kontrollgeist namens Fletcher« zustande gekommen waren. Fletcher war mir also treu geblieben. Doyle hatte in jedem einzelnen Fall den Zuhörer befragt, ob die Botschaften einen Sinn ergäben bzw. den Tatsachen entsprächen, und offenbar nur Bestätigungen erhalten. Es mußten traurige und heitere Nachrichten gewesen sein; man hatte Weinen und Lachen im Publikum hören können.
Wieder einmal war ich von mir selbst überrascht. Es wollte nicht in meinen Kopf, daß ich all diese mir völlig unzusammenhängend, bald nebensächlich, bald allzu dramatisch erscheinenden Botschaften für mir völlig fremde Personen durchgesagt haben sollte. Ich war glücklich, daß gerade Doyle mir ein so exzellentes Zeugnis ausgestellt hatte; denn ich ahnte, daß es mir Tür und Tor zu Englands Parapsychologen öffnen würde.
Schon am nächsten Abend sah ich Doyle wieder. Er gab eine Dinnerparty, bei der unter anderem auch der Schauspieler William Gillette anwesend war, der auf den Bühnen Englands und Amerikas unzählige Male den Sherlock Holmes verkörpert hatte. Nach dem Essen bat mich der Gastgeber, Fletcher zu uns zu holen. Es gelang genausogut wie zwei Abende zuvor in der Grotrian Hall, und man berichtete mir hinterher, daß Fletcher besonders »aufgekratzt« gewesen sei. Er ließ mir ausrichten: »Sagt meinem Medium Mr. Ford, er soll mir etwas mehr Platz lassen. Vorgestern auf der Bühne – glaubte er wirklich, daß ich zwischen den Narzissensträußen auf dem Tisch nach einem freien Fleck suchen würde? Ich war zu seiner Linken, und er stieß mich immerfort, so eng war es.«

Als ich Conan Doyle das letztemal vor meiner Rückkehr nach Amerika besuchte, sprach er, der stets Heitere, Ironische, ernster zu mir als sonst. Er sagte: »Der Geistliche und das Medium – beide haben einen Ruf erhalten. Aber es gibt mehr Geistliche als Medien. Deshalb sollten Sie Ihr Leben ganz Ihrer Aufgabe als Medium widmen. Wollen Sie mir das versprechen?«
Ich versprach es ihm. Es war ein schweres und ein leichtsinniges Versprechen zugleich. Ich hatte noch immer das Gefühl, am Anfang meiner medialen Erfahrungen zu stehen, und wenn ich auch manchmal glaubte, einen »Ruf« empfangen zu haben, so bedeutete dies doch nicht, daß ich ihn auch verstanden hatte. Hinzu kam die nüchterne Existenzfrage: Würde ich mit den »Stars« unter den Medien meiner Zeit diesseits und jenseits des Atlantiks »konkurrieren« können, oder würde ich ein Dasein als »Provinz-Medium« fristen müssen? War es überhaupt recht, mit meiner besonderen Gabe, um die ich weder gebetet noch mich bemüht hatte, meinen Lebensunterhalt zu verdienen oder gar ein Geschäft zu machen?

Ich beschloß, ein Medium aufzusuchen, das seit kurzem als der Geheimtip des College of Psychic Science galt: Mrs. Eileen Garrett. Sie war nur ein paar Jahre älter als ich und schien, ermutigt von den Wissenschaftlern, die sie getestet hatten, sich gerade entschlossen zu haben, als Profi zu arbeiten. Vielleicht, dachte ich, kannst du von ihr etwas lernen, und selbst wenn du zur Erkenntnis kommst, daß du es nie so weit bringen wirst wie sie, hat sich der Besuch gelohnt. Mrs. St. Clair Stobart besorgte mir eine der begehrten Einladungen zu Eileen Garretts regelmäßigen Séancen, und ich lernte eine ebenso liebenswürdige wie kluge Frau kennen, die versicherte, die Anwesenheit eines »Kollegen« aus den Staaten keineswegs als störend zu empfinden – in der gleichen nüchternen Art allerdings zugab, noch nie von mir gehört zu haben. Letzteres hätte jeden Künstler verärgert, mir indessen sollte es nur recht sein, denn auf diese Weise war es unwahrscheinlich, wenn nicht ausgeschlossen, daß sie die Botschaften, die sie mir im Verlauf der Séance übermittelte, sich aus meinem Bekanntenkreis in der Heimat besorgt haben konnte.
Als erkenne sie auf den ersten Blick, daß wir die gleiche Frequenz hatten, sagte sie: »Natürlich können Sie mit Uvani sprechen!«
Uvani war ihr Kontrollgeist; seinem Akzent nach zu urteilen, ein Inder. Wie Fletcher sprach auch er im Auftrag dessen, der eine Botschaft für einen der Teilnehmer hatte. Und bei dieser Sitzung sprach er plötzlich mich an und sagte, daß mein Vater mir etwas Wichtiges mitzuteilen habe. Man kann sich kaum vorstellen, wie aufgeregt ich war. Zum erstenmal in meinem Leben war ich nicht nur die schlafende Durchgangsstation für alle möglichen Nachrichten, sondern erhielt, überwach und verwundert, als hätte ich dergleichen nie für denkbar gehalten, selbst eine Botschaft von »drüben«. Was mir mein Vater, der vor mehr als zehn Jahren gestorben war, sagte, kam mir allerdings so unwahrscheinlich vor, daß ich zunächst tatsächlich an einen Irrtum oder einen schlechten Scherz glaubte. Er bat mich nämlich, sofort nach der Ankunft in den USA meine Mutter aufzusuchen und sie zu beraten, denn sie habe die Absicht, wieder zu heiraten. Ich muß bei diesen Worten ein sehr verdutztes, vielleicht sogar ärgerliches Gesicht gemacht haben. War das die fixe Idee eines Ehemannes, der noch über den Tod hinaus eifersüchtig war? War es eine Verwechslung oder einfach nur Unsinn? Meine Mutter hatte sich, bald nachdem sie Witwe geworden war, im Immobilienhandel betätigt und zu einer erfolgreichen Geschäftsfrau entwickelt. Ihr neuer Beruf schien sie ganz auszufüllen, und in keinem ihrer Briefe an mich hatte sie auch nur angedeutet, daß sie wieder zu heiraten gedenke.
Meine Zweifel an der Richtigkeit dieser Botschaft waren wohl daran schuld, daß der Kontakt mit meinem Vater abbrach. Verwirrt verließ ich

die Séance. Was sollte ich glauben, was sollte ich tun? Gewiß, meine Mutter war nicht in Lebensgefahr; es mußte auch nicht unbedingt ein Fehler sein, wenn sie noch einmal heiratete. Doch erstens brauchte sie in dieser Situation vielleicht wirklich meinen Rat, zweitens war ich neugierig, ob an der »fixen Idee« wohl doch etwas Wahres sein mochte. Ich wußte: Wenn sich die Botschaft als Falschmeldung, als »Hirngespinst« Uvanis, meines Vaters oder Mrs. Garretts herausstellen sollte, so würde das meinem Glauben an das Funktionieren der Telepathie in Richtung Jenseits einen schweren Schlag versetzen und meine noch unklaren Zukunftspläne entscheidend beeinflussen. Plötzlich hielt ich es keinen Tag länger in England aus. Ich strich alle weiteren Abschiedsbesuche und nahm den nächsten Dampfer nach Amerika.

Drei Wochen später war ich davon überzeugt, daß Eileen Garrett wirklich eines der besten Medien unserer Zeit war – und meine Mutter in jeder Hinsicht eine gute Partie machte. Ich kam gerade noch zurecht, um ihr bei der Auflösung ihres Immobilienunternehmens und ihres Hausstandes zu helfen. Sie heiratete einen Farmer aus South Carolina, Mr. Leighton Thomas, einen sehr honorigen, sympathischen Mann, den sie erst kurz zuvor kennengelernt hatte.

Als ich mich im Jahre 1930 zum zweitenmal in England aufhielt, war Eileen Garrett längst eine Berühmtheit; von unbestechlichen Wissenschaftlern unzählige Male getestet und als »echtes Phänomen« anerkannt, in der High Society akzeptiert, von Politikern und anderen Prominenten nicht nur insgeheim konsultiert. Ihre Bücher[16] waren auf dem besten Wege, Standardwerke über telepathische Erlebnisse und ihre Interpretation zu werden. Aber in ihrer unverändert freimütigen Art gestand sie mir, daß sie damals nach jener Séance, in der ich aus ihrem Mund eine so unglaubwürdige Nachricht empfangen hatte, selbst im Zweifel gewesen sei und Angst gehabt habe, sich vor einem amerikanischen »Kollegen« blamiert zu haben. Inzwischen waren wir beide unserer Fähigkeiten sicherer geworden – soweit man ihrer überhaupt sicher sein kann –, und wir beschlossen, gemeinsame Sitzungen abzuhalten.

Im Juli des gleichen Jahres war mein väterlicher Gönner Sir Arthur Conan Doyle gestorben, und Harry Price, der »besessene« Spiritismusforscher, schlug uns vor, zu versuchen, mit Sir Arthur im Jenseits Kontakt aufzunehmen. Im Oktober 1930 gelang es. Doyle kam durch – aber eigentlich nur, um zu sagen, daß er einen wichtigen Auftrag für mich und Dr. John Lamond habe, den er bei nächster Gelegenheit – das heißt, bei der nächsten Séance – gern persönlich begrüßen würde.

John Lamond, ehemaliger Pfarrer an der Greensides Church in Edinburgh, zählte zu den besten Medien Englands. Bald nach dem Ersten Weltkrieg hatte er Botschaften von seiner Tochter Kathleen emfangen, die als Krankenschwester in einem Frontlazarett in Frankreich gestorben war. Lamond machte kein Hehl aus diesem Kontakt und verbreitete Kathleens Kunde vom Jenseits in seiner Gemeinde. Als die Kirchenbehörde ihm dies untersagte, gab er sein Amt auf. Seitdem hielt er in ganz England vielbesuchte Vorträge und erfolgreiche Séancen ab. Auch mit Conan Doyle hatte er experimentiert.

Bei der von Sir Arthur gewünschten Sitzung mit Lamond und mir ging es um eine heikle Angelegenheit: Es hatten sich bei der Witwe Lady Doyle in letzter Zeit mehrere Literarhistoriker und Schriftsteller von Rang gemeldet, die daran interessiert waren, Conan Doyles Biographie zu schreiben, und um die Erlaubnis baten, sein umfangreiches Archiv und seinen Nachlaß benutzen zu dürfen. Der Witwe fiel die Entscheidung schwer, wem sie das Recht, die erste authentische Lebensgeschichte ihres Gatten zu schreiben, einräumen sollte, und nun griff derjenige, um den es ging, selbst ein. Sir Arthur ersuchte – man kann fast sagen: beauftragte – John Lamond, seine Biographie zu verfassen, und bat mich, Lamond dabei zu helfen.

In der darauf folgenden Sitzung war auch Lady Doyle anwesend. Sir Arthur wiederholte seinen Vorschlag, seine Gattin – vorsichtig und mißtrauisch, wie es sich für die Frau eines Meisterdetektivs gehört – überzeugte sich, daß hier zwei Medien nicht etwa ein abgekartetes Spiel trieben, um sich einen lohnenden Auftrag einzuhandeln, und stimmte seinem Plan zu.

Während der nächsten Monate nahm Lamond mit einem Stoß von Manuskriptblättern und Notizzetteln an meinen Séancen teil und stellte durch mich und durch Fletchers Vermittlung Fragen an Sir Arthur, die dieser, so gut er sich erinnerte, beantwortete. Ich weiß natürlich nicht, was er im einzelnen gesagt hat, aber Lamond hat mir versichert, daß er ohne meine Hilfe diese Biographie nicht hätte schreiben können.[17]

Auch Harry Price und Eileen Garrett hielten mit Doyle Kontakt. Es wurde ein richtiges Teamwork. In dieser Zeit kam, für alle Séanceteilnehmer völlig überraschend, eine Verbindung sozusagen außer der Reihe zustande, die Price später als »mein aufregendstes Erlebnis als Zeuge außersinnlicher Vorgänge« bezeichnete.

Die Sitzung fand um drei Uhr nachmittags, also bei vollem Tageslicht, statt. Wir nahmen unsere Plätze an einem Tisch gegenüber dem Hauptmedium dieser Zusammenkunft ein. Eileen Garrett schloß ihre Augen, gähnte und entspannte sich so, daß sie beinahe vom Sessel rutschte. Nach fünf Minuten war sie völlig in Trance. Sogleich begann Uvani aus ihr zu sprechen, wie stets zunächst in seinem gebrochenen Englisch: »Hier spricht Uvani. Ich grüße Euch, Freunde ...« Es folgten die üblichen, etwas umständlichen Segenswünsche. Dann sagte er: »Ich erkenne einen I-R-V-I-N-G oder I-R-V-I-N. Er sagt, er muß unbedingt etwas unternehmen ... Nein, er gehört zu niemandem hier – er entschuldigt sich für seine Störung. Scheint unbedingt mit einer Dame sprechen zu wollen: Dora, Dorothy, Gladys ... Er sagt: ›Kümmere dich nicht um mich, aber um Himmels willen, gib es ihnen weiter. Das Luftschiff ist zu schwer für diese Motorenkapazität.‹ «

Dann änderte sich die Stimmlage des Mediums, und ein anderes Wesen stellte sich als Leutnant H. Carmichael Irvin vor, Kapitän des Luftschiffes R 101. Dieses britische Riesen-Luftschiff war am frühen Morgen des 5. Oktober 1930 bei Beauvais, sechzig Kilometer nördlich von Paris, abgestürzt. Irvin, der durch das Medium redete, schien sehr erregt zu sein. In einem langen Bericht – schnell gesprochene Sätze, die immer wieder von Pausen unterbrochen wurden – schilderte er, welche technischen Schwierigkeiten R 101 zu bewältigen hatte. Harry Price schrieb mit:

Die Motoren sind zu schwer ... das Höhensteuer klemmt. Eine Explosion, die durch Gewitterspannungen hervorgerufen wurde. Fliegen zu niedrig und können nicht höher steigen. Der Auftrieb ist zu gering. Belastung zu groß für einen langen Flug. Gilt auch für SL 8. Sagt es Eckener. Geschwindigkeit läßt nach, das Schiff schaukelt bedrohlich. Starke Spannung an der Außenhülle, die brüchig wird. Steuerbordverstrebungen haben sich gelockert. Erprobung war zu kurz ... Luftschrauben sind zu klein. Kraftstoffeinspritzung schlecht und das Kühlsystem versagt ... Die Außenhülle ist mit Wasser vollgesogen, das Schiff sackt nach vorn ab. Aufsteigen ist nicht möglich. Kann nicht trimmen. Sie werden verstehen, daß ich ihnen das sagen muß. Schon fünfmal hatte ich diese Schwierigkeiten – das neue Steuerungssystem ist schlecht. Zwei Stunden lang versucht, höher zu gehen, aber die Steuerung versagte. Fast hätten wir die Dächer von Achy gestreift, hielten uns entlang der Eisenbahnstrecke ... Von Anfang an wußten wir, daß wir keine Chance hatten und daß es an der Steuerung lag. Konnten nicht mehr höher steigen. Ich mache mir Sorgen um eine Frau und ein Kind ...

Die Stimmlage des Mediums änderte sich abermals. Jetzt sprach wieder Uvani: »Er kommt nicht zu uns, er sagt: ›Dieselmotoren, Steuerung und Gas. Wir können nicht mehr aufsteigen.‹ « Das Medium schwieg, sichtlich erschöpft, und nach einer Pause sprach wieder Uvani, während Irvin ganz verschwunden zu sein schien.

Keiner der Teilnehmer an der Séance hatte irgendwelche Kenntnisse von Luftschiffen und ihrer technischen Einrichtung. Das Medium selbst besaß weder ein Auto noch kannte es sich mit Motorfahrzeugen aus; es hatte auch keine Vorstellungen von Aeronautik oder Maschinenbau. Ein Report mit den Botschaften Irvins wurde an den stellvertretenden britischen Luftfahrtminister, Sir John Simon, geschickt. Dieser hatte bereits eine Untersuchung des Unglücks angeordnet – es war fünfundfünfzig Stunden vor der Sitzung passiert – und einen Offizier damit betraut, der beim Bau des R 101 mitgewirkt hatte. Dieser, ein hochqualifizierter Luftfahrttechniker, bestätigte in einer Wort-für-Wort-Analyse die Korrektheit der Angaben des toten Irvin.

Luftschiff zu schwer für diese Motorenkapazität: »Nach allgemeiner Ansicht zutreffend.« *Höhensteuer klemmt:* »Nach den Untersuchungsresultaten wahrscheinlich.« *Auftrieb zu gering:* »Zutreffend nach dem abgeworfenen Ballast.« *Gilt auch für SL 8. Sagt es Eckener:* »SL 8 wurde als Typenbezeichnung eines deutschen Luftschiffes identifiziert. Es handelt sich um Schütte-Land 8. Hugo Eckener ist der führende deutsche Luftschiffkonstrukteur.« *Erprobung war zu kurz:* »Zutreffend.« *Luftschrauben zu klein:* »Kann als zutreffend angesehen werden.« *Fast die Dächer von Achy gestreift:* »Achy ist auf gewöhnlichen Karten nicht verzeichnet, doch auf Meßtischblättern, wie sie Irvin hatte. Es ist ein Dorf nördlich von Beauvais auf der Route des R 101.« *Entlang der Eisenbahnstrecke:* »Stimmt.«[18]

Wem die persönliche Sorge Irvins um eine Frau und ein Kind gegolten hatte, ist meines Wissens nicht geklärt worden. Jedenfalls war es nicht die Aufgabe des britischen Luftfahrtexperten, diesen Sachverhalt zu überprüfen.

Die Anhänger der animistischen Interpretation von Jenseitskontakten mit solchen Personen, die erst kurz zuvor gestorben sind, werden erklären, daß es sich im Fall Irvin um eine »ganz normale« telepathische Verbindung handelte, nur daß die Botschaft des Luftschiffkapitäns, seine Gedanken in den letzten Augenblicken vor dem Absturz, beim Empfänger Garrett »verspätet« eingetroffen sind, das heißt, erst nach seinem Tod. Solche Verzögerungen, besonders von Übermittlungen aus dem Äther, bzw. höheren Lufträumen, sollen häufig vorkommen. Desgleichen Abirrungen der gesendeten Gedanken vom gewünschten Weg. Einiges könnte für diese Hypothese sprechen. Wir wissen, daß Irvins Botschaft für niemanden unter den bei der Séance Anwesenden bestimmt war, sondern für eine Dora, Dorothea, Gladys, die keiner von uns kannte, und er Uvani ausdrücklich bat, »die Störung zu entschuldigen«. Andere Andeutungen (»Er sagt, er muß unbedingt etwas unternehmen« – »Um Himmels willen, gib es ihnen weiter«) lassen tatsächlich darauf schließen, daß er die Botschaft für so dringend hielt wie einen SOS-Ruf und er diesen stockenden verzweifelten »Bericht« unbewußt zwischen Leben und Tod gesendet hat, sterbend noch in der Hoffnung auf eine Rettung in letzter Minute.

Im folgenden Fall – und damit komme ich wieder auf Conan Doyles Wirken in dieser und der anderen Welt zurück – spielten ebenfalls der Äther und die noch in den Kinderschuhen steckende Luftfahrt eine Rolle, doch diesmal konnte nun wirklich nicht eine durch Turbulenzen im Luftraum verzögerte Gedankenübertragung statt eines echten Jenseitskontaktes angenommen werden. Denn die Sache war so:

Ende der zwanziger Jahre hatte der Journalist Goldstrom im Verlauf eines Interviews Conan Doyle gefragt, ob er glaube, daß Telepathie auch zwischen Menschen in einem mehrere tausend Meter hoch fliegenden Flugzeug und Partnern auf der Erde funktioniere. »Welchen Einfluß haben Ihrer Meinung nach die Atmosphäre sowie die Geschwindigkeit und Höhe eines Flugzeugs und seine hermetische Abgeschlossenheit?« wollte er wissen.

Die Antwort des Siebzigjährigen war typisch für ihn: »Lassen Sie es uns doch einfach ausprobieren!«

Dazu sollte es jedoch nicht mehr kommen, denn Conan Doyle starb kurze Zeit darauf. Und da er nicht mehr mit von der Partie sein konnte, wurde seine Idee zunächst nicht verwirklicht.

Erst zwölf Jahre später griff Goldstrom, inzwischen einer der bekanntesten amerikanischen Reporter für alle Luftfahrtangelegenheiten, den Vorschlag des alten Sir Arthur wieder auf. Er kam eines Tages zu mir und fragte mich etwas geheimnisvoll, ob ich bereit wäre, an einem parapsychologischen Experiment unter außergewöhnlichen Bedingungen teilzunehmen. Die »Bedingungen«, antwortete ich vorsichtig, seien bei jedem Experiment »außergewöhnlich«, und nun verriet er mir seinen Plan: Er wollte ein Flugzeug chartern, eine Gruppe von sechs bis acht an telepathischen Phänomenen interessierten und zu objektiver Beobachtung fähigen Leuten hineinverfrachten, dazu – und das war natürlich der Punkt, auf den es ankam – ein für diesen speziellen Zweck besonders geeignetes Medium. »Und dann fliegen wir über die City und wollen mal hören, ob das Medium Stimmen aus dem All auffangen kann.«

Nachdem ich meine Teilnahme zugesagt hatte, bat Goldstrom mich, ihm bei der Suche nach einem Medium behilflich zu sein, das die von ihm bereits erwähnten »außergewöhnlichen Bedingungen« zu erfüllen vermochte. Es durfte – das war die erste Voraussetzung – keine Angst vor dem Fliegen haben; und diese Angst war damals noch sehr verbreitet. Es sollte – das war eine Lieblingsidee Goldstroms – ein Medium sein, das in der Trance die natürlichen Stimmen der Gesprächspartner produzieren konnte, und diese Stimmen – das war die Bedingung – sollten aus dem Jenseits kommen. Das war ein bißchen viel auf einmal verlangt, doch mir fiel nach einigem Überlegen der Name eines Mediums ein, das ohne die Vermittlung eines Kontrollgeistes einwandfrei erwiesen mit den Stimmen Verstorbener geredet hatte, wie immer das auch zu erklären sein mochte. Es war Miß Maina Tafe – und sie war bereit, mitzumachen.

Unsere nächste Aufgabe war die Zusammenstellung der Passagierliste. Es sollten ebenso aufgeschlossene wie kritische und in der Öffentlichkeit angesehene Persönlichkeiten sein. Also luden wir ein: Dr. David H. Webster von der Hals-Nasen-Ohren-Klinik in Manhattan, eine Koryphäe seines Fachs; Mrs. Rita Olcott, die Witwe des irischen Tenors Chauncey Olcott von der Metropolitan Opera, die sich gründlich mit Parapsychologie beschäftigt hatte; Mr. Everett Britz, ein Parteifreund und Berater des New Yorker Oberbürgermeisters La Guardia; Jacob Padawer, ein vorurteilsloser Reporter, dem es nicht darauf ankam, Sensationen zu berichten, sondern die Wahrheit; und schließlich Prinzessin Rospigliossi, eine enge Freundin Conan Doyles und seiner Familie. Sie würde die wichtigste Zeugin sein; denn wir hatten uns vorgenommen, dem Medium die Aufgabe zu stellen, mit Conan Doyle in Kontakt zu treten und uns seine eigene Stimme hören zu lassen.

Der letzte Teil der organisatorischen Vorbereitung erwies sich unerwartet als der schwierigste. Es ließ sich lange Zeit kein Pilot finden, der bereit war, mit einer Gruppe »Geistersucher« aufzusteigen, die vorhatten, da oben mit Toten zu reden. Aber schließlich wagte es doch einer, und wir mieteten eine geräumige Transcontinental-Maschine für einen Flug von sechzig Minuten.

Es war nicht notwendig, das Flugzeug in einen richtigen Sitzungsraum zu verwandeln. Miß Tafe bat uns lediglich, die Fenster abzudunkeln, und so klemmte Goldstrom mitgebrachte Pappteller vor die Bullaugen. Fast alle Medien arbeiten lieber im Halbdunkel als bei hellem Tageslicht. Ich weiß selbst nicht genau, warum. Abgesehen davon, daß sich jeder Mensch bei gedämpfter Beleuchtung besser konzentriert, ist bekannt, daß außersinnliche Wahrnehmungen im abgedunkelten Raum deutlicher in Erscheinung treten. Vielleicht besteht ein Zusammenhang mit der Tatsache, daß nach Einbruch der Dunkelheit auch die Sender ferner oder schwächerer Radiostationen klarer zu empfangen sind. Jedenfalls hat der Wunsch nach Dämmerlicht bei seriösen Medien nicht das geringste mit Mystifi-

kation und theatralischem Brimborium zu tun, wie allzu naive Skeptiker gern behaupten, die ihre begründeten Zweifel an der »Echtheit« von Varieté-Zauberern undifferenziert auf psychische Medien übertragen.
Wir schnallten uns auf unseren Sitzen an, als wäre es ein Flug wie jeder andere auch. Miß Tafe saß zwischen Dr. Webster und Mr. Goldstrom. Sie ließen das Medium während der ganzen Séance nicht aus den Augen und hielten seine Hände fest. Manipulationen, welcher Art auch immer, waren ausgeschlossen. Niemand hatte zuvor das Flugzeug betreten können, die meisten Teilnehmer hatten erst auf dem Flugplatz einander kennengelernt. Das Mitbringen und Verstecken eines Tonbandgerätes – eine Idee, auf die nur der Argwöhnische der Zeit nach dem Zweiten Weltkrieg kommen kann – hätte nicht unbemerkt bleiben können, denn damals waren solche Apparate noch so groß wie ein Handkoffer, ihre Bedienung war verhältnismäßig kompliziert und die Tonwiedergabe so unvollkommen, daß das Abspielen eines Tonbandes keinen Menschen hätte täuschen können.
Wir stiegen bis zu einer Höhe von ca. zweitausendvierhundert Metern auf. Durch die Vibration der Motoren löste sich die provisorische Verdunklung von den Fenstern, aber die Helligkeit, das ständige Aufblitzen der Positionslampen an den Flügelspitzen der Maschine schien Miß Tafe nicht zu irritieren. Sie war in wenigen Minuten in tiefer Trance, und plötzlich vernahmen wir alle eine Stimme, die aus ihrem Mund kam und doch gleichsam über dem Motorengeräusch zu schweben schien. Es war ohne jeden Zweifel die Stimme Conan Doyles. Jeder, der ihn persönlich gekannt hatte, hielt einen Irrtum für ausgeschlossen. Doyle sagte zu Goldstrom, daß er sich genau daran erinnere, ihm seinerzeit vorgeschlagen zu haben, Telepathie im Flugzeug auszuprobieren. Nun gut, das war ja inzwischen uns allen bekannt. Aber als nächstes teilte er der Prinzessin vertrauliche Einzelheiten mit, die nur sie und kein anderer von uns wissen konnte. »Typisch Doyle«, dachten gewiß alle, die ihn gekannt hatten und aus eigener Erfahrung wußten, daß er kein Blatt vor den Mund zu nehmen pflegte. Er erinnerte mehrere von uns an Begebenheiten, an die man nicht gerade gern zurückdenkt. Doch wurde seine Stimme nach kurzer Zeit von anderen übertönt. Miß Tafe konnte offenbar – wie immer das möglich sein mochte – mehrere Stimmen auf einmal produzieren. Viele blieben unverständlich, nicht zuletzt wegen des Motorenlärms. Ganz deutlich aber war für einen Augenblick die Stimme von Dr. Websters Sohn zu vernehmen, der vor einiger Zeit in Wien gestorben war.
Und dann meldete sich Floyd Bennett, der Luftfahrtpionier, der 1926 als erster den Nordpol überflogen und zwei Jahre darauf während der Rettungsaktion für die auf Greenly Island notgelandeten Atlantikflieger

Köhl, Hünefeld und Fitzmaurice schwer erkrankt und gestorben war. Goldstrom und ein weiterer Teilnehmer konnten seine Stimme eindeutig identifizieren. Sie sagte: »Ihr fliegt jetzt gerade über den Flugplatz, dem man meinen Namen gegeben hat.«

Goldstrom antwortete: »Das kann nicht sein!« Wir hatten nämlich dem Piloten den Auftrag erteilt, die Küste von New Jersey entlangzufliegen, dann nach Westen abzudrehen und in großer Schleife zum Flughafen zurückzukehren.

Der Teilnehmer, der dem Cockpit am nächsten saß, öffnete die Tür und fragte den Piloten, wo wir uns im Augenblick befänden. Er sagte: »Genau über dem Floyd-Bennett-Flugplatz.«

Goldstrom, noch immer ungläubig: »Aber der liegt doch gar nicht auf unserem Kurs!«

Darauf der Pilot: »Sorry, wegen schlechter Sichtverhältnisse mußte ich den Kurs ändern.«

Der Stimmenwirrwarr, der Doyles Stimme überdeckt hatte, war demnach ausgebrochen, als der Pilot die Flugrichtung geändert hatte und gleichzeitig höher gestiegen war. In größerer Höhe waren die Stimmen wieder klarer vernehmbar. Es meldeten sich Personen, die in England, in Österreich und in verschiedenen Teilen Amerikas gestorben waren. Alle sprachen sie in dem ihnen eigentümlichen Tonfall, wie diejenigen von uns bestätigen konnten, die angesprochen wurden. In manchen Fällen waren es längst vergessene Bekannte, und es dauerte eine Weile, bis der Teilnehmer sich des Verstorbenen wieder entsann. Dies zu erwähnen ist insofern wichtig, als damit der animistische Erklärungsversuch entkräftet wird, das Medium habe lediglich die Gedanken der Séanceteilnehmer anzuzapfen brauchen und auf dem üblichen telepathischen Wege herausgebracht, mit wem der einzelne gern in Kontakt getreten wäre und was ihn mit dem Verstorbenen besonders verbunden hatte. Und selbst wenn es so einfach gewesen wäre: Die Produktion der originalen Stimmen wäre damit noch nicht erklärt.

Wieder über der City von New York, erwachte Miß Tafe. Für sieben erfahrene Medienforscher ging die spektakulärste und zugleich ergreifendste Séance ihres Lebens zu Ende. Ich stieg die Gangway als erster hinunter, und wieder auf festem Erdboden, sah ich in die Gesichter der anderen Passagiere, die allesamt einen seltsam abwesenden Eindruck machten. War das verwunderlich? Von so fern kehrt niemand unverändert wieder.

Die ungeheuren Belanglosigkeiten

Es wird oft kritisiert, daß durch Medien übermittelte Botschaften Verstorbener ihrem Inhalt nach bisweilen recht belanglos sind. Warum, so fragt man, verschwenden die Toten kostbare Augenblicke mit Geschwätz und Familienklatsch? Warum werden wir so oft mit höchst privaten, für die Allgemeinheit uninteressanten Nachrichten überschüttet, während die großen Fragen unbeantwortet bleiben? Sollten so seltene Gelegenheiten nicht zur Lösung tiefgründigerer Probleme genutzt werden? Wenn uns nach dem Tode wirklich eine andere Welt erwartet, gibt es doch nichts Wichtigeres, als zu erfahren, wie es dort aussieht. Warum beschreibt man uns das nicht in klaren Worten?

Diese Unzufriedenheit mit den Inhalten von Jenseitsnachrichten ist verständlich und hat die besten Köpfe der psychologischen Forschung angeregt, nach Erklärungen für die Trivialität solcher Kontakte zu suchen. Eine diesbezügliche, zu Beginn dieses Jahrhunderts von einem berühmten Professor der Columbia-Universität, James H. Hyslop, durchgeführte anschauliche Demonstration wurde von einem seiner Schüler, dem vor allem als Dramatiker bekanntgewordenen Louis Anspacher, beschrieben.

Hyslop ließ eine Telegrafenleitung legen, die zwei der am weitesten voneinander entfernten Gebäude auf dem Columbia Campus miteinander verband, und setzte an jedes Ende einen erfahrenen Telegrafisten. Er selbst blieb bei dem einen, während sich um den anderen eine Gruppe Studenten scharte. Einer der Studenten war Anspacher. Zweck des Experiments war, festzustellen, welche Art von Nachricht es Hyslop ermöglichen würde, mit Bestimmtheit zu sagen, daß nur ein bestimmter Student der Sender einer bestimmten Nachricht sein konnte.

»Als ich an der Reihe war«, schreibt Anspacher, »erwähnte ich die bemerkenswerte Tatsache, daß Royce, ein Hegelianer, William James, ein Pragmatiker, und Münsterberg, ein Materialist, gleichzeitig an der Philosophischen Fakultät von Harvard lehrten. Dann sprach ich über Henri Bergson und die Stellung der Institutionalisten in der modernen Philosophie. Alles umsonst; Hyslop erriet nicht, wer am anderen Ende der Leitung war. Dann telegrafierte ich folgendes: ›Als wir mit der Straßenbahn durch die Amsterdam Avenue fuhren, diskutierten wir über Bergsons *élan vital.* Der Schaffner machte sich über unser barbarisches Französisch lustig. Wir wollten beide gleichzeitig das Fahrgeld bezahlen, aber Ihre Münze fiel herunter.‹ So banal diese Nachricht auch war, Hyslop wußte sofort Bescheid und telegrafierte zurück: ›Anspacher‹.«[19]

Kein anderer konnte genau das in genau dieser Reihenfolge zusammen mit ihm erlebt haben; auf diese Weise konnte er ohne jeden Zweifel oder Vorbehalt sagen, wer die Nachricht gesandt hatte.

Viele der scheinbar überflüssigen Botschaften, die zwischen Fletcher und mir hin und her gehen, dienen ebenfalls der Identifizierung des Urhebers.

Jedes Medium, das in der Trance in Kontakt mit Unbekannten tritt, kennt dieses Problem und weiß, daß es die Belanglosigkeiten sind, die den Schlüssel zur Identifizierung des Partners liefern. Wer den trivialen Durchgaben keine Beachtung schenkt, wer ein schlechtes Erinnerungsvermögen besitzt oder ein bewußt oder unbewußt einseitig geschultes Gedächtnis, das banale Details nicht zu registrieren pflegt, der wird mit seinen medialen Verbindungen zu Jenseitigen wie auch zu Fremden im Diesseits nicht viel Glück haben.

Dr. Morris Edmund Speare, Philosophiedozent an der Johns-Hopkins-Universität in Baltimore, lehrte jahrelang in Harvard, war Lektor beim Verlag Oxford University Press und hat mehrere Bücher verfaßt. Seine Frau, Florence Lewis Speare, die 1965 starb, war eine bekannte Dramatikerin. Dr. Speare schrieb über seine Zusammenarbeit mit mir diesen Kommentar:

Ich hatte mit Mr. Arthur Ford sechs Sitzungen, die erste am 12. März 1966, die letzte am 13. März 1968. Die glaubwürdigen Aussagen und Botschaften, mit denen mich der Kontrollgeist Fletcher während dieser Sitzungen geradezu überschüttete, haben mein Leben verändert. Die Botschaften stammten hauptsächlich von meiner Frau, meinen Eltern, meinen früheren Universitätslehrern, wie z. B. William James, von verstorbenen Kollegen, von Verwandten meiner Frau und meinen eigenen Verwandten. Bei diesen Sitzungen wurde jedes Wort auf Tonband aufgenommen. Obwohl es manchmal Monate dauerte, bevor es mir gelang, für bestimmte Botschaften den Wahrheitsbeweis zu liefern, erwies sich der überwiegende Teil als zutreffend. Leider kann ich hier aus Platzmangel nur einige von den vielen Mitteilungen anführen, die rein informativ waren. Von Zuneigung, Mitgefühl und Zärtlichkeit geprägte Passagen habe ich ausgelassen, da sie allzu persönlich und für die Authentizität der Nachrichten meist weniger relevant sind. Um soviel wie möglich in diesen Bericht hineinpacken zu können, mußte ich die Originalaussagen von

Fletcher zusammenfassen und kürzen. Die folgenden Ausagen sind jedoch alle so wiedergegeben, wie Fletcher sie hörte bzw. aus den Gedanken anderer Jenseitiger ablas.

1. *Fletcher:* Ihre Frau sagt: »Hier ist jemand, der dich kennt. Er heißt David Little. Er war Kurator der Harvard-Theatersammlung. Er sagt, daß alle meine Stücke und Romane sowie die Briefe von G. B. Shaw, Lady Gregory, Yeats und anderen großen Persönlichkeiten dieser Sammlung einverleibt werden sollen. Er war Vorsteher von Adams House in Harvard. Kanntest du ihn?«

Ich: Nein, ich habe nie von ihm gehört. Zu meiner Zeit gab es in Harvard kein Adams House.

Kommentar: Zum Zeitpunkt der Sitzung wußten nur drei lebende Menschen, daß die Kuratorin der Harvard-Theatersammlung mich um Florences Bücher und Skripten gebeten hatte; daß sie für eine Florence-Lewis-Speare-Gedächtnissammlung bestimmt waren; daß sie neun Tage nach dieser Sitzung nach Harvard gebracht wurden; daß die einzigen drei lebenden Menschen, die davon wußten, John Mason Brown, Theaterkritiker und langjähriger Freund von Florence, die Kuratorin und ich waren. Brown hatte die Sache übrigens angeregt und die Harvard-Kuratorin bewogen, mir zu schreiben. Nachdem das Einschreibepaket in Harvard eingetroffen war und ich von der Kuratorin einen Dankesbrief bekommen hatte, rief ich sie an und fragte: »Wer war David Little, und welche Stellung hatte er in Harvard? War er je Kurator der Harvard-Theatersammlung?« Ihre Antwort: »Nein, Kurator war er nie, aber er wurde häufig mit den Aufgaben eines Kurators betraut; er starb, bevor ich hierherkam; er wurde von allen, die ihn kannten, hochgeschätzt; er hinterließ eine Arbeit über David Garrick, die dann bei Harvard Press erschien; er war Direktor von Adams House – einem Haus, das lange nach Ihrer Zeit in Harvard erbaut wurde.«

2. *Fletcher:* Ihre Frau wurde, als sie jünger war, Flora genannt, doch in ihrer Jugend scheint sie einen richtigen Spitznamen gehabt zu haben – und zwar Jean. Wissen Sie das?

Speare: Nein, das weiß ich nicht. Ich muß erst nachsehen, ob das stimmt.

Kommentar: Das habe ich später getan. Ich fand Briefe aus ihrer Jungmädchenzeit, die mir bestätigten, daß man sie auch Jean genannt hatte.

3. *Fletcher:* Ihre Frau zeigt mir das Bild einer Ecke Ihres Wohnzimmers. In der Mitte steht ein Tisch, dann ist da eine Lampe mit einem rötlichen Schirm. Rechts davon steht Ihr Sessel, in der Ecke dahinter sind Bücherregale. Jetzt ein anderer Blickwinkel: Wenn Sie in diesem Sessel sitzen, haben Sie, wenn Sie aufblicken, eine Fotografie Ihrer Frau vor sich.

Kommentar: Das ist eine genaue Beschreibung meines Wohnzimmers, meines Sessels, der Bücherreihen, ihres Schreibtisches, neben dem früher ihre Schreibmaschine stand. Wenn ich mich im Sessel nach links wende, sehe ich ein Foto ihres schönen Gesichts. Es handelt sich um ein gerahmtes Porträt, und darüber hängt eine sogenannte Galerieleuchte, die fluoreszierendes Licht gibt, die immer brennt und die ich nur ausschalte, wenn ich schlafen gehe. Mr. Ford hat diese Wohnung nie gesehen, nie hat ihm jemand diese Ecke des Wohnzimmers beschrieben. Nach dem »Tod« meiner Frau zog ich in diese kleinere Wohnung, die ganz anders aussieht als jene, die wir zusammen bewohnten. Es ist offensichtlich, daß Florence die neue Wohnung oft besucht haben muß.
4. *Fletcher:* Ihre Frau sagt, sie sei sehr glücklich. »Und du schreibst natürlich ununterbrochen; nie sehe ich, daß du einmal nicht schreibst. Du schreibst sogar jetzt, und das ist gut.«
Kommentar: Wieder ein Beweis für Florences Anwesenheit in der Wohnung, die ich augenblicklich bewohne; ein Beweis auch dafür, daß sie wußte, was ich gerade tat und all die Monate vorher getan hatte. Ich arbeite an einem Buch, das, so Gott will, eine Biographie ihres und meines Lebens wird. Mr. Ford hat zum erstenmal davon erfahren, als ich ihm diese Notizen brachte.
5. *Fletcher:* Hier drüben ist jemand namens Will Cuppy. Er möchte Ihnen dafür danken, daß Sie sich seiner Arbeiten angenommen und der Öffentlichkeit zugänglich gemacht haben. Er ist Ihnen wirklich dankbar. Florence sagt, sie habe ihn nicht akzeptiert. Er sei ihr nicht unsympathisch gewesen, aber sie habe gefunden, er sei es nicht wert, daß Sie sich mit ihm abgeben.
Kommentar: Cuppy, ehemaliger Lektor der *New York Herald Tribune*, machte mit mir zwei Bücher: *Die großen Mysteriengeschichten der Welt* und *Die großen Detektivgeschichten der Welt.* Ein brillanter und geistvoller Mann, aber leider ein Quartalsäufer, den man täglich zu seiner schriftstellerischen Arbeit treiben mußte. Ich hatte ziemlich großen Einfluß auf ihn. Doch das ist vierzig Jahre her; ich hatte es völlig vergessen, und jetzt erinnerte Florence mich plötzlich daran, daß sie einmal sagte: »Er ist es nicht wert, daß du dich mit ihm abgibst.« Will Cuppy muß vor mehr als dreißig Jahren gestorben sein.
6. *Fletcher:* Florence sagt, Sie hätten gemeinsam an den Feierlichkeiten eines dreihundertjährigen Gedenktags teilgenommen; sie zeigt die Zahl 1936: »Es war in dem College, in dem wir uns kennenlernten. Wir unterhielten uns dort mit jemandem, der dich grüßen läßt. Er ist ziemlich klein; ein ulkig aussehender Mann; trägt meistens hohe Knopfstiefel; hat einen schlotternden, zerknitterten fadenscheinigen Anzug aus blauem Serge

an. Ich soll dir sagen, er sei Onkel Fritz. Vielleicht nanntest du ihn aber nicht so; du mußt ihm gegenüber respektvoller gewesen sein als seine übrigen Studenten. Er sagt, sein richtiger Name sei Frederick Robinson, und er zeigt mir ein Buch mit dem Titel *Canterbury Tales*. Er läßt dir sagen: ›Ich kannte deine Frau viel früher als dich.‹ In seiner Jugend war er ein begeisterter Bergsteiger. Er läßt dir sagen: ›Ich bin überzeugt, daß Sie, da Ihr Interesse am Leben wiedererwacht ist und Sie die wahre Bedeutung des Daseins erkannt haben, wahrscheinlich so lange leben werden wie ich.‹«

Kommentar: 1936 nahmen wir an der Gedenkfeier zum dreihundertjährigen Bestehen der Harvard-Universität teil. Sie wurde 1636 gegründet. Ich hatte in Harvard drei Kurse bei Professor Robinson belegt: Mittelenglisch, die Dichtungen Chaucers und Angelsächsisch. Ich erinnere mich vage daran, daß meine Frau mir einmal erzählte, sie habe Robinson lange vor mir gekannt. Um seine weiteren Angaben nachzuprüfen, setzte ich mich mit seinem einzigen noch lebenden Neffen in Cambridge, Massachusetts, in Verbindung. Er schrieb mir, daß sein Onkel von Verwandten und Freunden Onkel Fritz genannt worden sei, daß er jahrelang Mitglied des Appalachian Clubs und in seiner Jugend Bergsteiger gewesen sei; daß er im Alter von fünfundneunzig Jahren gestorben sei; daß er im fortgeschrittenen Alter seine Anzugtaschen als eine Art Aktentasche benutzte und darin alle persönlichen Papiere aufbewahrte; daß er im hohen Alter maßgearbeitete Knopfstiefel trug.

Ich kann niemandem, der die Aufzeichnungen von Dr. Speare nur zur Unterhaltung und aus Neugier gelesen hat, verübeln, wenn er die darin zitierten Botschaften und Kommentare für unwichtig hält. Denn die einzelnen Mitteilungen sind für die Allgemeinheit tatsächlich recht uninteressant; sie geben keine wesentlichen Aufschlüsse über das Jenseits, enthalten keine bestimmten Voraussagen, sie rufen nicht einmal bemerkenswerte Ereignisse der Vergangenheit ins Gedächtnis zurück, sondern im Gegenteil höchst belanglose. Was also wollten die Jenseitigen überhaupt von Dr. Speare, der gewiß gewohnt war, mit den gleichen Partnern, als sie noch am Leben waren, geistvollere Gespräche zu führen? Die Antwort ist einfach: Sie wollten mit Hinweisen auf unverwechselbare Details früherer Begegnungen ihre Identität belegen. Sie wollten zunächst nichts weiter als glaubwürdig machen, daß sie imstande sind, unter bestimmten Voraussetzungen mit Diesseitigen in Kontakt zu treten. Und schließlich wollten sie dem Medium helfen und durch ein, wie es den Anschein hat, wohlüberlegtes Erinnerungs-Quiz den Verdacht entkräften, daß es sich um das abgekartete Spiel eines »Mediums« handeln könne, das sich insgeheim ein paar Daten aus dem Leben verschiedener Séanceteilnehmer und deren Angehöriger besorgt und als Botschaften Verstorbener deklariert hat. Die Toten kennen das Problem der Glaubwürdigkeit genauso wie jeder vernünftige Mensch auf Erden es kennt, und sie geben sich größte, oft fast krampfhafte Mühe, die Echtheit der Kommunikation und ihre Identität so hieb- und stichfest wie nur möglich zu beweisen. Hier ein Beispiel dafür, daß Erinnerungslücken jeden vom Kontrollgeist initiierten Kontakt gleich wieder zunichte machen können. Am Anfang einer Serie von Sitzungen, die Professor Jerome Ellison von der Universität New Haven mit mir abhielt, entspann sich zwischen Fletcher und ihm folgender Dialog:

Fletcher: Hier drüben ist jemand, der sich für Sie interessiert. Er heißt Burch.
Ellison: Ja?
Fletcher: Scheint, daß er Sie kannte, als Sie noch ein Junge waren.
Ellison: Ich hatte einmal einen Sonntagsschullehrer, der Burch hieß. War ein feiner Mann.
Fletcher: Da ist irgend etwas mit einem Kaninchen, einem weißen Kaninchen.
Ellison: Ich hatte als Junge mal ein weißes Kaninchen, aber das hatte nichts mit Mr. Burch zu tun.
Fletcher: Nun, ich kann nur sagen, daß dieses weiße Kaninchen mit Ihnen und Mr. Burch in irgendeinem Zusammenhang steht. Ein Häschen. War Mr. Burchs Spitzname vielleicht »Häschen«?
Ellison: Ganz bestimmt nicht. Er war viel zu würdevoll, um einen solchen Spitznamen zu haben.
Fletcher (enttäuscht): Na ja, lassen wir's.

Mehr als ein halbes Jahr später besuchte Ellison seine alte Mutter und erzählte ihr die Episode.
»Ja, erinnerst du dich denn nicht?« rief die Mutter, »das weiße Kaninchen hat dir doch Mr. Burch einmal zu Ostern geschenkt.«
»Es gibt zwei mögliche Erklärungen«, sagte mir Ellison. »Entweder wollte Mr. Burch sich mir zu erkennen geben, oder Sie haben versucht, aus dem, was Sie mir aus meinem Gedächtnis oder Unterbewußtsein stibitzt haben, eine Geschichte zu zimmern. Die Mr.-Burch-Hypothese scheint mir jedoch die bei weitem wahrscheinlichere. In meinem Gedächtnis habe ich soviel gespeichert, warum sollten Sie ausgerechnet diese, mir kaum noch erinnerliche Kaninchengeschichte wählen – falls Sie nicht von einem Dritten, nämlich von dem, der mir das Tier geschenkt hatte, dazu veran-

laßt wurden? Kinder erinnern sich noch nach Jahren viel eher an ein aufregendes Geschenk als an den Schenker. ›Von wem habe ich eigentlich den Indianeranzug bekommen?‹ ist schon wenige Tage nach Weihnachten keine ungewöhnliche Frage, wenn es heißt, die Dankbriefe zu schreiben. Ohne das beneidenswerte Erinnerungsvermögen meiner Mutter wäre mein Versagen bei der Kontaktaufnahme mit Mr. Burch nie ans Licht gekommen. Ich hatte in meinem ganzen Leben nur dieses eine Kaninchen. Mr. Burch hatte es mir geschenkt. Das war außer mir nur einem einzigen Menschen bekannt – meiner Mutter, die das Geschenk nie wieder erwähnt hatte und erst davon sprach, als ich ihr von der Botschaft erzählte. Das beweist, daß nicht die Körperlosen, sondern wir mit unserem unzulänglichen Gedächtnisapparat an den vermeintlichen Ungereimtheiten so mancher Botschaften schuld sind. Der seit langem tote Mr. Burch aber war, wo immer er jetzt auch sein mochte, in der Lage, sich mit Lebenden in Verbindung zu setzen.«

Mr. Burch hat sich nach diesem ersten gescheiterten Versuch meines Wissens nie mehr gemeldet. Entweder war er entmutigt, oder das Bedürfnis, mit seinen Bekannten auf der Erde zu sprechen, hatte, als Folge seines Aufstiegs zu einer höheren Bewußtseinsebene, nachgelassen. Daß dies »normal« zu sein scheint, werde ich später noch belegen.

Manche Verstorbene gaben es auf, wenn bei den Lebenden nicht gleich »der Groschen fiel«; andere versuchten hartnäckig immer wieder, sich verständlich zu machen, und hatten schließlich Erfolg – zum Beispiel mein Kommilitone Joe.

Ich komme auf meinen ersten Kontakt mit einem Jenseitigen zurück: Joe, der mit mir an der Transylvania-Universität studiert und das Interesse an mediumistischen Experimenten geteilt hatte, erkrankte an einer schweren Lungenentzündung. Nachdem die Ärzte ihn aufgegeben hatten, ließ er mich rufen und flüsterte, mit letzter Kraft um Atem ringend: »Wenn es möglich ist zurückzukommen, werde ich dir den Beweis liefern.«

Monate später nahm ich während der Ferien an einem Lagertreffen von Spiritisten in Michigan teil. Eine Hellseherin sagte, sie habe eine Nachricht für mich. Sie beschrieb mir anscheinend Joe, doch es gelang ihr nicht, seinen Namen zu erfahren. Die Botschaft war nicht ganz klar. Es kam irgend etwas mit »Dynamit« darin vor. Es war mir unmöglich, Joe mit Dynamit in Verbindung zu bringen, und so vergaß ich die ganze Geschichte wieder. Etwa ein Jahr später erlebte ich mit einem anderen Medium in einem anderen Bundesstaat dasselbe, und ein Jahr darauf kam mir ein drittes Medium mit Joe. Es behauptete, ein gewisser Joe wiederhole immerfort ein Wort, das sich wie »Dynamit« anhöre; es sei aber nicht genau dieses Wort.

Ich begriff nicht.

»Ihr Freund«, sagte das Medium, »bittet Sie darum, das Wort Silbe für Silbe mit ihm durchzugehen, indem er und Sie die einzelnen Silben abwechselnd sprechen.«

Nun verstand ich sofort. Das geheime Losungswort unserer Studentenverbindung wurde während eines Händedrucks abwechselnd Silbe für Silbe gesprochen. Das Losungswort wechselte jedes Jahr. Als Joe starb, lautete es »Dynamus«.

Die Beharrlichkeit, mit der Joe die Verbindung zu mir gesucht hatte, und die Tatsache, daß von den wenigen Mitgliedern dieser Gruppe an unserem College, die das Losungswort kennen konnten, alle anderen noch am Leben waren und sich keiner für Telepathie und Jenseitskontakte interessierte, überzeugte mich, daß Joe sein Versprechen wahrgemacht und mir den Beweis für das Weiterleben nach dem Tode geliefert hatte.

Dies waren also die charakteristischen Merkmale, die zur Identifizierung so vieler höchst beweiskräftiger Botschaften führten: eine Münze, die in der Straßenbahn auf den Boden fiel, ein kleines, längst vergessenes Geschenk aus Kindertagen, ein bißchen ritueller Hokuspokus einer längst in alle Winde zerstreuten Studentenverbindung. Belanglos, trivial? In gewisser Weise ja. Doch stets trivial auf besondere Art: In jedem Fall bestätigten diese Nichtigkeiten über jede Möglichkeit eines Irrtums hinaus, daß die Botschaft nur von einem bestimmten jenseitigen Wesen stammen konnte.

Meiner Meinung nach ist dies jedoch nicht der einzige Grund dafür, daß bei so vielen durch Medien hergestellten Verbindungen nur über Nebensächlichkeiten gesprochen wird. Ich möchte noch einmal daran erinnern, daß Jenseitige ebenso Menschen sind wie die diesseitigen Teilnehmer an einer Séance. Es gibt von Natur aus oberflächliche Menschen, die ihre Gesprächspartner nie nach Dingen von tieferer Bedeutung fragen und daher auch keine Antworten von tieferer Bedeutung erhalten werden. Sie interessieren sich einfach nicht für anspruchsvolle Themen. Sie sind ausschließlich mit ihren Familienangelegenheiten beschäftigt. Auch im Jenseits noch! Die angesehene Genealogin Mrs. R. M. Conner aus Cambridge, Ohio, konnte davon für ihre wissenschaftliche Arbeit profitieren. Sie hat über eine Sitzung berichtet, die 1967 in Cleveland stattfand und bei der eine Reihe von Zeugen anwesend war: Ihr Mann, Dr. und Mrs. Naldo Moss und Mr. Robert Hoyle. Während dieser Sitzung überbrachte Fletcher Botschaften, die eine Unmenge nachweisbarer sachlicher Informationen enthielten.

»Als die Sitzung stattfand«, schreibt Mrs. Conner, »trug ich eben das Material für eine Publikation über die ältesten Pionierfamilien aus Guernsey County, Ohio, zusammen. Ein paar Orte, an denen zu Anfang des 17. Jahrhunderts Pionierfamilien gelebt hatten, waren einfach nicht aufzufinden. Während der Sitzung stellte mir Fletcher Jenseitige vor, die genau angaben, wo sie gelebt hatten, den Bezirk nannten und die Gegend beschrieben. Mit Hilfe dieser Hinweise war es mir möglich, alte, verschollen geglaubte Dokumente aufzustöbern und den Spuren verwandtschaftlicher Beziehungen nachzugehen.«
Bei einer anderen Sitzung holte ein Jenseitiger durch Fletcher das »schwarze Schaf« einer Familie aus der Versenkung. Das berichtete im Frühjahr 1955 Mrs. Frances M. Bolling. Außer ihr waren noch sechs andere Teilnehmer anwesend.

Fletcher fragte: »Ist eine A.B.B. hier?«
A.B.B. war nicht da, doch ich kannte sie und sagte ihm das. Ihr Bruder L. wollte ihr eine Botschaft senden. Ich schrieb sie mit und brachte sie jener A.B.B. am Tag darauf. Es war mir klar, daß ich die Sache überaus taktvoll angehen mußte: »Haben Sie einen Bruder namens L.?« fragte ich.
A.B.B. lächelte stolz und erzählte mir von ihrem verstorbenen Bruder, der sehr begabt gewesen sei.
»Hatte er irgend etwas mit den Möbeln zu tun, die Sie in Ihrem Haus haben?« Das hatte er, und sie erzählte mir einiges darüber.
Dann fragte ich: »Hat Ihr Bruder getrunken?«
»Nein, er war ein wunderbarer Mensch.«
»Dann ist er nicht an Trunksucht gestorben?«
A.B.B. sah mich entsetzt und verständnislos an.
»Er hat auch nicht seine Frau verlassen und ist mit einer anderen auf und davon gegangen?«
»Du meine Güte, nein!«
Ich war verwirrt und verlegen, und die ganze Angelegenheit war mir sehr peinlich; schließlich war die Dame eine hochgeschätzte Persönlichkeit. Nach einigem Zögern erzählte ich ihr, daß Arthur Ford in unserer Stadt eine Séance abgehalten hatte, und was ihr verstorbener Bruder ihr habe ausrichten wollen. Sein letzter Satz sei gewesen: »Obwohl ich mit Helen nach Mexiko ging, habe ich sie nie wirklich geliebt. Ich liebte immer nur meine Frau und möchte, daß sie es erfährt.«
Kaum hatte ich das gesagt, rief A.B.B. fast triumphierend aus: »Ich wußte immer, daß er Helen nicht liebte.« Nachdem die Geschichte nun ans Licht gekommen war, bestätigte sie alle Einzelheiten, nur sei ihr Bruder nicht an Alkoholismus gestorben, sondern an etwas anderem.

Als seine Witwe von der Botschaft erfuhr, suchte sie mich auf, um sich aus erster Hand berichten zu lassen. Was die Todesursache betraf, gab sie immerhin zu, daß ihr Mann in Wirklichkeit nicht an der Krankheit gestorben war, die man in der Todesanzeige genannt hatte.

Diese wieder einmal allzu persönliche, beinahe peinliche Botschaft führt uns zu einem weiteren Aspekt der »ungeheuren Belanglosigkeiten«: Séancen sind in der Regel halböffentliche Veranstaltungen. Sie werden von Menschen unterschiedlichster Art besucht, um mit Jenseitigen unterschiedlichster Art ins Gespräch zu kommen. Die Unterschiede bestehen in der sozialen Herkunft, im Bildungsgrad, in der Weltanschauung, in der Nationalität, in der Sensibilität, im Erinnerungsvermögen, im Taktgefühl, in der gesundheitlichen Konstitution und in der Charakterstärke. So extrem verschiedene Menschen zusammen zu einer Dinnerparty einzuladen, würde ein enormes Risiko bedeuten. Sie hätten einander nichts zu sagen, zumindest würde es am Anfang so scheinen. Aber es gibt ja ein hervorragendes »Schmiermittel«, das mitunter selbst die schwierigste gesellschaftliche Kommunikation in Gang bringt. Man kann auch von einem Katalysator sprechen. Ich meine das jedermann bekannte oberflächliche, unverbindliche Geplauder über das Wetter, das Parkplatzproblem, Modefragen usw. Das ist mit Sicherheit weniger riskant als sich über Fußballmannschaften, Politik und Glaubensprobleme zu unterhalten. Schließlich möchte man keinen Fauxpas begehen und die ohnehin etwas mühselige Konversation nicht in Gefahr bringen. Man hütet sich also, etwas zu sagen, was als »unpassend« erscheinen könnte.
Es ist, möchte ich behaupten, nicht zuletzt ein Zeichen ängstlicher Anpassung an die Konventionen der Irdischen – und insofern Zeichen eines unterentwickelten Sozialbewußtseins –, daß die Jenseitigen, um die für einen »guten Empfang« notwendige freundliche Atmosphäre nicht zu stören, oft über die Themen hinweggleiten, die ihr Hauptanliegen sind oder sein müßten.
Was ist eigentlich dieses Hauptanliegen? Anspacher hat es so gut formuliert, daß es am besten ist, ihn wieder zu zitieren: »Wir sollten nicht erwarten, durch die Verständigung mit den ›Körperlosen‹ exakte Schilderungen des künftigen Lebens zu erhalten. Wir müssen daran denken, daß unser gesamter Wortschatz vom Irdischen geprägt und gewissermaßen dreidimensional determiniert ist ... Jedes Wort, das wir benützen, ist mit irdischem Ballast beschwert. Den ›Körperlosen‹ ist das viel mehr bewußt als uns. Sie stellen fest, daß das irdische Vokabular nicht ausreicht, um uns eine Welt zu beschreiben, die wir nicht kennen und in der sie selbst erst seit kurzem leben. Würden Sie denn in unserer Welt von einem Neu-

geborenen einen Vortrag über alltägliche Lebensfragen verlangen? Vermutlich können vor allem die Neuangekommenen unter den Jenseitigen daher nicht viel mehr sagen als: ›Hallo, ich bin hier.‹«
Waren nicht unter den Millionen Menschen, die an Fernseh- und Rundfunkgeräten die Mondflüge der »Apollo«-Mannschaften miterlebten, viele enttäuscht, daß die Astronauten von unterwegs und vom Mond über die direkte Sprechverbindung mit Houston viel Banales, allzu Persönliches, gewollt Witziges und immer wieder Ausrufe des Erstaunens und Grüße an die Lieben daheim durch den Äther schickten, statt genauere Beschreibungen ihrer kosmischen Umwelt und des Mondes, ihrer physischen und seelischen Verfassung unter den veränderten Bedingungen zu geben?
Tatsächlich erwiesen sich die später auch schriftlich veröffentlichten Aufzeichnungen ihrer Kommentare auf weiten Strecken als nichtssagend. Um uns das mitzuteilen, meint man, hätten sie sich nicht in den Weltraum schießen zu lassen brauchen, und doch war dieses scheinbar entbehrliche »Blabla«, psychologisch betrachtet, ebenso notwendig wie unvermeidbar.
Erstens: Das oberflächliche Geplauder, das so viele Anspruchsvolle langweilte, gab den Männern in ihren Raumschiffen das lebenswichtige Bewußtsein, zwar auf dem Mond, aber noch im Diesseits zu sein.
Zweitens: Mit Worten, die bisher nur zur Beschreibung der Zustände auf unserer Erde dienten, sollten die Astronauten auf einmal Außerirdisches beschreiben. Kann man ihnen vorwerfen, daß ihnen zur Schilderung ihrer Eindrücke oft die Begriffe fehlten? Hatten nicht die ersten Weltraumfahrer, diese trotz allen Trainings und aller geistigen Vorbereitung unwissenden Neuankömmlinge im All, ähnliche Probleme wie die Neuankömmlinge im Jenseits – trotz all der Vorbereitungen auf den Tod und die Ewigkeit, die unsere Religionsgemeinschaften anzubieten haben? Und umgekehrt: Sollten wir nicht Verständnis dafür haben, daß die Verstorbenen (wie die Astronauten im Weltraum) ihre Kontaktmöglichkeit mit den Lebenden zuerst für Grüße und private Fragen ausnutzen, da die Raumfahrt doch erwiesen hat, welche starken psychischen Kräfte aus der Zuversicht in eine intakte Verbindung mit den Angehörigen auf der Erde jenen erwachsen, deren Chance, in Fleisch und Blut zu den Ihren zurückzukehren, ungleich größer ist als die der Toten, sich den Lebenden mit Hilfe eines Mediums wenigstens akustisch bemerkbar zu machen?
Ein bißchen Verständnisbereitschaft für menschliche Verhaltensprobleme in Situationen, die nicht mit unserem gesunden, genormten Menschenverstand zu meistern sind, hilft auch vieles »Übernatürliche« begreifen. Mit Sicherheit wird die Raumfahrt auch weiterhin dazu

beitragen, bisher Unwahrscheinliches etwas wahrscheinlicher erscheinen zu lassen.
Ich denke, es liegt Vernunft und ein tieferer Sinn darin, daß die Jenseitigen (wie die Astronauten) nicht versuchen, über schwerwiegende Dinge zu sprechen, wenn die Umstände der Übermittlung nicht günstig sind. Manchmal sind die Umstände jedoch günstig, und es ist verbürgte Tatsache, daß »exakte Schilderungen des künftigen Lebens«, wie Anspacher sie nennt, empfangen wurden. Inzwischen verkünden die Körperlosen der Menschheit in rührender, unermüdlicher Ausdauer die unanfechtbare Wirklichkeit des Lebens nach dem Tode am liebsten, indem sie unwesentliche Einzelheiten persönlichster Erlebnisse anführen, die den Urheber der Botschaft unverkennbar identifizieren und im übrigen nichts weiter verkünden als: »Ich bin drüben. Ich sage euch, es gibt ein Leben nach dem Tode.«
Solche schlichten Botschaften übermittelten Fletcher und ich am häufigsten und auf die unterschiedlichste Art. Eine weitere beweiskräftige Durchsage, mit den ungeheuren Belanglosigkeiten eng verwandt, ist das, was man die »sinnliche Wahrnehmung der Persönlichkeit« nennen könnte. Jerome Ellison erwähnte es nach einer Sitzung mit mir, während der ihm Grüße eines ehemaligen Kollegen, des Redakteurs George Grant, übermittelt worden waren.
Kurz nachdem Ellison von der Zeitschrift weggegangen war, bei der sie beide gearbeitet hatten *(Reader's Digest)*, war Grant an einer Virusinfektion gestorben.

Was mich stark beeindruckte und mir die Botschaft besonders glaubwürdig machte, war nicht der sachliche Inhalt. Es ist durchaus möglich, wenn auch nicht wahrscheinlich, daß das Medium die reinen Fakten durch Nachforschungen hätte erfahren können. Was aber nicht von Ford, ja, von niemand hätte imitiert werden können, der George nicht persönlich gut gekannt hatte und gleichzeitig ein begabter Schauspieler war – und ich wußte praktisch mit hundertprozentiger Gewißheit, daß weder Ford noch Fletcher ihn gekannt hatten und ihn daher auch nicht nachahmen konnten –, das war die unverwechselbar freundliche, beinahe liebevolle sachliche Art, in der er mit seinen Kollegen zu sprechen pflegte. Und selbst wenn es möglich gewesen wäre, diesen Tonfall zu imitieren, so hätte doch niemand den typischen Klang der Hintergrundgeräusche treffen können, die unser Büro kennzeichneten. Es sei denn, er wäre ihnen über eine lange Zeit hinweg selbst ausgesetzt gewesen, und das traf auf das Ford-Fletcher-Team nicht zu. Nein, derjenige, der hier zu mir sprach und als zusätzliches Erkennungszeichen – wie immer dies auch möglich sein mochte – akustisch den Betrieb in unserer Redaktion produzierte, war zweifellos mein früherer Mitarbeiter George.

Manchmal haben die Jenseitigen es schon deshalb schwer, unser Vertrauen zu erwerben, weil uns von ihrem Ableben noch gar nichts bekannt ist. In diesem Zusammenhang berichtete Mrs. Mary Southworth aus West Lafayette, Indiana, über eine Sitzung mit Fletcher und mir, die 1960 in Chicago stattfand, folgendes:

Fletcher stellte die Verbindung zwischen einigen meiner Verwandten und mir her und sagte dann: »Hier ist Lark.«
Ich sage: »Lark? Ich kenne keinen Lark.«
Fletcher darauf: »Es ist Lark-Horowitz.« [Karl Lark-Horowitz, ehemaliger Direktor des Physikalischen Instituts der Purdue-Universität in Lafayette, Indiana.]
»Aber, Fletcher, Lark-Horowitz lebt doch noch.«
»Er ist hier drüben bei uns, und er möchte, daß Sie Big Robbie etwas von ihm ausrichten.«
Als Lark noch lebte, sprach Big Robbie [C. H. Robertson, früher Missionar in China, Erfinder und Physiklehrer in Purdue] einmal mit ihm über Gott und das Leben nach dem Tode – er sagte ihm, daß es dieses Leben gebe –, aber Lark antwortete, daran glaube er nicht. Er war der Überzeugung, daß man einfach sterbe. Aber Big Robbie sagte, nein, man stürbe nicht einfach, man lebe weiter, durchschreite nur eine Tür. Lark glaubte ihm nicht.
»Sagen Sie Robbie bitte, es sei doch genauso, wie er gesagt habe. Ich lebe und lehre hier und bin sehr glücklich. Ich möchte mich bei Big Robbie entschuldigen. Er hatte recht, und sagen Sie ihm, es sei noch viel herrlicher, als er es sich vorstellen könne.«
Ich war überzeugt, daß Professor Lark-Horowitz noch lebte. Deshalb rief ich Professor Purr im Purdue Campus an und fragte: »Ist Lark-Horowitz noch an der Universität?«
»Nein«, antwortete er, »er ist vor etwa zwei Monaten gestorben.« Der alte Big Robbie war damals schon sehr krank und starb ein paar Wochen später. Ich konnte ihm die Nachricht von Lark-Horowitz aber noch überbringen. Er freute sich sehr darüber und konnte sie nicht oft genug hören.

Wie das nächste Protokoll eines Dialogs mit Fletcher zeigt, geben Jenseitige sich häufig durch Einzelheiten aus ihrer Todesstunde zu erkennen, die nur ihnen und dem noch lebenden Empfänger der Nachricht bekannt sind.

»Ich habe den Namen Schleming verstanden.«
»Hier.«
»Eine Lucy kommt zu mir. Sie war anscheinend Ihre Freundin, Ihr habt euch geliebt – ich sehe euch dicht beeinander. Sie starb durch einen Unfall, am 13. ... Februar?«
»Am 13. Januar.«
»Am 13. Januar. Es war ein Autounfall. Sie waren auch dabei.«
»Ja.«
»Ich soll Ihnen sagen, sie habe Sie gehört, aber sie konnte nicht antworten. Sie nahmen sie in die Arme und sagten: ›Ich bin's, Lucy, Bill! Antworte doch, sag ein Wort!‹ War es nicht so?«
»Jedes Wort stimmt.«
»Ich soll Ihnen sagen, sie wartet auf Sie und ist Ihre Frau, wenn Sie auch nicht heiraten konnten, und sie wird wieder bei Ihnen sein, sobald Sie herüberkommen. Sie ist in Hackensack auf einem kleinen Hügel begraben.«
»Auf einem kleinen Hügel, ja, aber in Nyack.«
»Ich wußte, es war New Jersey. Sie haben ihr am 22. März Blumen aufs Grab gelegt und sind hier, um mit ihr Verbindung aufzunehmen.«
»Ja.«
»Sie sind auf der Herfahrt beinahe von der Straße abgekommen.«
»Ja ...«
»Sie haben in diesem Augenblick ihren Namen genannt und geflüstert: ›Lucy, mein Liebling.‹ «

Für eine schlichte, stark emotional reagierende Seele mag schon der wiederhergestellte Kontakt mit der toten Geliebten genügen, um vom Leben nach dem Tode und der Möglichkeit, mit den Dahingegangenen zu reden, überzeugt zu sein. Von Berufs wegen kritisch Denkende, die nur an das selbst Recherchierte zu glauben pflegen und in der Regel lieber einen Schwindel entlarven, als daß sie sich der Wahrhaftigkeit einer angeblich dubiosen Angelegenheit zu versichern suchen – Journalisten also können die Jenseitigen freilich nicht »so einfach« für sich gewinnen.
Der Fall Ruth Montgomery veranschaulicht einen Skeptizismus, den man geradezu »hartgesotten journalistisch« nennen könnte. Hier ist ihre Geschichte, von ihr selbst berichtet:

Kurz nachdem ich eine entlarvende Artikelserie über Medien geschrieben hatte, erregte Arthur Fords Eintreffen in Washington meine Neugier, und ich meldete mich bei ihm zu einem Besuch an. Ich erzählte ihm eingangs von meiner Einstellung und meiner Artikelserie. Wenn er etwas

zu verbergen gehabt hätte, wäre es von ihm nur klug gewesen, mich gleich wieder vor die Tür zu setzen. Statt dessen fragte er mich, ob es mir recht wäre, durch Fletcher eine Botschaft von drüben zu bekommen.
Einer der Herren, die Fletcher mir vorstellte, sprach ununterbrochen und hartnäckig über die Unruhen in Afrika, besonders im Kongo. »Er ist sehr beunruhigt über etwas, das sich an dem Ort in Afrika ereignet, an dem er vor vielen Jahren lebte«, berichtete der Kontrollgeist. »Er heißt Ed ... nein, nein Fred – Fred Bennett. Er scheint der Onkel von irgendwem gewesen zu sein. Ich glaube, er war Prediger in Afrika.« Fletcher hielt nur ganz kurz inne und setzte dann hinzu: »Er sagt, er hätte Sie nicht persönlich gekannt, aber Sie sollten Ihren Mann fragen.«
Als Bob am Abend vom Büro heimkam, fragte ich ihn, ob er je von einem Fred Bennett gehört hatte.
»Eine meiner Tanten war mit einem Fred Bennett verheiratet«, erwiderte er, »doch er starb, als ich noch klein war. Wieso? Hast du etwas über ihn gehört?«
Ich ließ die Frage für den Augenblick unbeantwortet und fragte Bob, ob er wisse, welchen Beruf Fred Bennett gehabt habe. Die Antwort darauf vergesse ich nie: »Er war Missionar im Kongo. Warum?«
Fletcher sagte ferner zu mir: »Ich muß den nächsten Namen phonetisch übermitteln, weil wir hier drüben keine Wörter benutzen. Der Mann heißt Ida – nein Ina – nein, aber ganz ähnlich, ein Wort mit drei Buchstaben, und es beginnt mit I. Er sieht sehr gut aus und hat mit Ihnen Ähnlichkeit. Muß Ihr Vater sein.«
Ich sagte, daß mein Vater Ira geheißen habe, und Fletcher fuhr fort: »Er läßt Sie herzlich grüßen. Sagt, er sei sehr krank gewesen, bevor er zu uns herüberkam, aber dann sei es sehr schnell gegangen. Er wußte nicht, daß die Krankheit so ernst war. Er erinnert sich nicht an das Sterben und hat drüben keinen gefunden, der es tut. Hier gibt es kein Sterben. Ganz plötzlich ist man frei, das ist alles ... Er sagt ... er habe sich über seine Beerdigung sehr gefreut. Sie sei schön und einfach gewesen, aber er sei nicht für immer tot. Er habe sich nur seines kranken Körpers entledigt. Sie sollen Ihre Mutter sehr herzlich grüßen. Ist jemand bei Ihnen, der Bertie heißt? Er sagt immer wieder Bertie.«
Ich antwortete, das sei sein Kosename für seine Frau gewesen ...
Dann brachte Fletcher diese Botschaft: »Ihr Vater sagt: ›Es gibt auf der Welt für dich nur eine einzige wichtige Story. Du mußt schreiben, daß ich lebe und wir uns in einer Welt befinden, in der sich alles weiterentwikkelt. Hätte ich hier nichts zu tun, könnte ich nicht glücklich sein.‹«
Als nächstes sagte Fletcher: »Ein Clyde Wildman, der mit Schulen zu tun hatte, läßt Ihnen sagen, jemand, der früher in einer Straße oder einer

Stadt namens Lafayette in Ihrer Nähe wohnte, sei auf geheimnisvolle Weise verschwunden, jetzt aber drüben. Er ertrank. Er war Beamter – Richter anscheinend.«

Ich kannte keinen Wildman, und seit einem gewissen Mr. Crater war auch kein Richter mehr verschwunden, aber der war ganz bestimmt nicht aus Lafayette, Indiana, wo ich als Kind gewohnt hatte.

Am nächsten Tag rief ich das *Courier-Journal* in Lafayette an, um möglicherweise einen Hinweis zu bekommen. Kaum hatte ich umständlich zu erklären begonnen, was ich wollte, sagte der Redakteur, George Lamb: »Da kann kein anderer als Richter Lynn Parkinson gemeint sein. Er wohnte in Lafayette, war aber Richter beim US-Appellationsgericht in Chicago, wo er im vergangenen Herbst spurlos verschwand.« Er sagte, das FBI habe sich seinerzeit in die Untersuchungen eingeschaltet, die sich auf sieben Staaten erstreckten. Die einzigen Spuren, die man am Strand des Michigan-Sees in der Nähe des Lake-Shore-Hotels gefunden habe, seien Hut und Regenschirm des Richters gewesen ...

Der Redakteur wälzte alte Adreßbücher und stellte fest, daß Richter Parkinson, der früher Rektor der Universität gewesen war, vor fünfundzwanzig Jahren tatsächlich nur ein paar Häuserblocks von uns entfernt in West Lafayette gewohnt hatte. Weder der Redakteur noch ich konnten damals ahnen, daß wenige Wochen später der verweste Leichnam des Richters im Michigan-See gefunden werden würde.[20]

Nicht die Grüße und Wünsche von Verwandten und Bekannten, nicht die recht allgemeinen Äußerungen des Vaters über das tätige Leben nach dem Tode, sondern die nachprüfbaren »unveränderlichen Kennzeichen« der Personen und die Details ihrer Lebensumstände haben Ruth Montgomery überzeugt, daß es Medien, Kontrollgeister und Jenseitskontakte gibt, bei denen es mit rechten Dingen zugeht. Seitdem gehört sie zu den aktivsten und gewissenhaftesten Berichterstattern über paranormale Vorgänge. Ihre Bücher erscheinen in hohen Auflagen und sind in viele Sprachen übersetzt worden.[21]

Und das, was die Körperlosen bei Ruth Montgomery erreicht haben, ist nun einmal ihr erstes Anliegen: sich zu legitimieren, eine Vertrauensbasis zu schaffen. Immer wieder hat sich erwiesen, daß dann, wenn ein Vertrauensverhältnis hergestellt war, auch Botschaften von größerer Wichtigkeit, ja von außerordentlicher Tragweite zu uns kamen.

Weniger belanglose Dinge

Ein Zeitungskolumnist aus Cincinnati schrieb mir einmal, daß er nur dann an meiner Séance teilnehmen würde, wenn ich ihm versprechen könnte, Moses oder den Propheten Jeremias herbeizuzitieren, er wolle aber seine Zeit nicht mit dem »Nachbarsklatsch über den Zaun« vergeuden, den ich im allgemeinen zu bieten hätte. Ich entgegnete, Fletcher und ich würden uns gern bemühen, mit Moses oder Jeremias Verbindung aufzunehmen – wenn er uns verspräche zu entscheiden, ob die Jenseitigen, die sich meldeten, tatsächlich die beiden alttestamentarischen Persönlichkeiten seien.

Nun, die schwierige Aufgabe, die biblischen Gestalten zu identifizieren, blieb dem Mann aus Cincinnati erspart; denn sie ließen sich nicht vernehmen.

Warum aber melden sich die großen Geister der Vergangenheit so selten zu Wort? Die Antwort ist nicht in einem Satz zu geben, doch ist sie deshalb nicht etwa schwer zu verstehen, zumindest für den Einsichtigen nicht. Angenommen, wir wären tatsächlich mit Jeremias in Verbindung gekommen: In welcher Sprache hätten wir uns mit ihm verständigen sollen? Nur sehr wenige Menschen unserer Zeit könnten den hebräischen Dialekt der Propheten verstehen. Selbst die griechische oder lateinische Umgangssprache der vorchristlichen Antike würde ein heute Lebender kaum verstehen.

Müssen wir daraus schließen, daß Persönlichkeiten früherer Epochen gar nicht erst versuchen, mit uns Kontakt aufzunehmen? Ich glaube nicht. Paul Tillich, einer der bedeutendsten Theologen unseres Jahrhunderts, nahm einmal an einem Gottesdienst der Vereinigung für geistige Heilung teil. Plötzlich sagte Professor Tillich: »Ich spüre die Anwesenheit des heiligen Franz von Assisi.« Um einen wissenschaftlichen Forscher zu überzeugen, genügt es natürlich nicht, »die Anwesenheit zu spüren«, auch wenn derjenige, der sie spürt, ein noch so ehrenwerter Mann ist. Wenn jedoch ein Mensch mit den großen Geistesgaben Paul Tillichs – seiner unantastbaren Redlichkeit, seiner großen Gelehrsamkeit, seiner klaren und nüchternen Einstellung zu spirituellen Dingen – die Anwesenheit eines Jenseitigen spürt, sollte man das nicht leichtfertig als »fixe Idee« abtun. Andererseits: Wäre ein solches Erscheinen charakteristisch für den

heiligen Franziskus? Überlegen wir einmal: Als er noch im Diesseits lebte, sprach er ein Gemisch aus lateinischer Bibelsprache, Mönchslatein und Toskanisch, das keiner der Gottesdienstteilnehmer verstanden hätte. Der intelligente Franziskus besaß indessen so viel Verstand und Feingefühl, daß er zu den Menschen, die er liebte und denen er dienen wollte, gewiß nicht in einer vollkommen unverständlichen Sprache gesprochen hätte. Das bedeutet nicht, daß es ihm unmöglich gewesen wäre, sich überhaupt zu offenbaren. Paul Tillich hat ja »nur« die Anwesenheit des Heiligen gespürt, jedoch nicht gesagt, daß er ihn hat sprechen hören.
Ein weiterer wichtiger Faktor in dieser Diskussion ist die zuweilen negative Wirkung der Zeit, die unaufhörlich fortschreitet. Nehmen wir den Fall des französisch sprechenden Napoleon, einer historischen Gestalt, die häufig in fragwürdigen Séancen auftaucht – und manchmal ein Hillbilly-Englisch spricht, dessen er in seinem irdischen Leben zweifellos nicht mächtig war. Nehmen wir einmal an, daß Napoleon, nachdem er etwa hundert Jahre lang Zeit hatte, über die Fehler seines ungezügelten Machtstrebens nachzudenken, und Erfahrungen auf Gebieten sammeln konnte, die ihm im irdischen Leben unbekannt waren, ein Friedensfürst geworden sei. Würde er, wenn er der Menschheit eine wichtige Botschaft übermitteln wollte, seinen Namen benutzen, der ihn doch als pathologischen Usurpator ausweist? Würde man ihn – bzw. das Medium – nicht auch dann für einen Scharlatan halten, wenn er seinen Charakterwandel begründete?
Oder nehmen wir Kolumbus: Würden wir ihm ernsthaft Gehör schenken, wenn er uns Tips für eine Modernisierung des Überseeverkehrs geben oder Prognosen über die weitere Entwicklung in den USA stellen würde? Und würden wir einem Jenseitigen, der sich Kopernikus oder Galilei nennt, glauben, wenn er seine neuesten astronomischen Erkenntnisse in der Terminologie des Atomzeitalters vortragen würde?
Wenn es nicht die hier genannten Gründe sind, welche anderen gibt es dann dafür, daß glaubwürdige Kontakte mit berühmten historischen Persönlichkeiten selten sind – wenn wir einmal von den Erfahrungen des englischen Mediums Mrs. Rosemary Brown absehen, die bekanntlich seit Jahren »Musik aus dem Jenseits«[22] empfängt? Der plausibelste Grund könnte mit der von Raymond Lodge und Frederic Myers beschriebenen Struktur der jenseitigen Sphäre zusammenhängen. Den Aussagen des jungen Raymond und dem »Frederic-Myers-Report« habe ich besondere Kapitel gewidmet.
Einige der aufschlußreichsten Botschaften wurden mir von Jenseitigen übermittelt, die es vorzogen, anonym zu bleiben, und sich mit Decknamen wie »Imperator«, »Rex«, »Der Unsichtbare« oder einfach »Mittels-

mann« zu erkennen gaben. Wir haben Anlaß zu glauben, daß ein paar davon im irdischen Leben hervorragende Persönlichkeiten waren. Treffen intelligente und aufgeschlossene Séanceteilnehmer, ein fähiges Medium und eine im Erdendasein geistig hochstehende Persönlichkeit, die jetzt im Jenseits lebt, bei einer Sitzung zusammen, so nennt der Verstorbene manchmal sogar seinen vollen irdischen Namen, und zwar meist dann, wenn er die Gewißheit hat, von seinem Gesprächspartner hier im rechten Sinn verstanden worden zu sein, oder aber, wenn Nachkommen von ihm anwesend sind, denen er eine persönliche Botschaft durchgeben möchte. Doch welche historische Gestalt findet noch Familienangehörige auf Erden – und trifft sie dann auch noch bei einer Séance! Andererseits mag bei vielen, die bereits vor Jahrzehnten oder Jahrhunderten verstorben sind, gar kein Bedürfnis mehr bestehen, mit den jetzt Lebenden, den fremden Menschen einer fremden Zeit, in Kontakt zu treten. Lassen wir nicht schon auf Erden viele Freundschaften, die wir in früheren Lebensabschnitten unterhielten, allmählich »einschlafen«? Man ist andere Verbindungen eingegangen, hat seine Interessengebiete gewechselt, lebt in einer anderen Umgebung.
Ich möchte noch einmal daran erinnern, daß die Wesen auch im Jenseits Menschen bleiben und weiterhin mit all den positiven und negativen Eigenschaften unserer Spezies behaftet sind.
Dieser Menschlichkeit auch der Toten eingedenk, wollen wir einmal annehmen, Sie – mein Leser! – wären jetzt neunundzwanzig Jahre alt. Ich frage Sie: Haben Sie immer noch dieselben Ideen, Bedürfnisse, Interessen und halten Sie noch dieselben Dinge für erstrebenswert wie damals, als Sie zwölf Jahre alt waren? Natürlich nicht; Sie sind reifer geworden, und die Reife hat Sie verändert. Sie haben Ihren Geist zu einer höheren Form entwickelt. Oder nehmen wir an, Sie sind soeben in eine andere Stadt gezogen. Werden Sie sie nach sechs Jahren noch genauso beurteilen wie nach sechs Tagen? Vermutlich nicht. Wenn Sie sie besser kennenlernen – ihre Möglichkeiten, die wirtschaftlichen und sozialen Gegebenheiten –, verändert sich auch Ihre Einstellung ihr gegenüber.
Und nehmen wir schließlich an, wir würden folgende Leute in ein Flugzeug nach Chicago setzen: eine Hausfrau, eine Stenotypistin, einen Arzt, einen Lehrer, einen Tankwart, einen Lebensmittelhändler, einen Börsenmakler, einen Landvermesser, einen Flugkapitän, einen Farmer, einen Philosophieprofessor, einen Akrobaten und eine Opernsängerin. Sie haben den Auftrag, zwei Tage in Chicago zu bleiben und uns dann den Ort mit ungefähr zweitausend Worten zu beschreiben, doch ohne den Namen der Stadt zu erwähnen. Ähnliche Experimente haben gezeigt, daß wir eine Sammlung mehr oder weniger extrem voneinander abweichender Schil-

derungen erhalten und es uns schwerfallen würde zu glauben, es handle sich um dieselbe Stadt, obwohl wir es genau wüßten.
Genau das gleiche geschieht, wenn Jenseitige sich bemühen, uns ihre Umwelt zu beschreiben, in der auch wir eines Tages leben werden. Alle geben Kunde vom gleichen Universum. Doch die des Gebildeten wird völlig anders sein als die des Ungebildeten. Der Lehrer wird das Jenseits nicht mit denselben Worten schildern wie die Opernsängerin oder der Tankwart. Der Mensch, der erst gestern seinen irdischen Körper verlassen hat, wird nicht so frohgemut sein wie derjenige, der bereits vor vielen Jahren in die neue Dimension eingetreten ist. Der Philosoph, im Reich des Geistigen beheimatet, wird uns von dort nicht die gleiche Beschreibung geben wie etwa ein Landvermesser. Alle diese Unterschiede kann man vernünftigerweise nicht widersprüchlich nennen. Es sind ganz normale Erscheinungen, das Resultat der menschlichen Individualität.
Haben Sie je versucht, einem Menschen, der sich sein Leben lang nur in Meereshöhe und in den Tropen aufhielt, Hochgebirge, Eis und Schnee zu beschreiben? Solche Verständigungsschranken können natürlich auch zwischen Menschen bestehen, die nur zwanzig Meter voneinander entfernt leben. Ich denke dabei nicht an terminologische Schwierigkeiten zwischen Fachmann und Laie, sondern an das überforderte Vorstellungsvermögen eines Durchschnittsbürgers bei der Schilderung einer Séance. »Die Erde«, versicherten mir Freunde von drüben, »erscheint uns nur noch als Kindergarten, seit wir in diesem großen Teil des Universums sind. Wie sollen wir euch etwas beschreiben, was ihr euch gar nicht vorzustellen vermögt?«
Für jeden von uns besteht ein großer Teil der täglichen Lebenspraxis aus Dingen, die man als real anerkennen muß, jedoch mit seinen fünf Sinnen nie ganz erfaßt hat. Wie viele von uns können sich und anderen erklären, wie Elektrizität funktioniert, wie Röntgenstrahlen entstehen und wie das Fernsehen zustande kommt? Nicht einmal ein Promille der Bevölkerung! Aber alle wissen, daß es Strahlen, Elektrizität, Schwerkraft usw. gibt. Wir können einige ihrer charakteristischen Eigenschaften beschreiben, sind jedoch nicht imstande, sie ihrem innersten Wesen nach zu begreifen, obwohl sie für unsere physische Existenz unentbehrlich sind.
Oder denken wir an das irrationale Element »Wahrheit«. Was für einen Unterschied macht es in unserem täglichen Leben aus, ob wir es mit der ungeschminkten Wahrheit zu tun haben oder mit einer verschleierten Wahrheit, die zu Mißdeutungen führt? Wir glauben zu wissen, daß es »die Wahrheit« nicht gibt. Das genügt uns zumeist. Kommen wir jedoch plötzlich und auf unerklärliche Weise mit Verstorbenen in Kontakt, so erwarten wir, daß sie uns auf der Stelle alles, was bisher unbegreiflich

war, begreiflich machen: den Sinn des Lebens, das Leben nach dem Tode, den Lauf der Welt. Verlangen wir da nicht etwas zuviel von den Jenseitigen – und von uns? Wenn die Verstorbenen nach dem unerläßlichen »Familienklatsch« wirklich anfangen, uns einen Eindruck von ihrer Sphäre zu vermitteln, runzeln wir doch schon die Stirn, weil uns die Sache zu schwierig zu werden scheint und unser bisheriges Weltbild durcheinanderzubringen droht. Denn: Wir denken zwar gern, aber wir denken nicht gern um. Zum Umdenken fordern uns die Botschaften jedoch heraus, wenn es etwa gleich zu Beginn einer Lektion heißt: »Es gibt im Grunde gar kein ›Jenseits‹. Auch dies ist ein Teil des *einen* großen Universums.«
Ich habe oft erlebt, daß Trauernde, die ihren Trennungsschmerz hinausschreien, von dem verstorbenen Angehörigen mit den Worten getröstet wurden: »Aber ich bin doch gar nicht fortgegangen. Wir sind doch *eigentlich* gar nicht getrennt.«
Es ist *ein* Universum, doch unsere normalen erdgebundenen Sinne erlauben uns nur, ein winziges Teilchen des ganzen Spektrums zu begreifen. Wenn wir in die Welt hinter dem Tode eingehen, begeben wir uns an keinen anderen Ort. Wir begeben uns nur auf eine andere Bewußtseinsebene, auf der wir lernen, mehr von der ganzen Wirklichkeit zu verstehen.
Richard M. Bucke hat verschiedene Bewußtseinsstufen postuliert, auf denen der durchschnittliche Erdbewohner gewöhnlich lebt. Da ist das primitive Bewußtsein des Menschen, der nur raschen Sinnengenuß, animalische Gelüste und Triebe und kaum etwas anderes kennt. Es gibt das Selbstbewußtsein, das den einzelnen zu der Erkenntnis befähigt, daß er sich von den ihn umgebenden Mitmenschen unterscheidet. Es gibt das weltumfassende Bewußtsein, das dem Menschen die Augen für Ereignisse von weittragender Bedeutung öffnet, so daß er sich persönlich verantwortlich fühlt. Und schließlich gibt es das seltene kosmische Bewußtsein, das nur große Geisteskapazitäten erreichen, denen sich der Sinn des ganzen Universums offenbart.
Man begibt sich also nicht von einem Ort zu einem andern, sondern von einer Bewußtseinsebene auf die andere. Diesen Vorgang der Höherentwicklung hält Bucke für den wahren Sinn des Lebens.
»Wenn wir davon ausgehen, daß es nur ein Universum gibt und daß wir es durchschreiten, indem wir von einer Bewußtseinsebene zur anderen gelangen, sind wir besser darauf vorbereitet, den Inhalt der Botschaften zu begreifen, die uns das schildern sollen, was wir fälschlich ›die andere Seite‹ oder ›Jenseits‹ nennen. Es gibt keine andere Seite. Es gibt nur verschiedene Ebenen, auf denen wir allmählich lernen, ein unermeßliches Universum zu verstehen.«

Wie schildern uns die Verstorbenen die Ankunft und das Einleben in jenem Teil des Universums? Beginnen wir mit einem, der erst kurz zuvor dahingegangen war, den noch Irdisches bedrückte, der sich an seine neue Beschaffenheit noch nicht gewöhnt, die Möglichkeiten der neuen Dimension noch nicht ganz erfaßt hatte. Hier ist das Protokoll einer Sitzung vom Oktober 1965 mit Mrs. Edna Davenport aus Pennsylvania:

Drei Monate nach dem Tod meines Mannes hatte ich eine Sitzung mit Arthur Ford. Mr. Ford fiel in Trance, und Fletcher meldete sich. Er sagte: »Guten Tag«, und ich antwortete. Dann sagte er, hier sei ein Mann, »der Sie kannte – mit Ihnen lebte – ein Bud oder Buz«. Fletcher sagte, Bud habe sofort gewußt, wo er sei, als sein Bruder Morrie ihm die Hand entgegenstreckte. (Buds Bruder Morrie war zwei Jahre früher gestorben.) Bud sagte, er sei klaren Geistes hinübergegangen. Er erwähnte dann einige Episoden aus unserer Ehe und finanzielle Regelungen, die wir getroffen hatten; sie waren für mich der sichere Beweis. Außer Bud und mir konnte darüber niemand Bescheid wissen ... Er sagte, ich solle nicht Schwarz tragen (ich trug Schwarz), denn er sei nicht tot. Er sei glücklich und stehe dort, wo er jetzt sei, mitten im Leben; auf der Erde hätte er als Invalide dahinvegetieren müssen. Er sagte: »Ich war jede Nacht bei dir – ich bin jetzt überhaupt mehr bei dir als früher. Hier gibt es keine geschlossenen Türen.«
Ich fragte ihn, ob er es gewesen sei, der abends das Licht zum Flackern brachte. Er antwortete, er habe mich nicht erschrecken, sondern mir zeigen wollen, daß er in meiner Nähe sei. Mr. Ford fing plötzlich an, in der Trance zu lachen, und Fletcher sagte: »Ihr Mann macht etwas ganz Komisches. Er verneigt sich und wirft eine Kußhand.« Ich sagte Fletcher, das habe Bud immer getan, wenn er morgens das Haus verließ. Er verneigte sich und warf mir eine Kußhand zum Schlafzimmerfenster hinauf, an dem ich stand.

Viele erste Gespräche – wie auch dieses – setzen sich aus den sogenannten »Belanglosigkeiten« *und* aufschlußreichen Angaben über das Leben der Jenseitigen zusammen. Mrs. Vera Anderson aus Montclair, New Jersey, hat mir diese Tonbandaufnahme einer Sitzung gegeben, die im November 1967 stattfand und ebenfalls diese beiden Elemente enthält. Fletcher sagte ihr, daß sie in Rußland geboren sei, ihr Vater als zaristischer Kavallerist im Kampf gegen die Roten fiel, ihre Mutter Selbstmord beging, ihre Großmutter Babuschka und ihr Großvater Peter genannt wurde und daß sie selbst fünf Adoptivkinder habe. Es traf alles zu. »Nun«, sagte Fletcher, »werden Sie mir glauben, daß es Ihre Mutter ist, die Sie sprechen

möchte.« Und die alte Dame berichtete Wesentliches über das »Hinübergehen«:
»Man schickt uns weder in den Himmel noch in die Hölle, wir leben einfach weiter. Sobald ich meinen Körper verlassen hatte, fühlte ich nicht Angst, Groll oder Haß, denn das sind irdisch-menschliche Unzulänglichkeiten. Ich wurde von meiner Mutter erwartet und von Alexander, meinem Bruder, der während der Revolution ermordet wurde. Sie ließen mich eine Weile schlafen, doch nicht sehr lange. Dann begann ich in einem vollkommen freien Körper zu existieren. Gott segne dich, ich bin bei dir. Du weißt jetzt, daß all die traurigen Dinge mit dem Körper aus Fleisch und Blut zurückgelassen werden ... Das Gehirn ist anfällig, aber es ist ja nur Sender und Empfänger – ein Instrument.«
Wenden wir uns jetzt Menschen einer anderen Bildungsschicht zu. Wie wir sehen werden, heben sie einen ganz anderen Aspekt des Lebens nach dem Tode hervor. Die Urheber der nächsten Botschaften waren Wissenschaftler, und alle waren etwa drei bis zwanzig Jahre vor dieser Sitzung, die im April 1967 stattfand, hinübergegangen. Das Sitzungsprotokoll stammt von Mrs. A. E. Sharp aus Pennsylvania. Mrs. Sharp hat die Sprecher auch mit Hilfe biographischer Nachschlagewerke identifiziert. Ich denke, es ist erwähnenswert, daß diese Gesprächspartner alle genügend Zeit hatten, sich zu akklimatisieren, und daß sich ihre Interessen sehr oft auf bedeutsame Weise verlagert hatten. Persönliche Beziehungen berührten sie nicht mehr so stark. Sie waren nun mehr an Dingen interessiert, die dem Gemeinwohl der Menschheit dienen. Persönliche Leistungen galten ihnen kaum noch etwas; Gruppenarbeit war ihnen wichtiger. Es folgen Mrs. Sharps Notizen.

Die jenseitigen Gesprächspartner:
Dr. Frederick Simonds Hammett, Biochemiker, erwarb den Doktor der Philosophie und Biochemie in Harvard; er arbeitete später am Lakenau-Hospital in Philadelphia.
Dr. George Phaler, früher Direktor des Instituts für Radiologie an der Medizinischen Fakultät der Pennsylvania-Universität.
Dr. Hugh I. Evans, früher Pfarrer an der Westminster Church in Dayton, Ohio; Mitglied des Bundesvorstands der Presbyterianischen Kirche.
Dr. William Frances (Frank) Swann, Physiker; früher Direktor der Bartol Research Foundation am Franklin-Institut in Swarthmore, Pennsylvania.
Auszüge aus dem Sitzungsbericht vom April 1967:
Vieles wurde von Dr. Hammett selbst gesagt, den die anderen zu ihrem Specher bestimmt hatten. Zum Beispiel:

»Seit ich hier bin«, sagte Dr. Phaler, »habe ich eines gelernt: Hier wird nichts Wesentliches von einem einzelnen getan. Wenn eine große Arbeit begonnen, eine große Aufgabe gelöst werden soll, legen alle ihr Wissen zusammen. Kein Wissenschaftler entwickelt etwas allein. Grundlage seiner Erkenntnisse sind das Wissen, das andere gespeichert, die Fakten, die andere gesammelt haben; darauf baut er auf. Praktisch stammt jede wichtige Botschaft von einer Gruppe. Wenn auf der Erde eine neue große Idee geboren wird, so sind es bekanntlich meistens mehrere Menschen, die sie ungefähr gleichzeitig empfangen. So ist es hier auch. Wenn einer nicht daran interessiert ist oder nichts mit ihr anzufangen weiß, sollen andere die Möglichkeit haben, die Idee aufzugreifen.«

Ich möchte hier den Report unterbrechen und darauf hinweisen, daß die gesamte Geschichte der Erfindungen (das bestätigen auch die Akten des US-Patentamtes) sowie der Kunst und der Wissenschaft mit unzähligen Beispielen dieser Art aufwarten kann: Immer wieder fallen umwälzende Neuerungen mehreren Menschen beinahe zur gleichen Zeit ein. Eines der eindrucksvollsten Beispiele hängt mit Charles Darwins Deszendenztheorie zusammen, die er in seinem Buch *Die Abstammung des Menschen* (1871) erklärte. Hudson Tuttle, ein Farmerssohn aus Ohio, geboren 1836, ging, alles in allem, weniger als ein Jahr zur Schule. Schon in seiner Jugend entwickelte er außergewöhnliche mediale Fähigkeiten und fühlte, daß Jenseitige ihn weiterbildeten, darunter der französische Wissenschaftler Lamarck und der deutsche Gelehrte Alexander von Humboldt. Von ihnen unterwiesen, schrieb er mehrere Bücher über Geschichte, Philosophie und Geisteswissenschaft. Sie waren so hervorragend und so weit verbreitet, daß Darwin in seiner *Abstammung des Menschen* zur Unterstützung seiner Theorie ein Buch zitierte, das Tuttle fünf Jahre zuvor unter der Anleitung Körperloser geschrieben hatte: *The Origin and Antiquity of Physical Man* (1866). Darwin wußte allerdings nicht, daß der Autor »völlig ungebildet« war. Tuttle blieb bis ans Ende seiner Tage ein einfacher Farmer.
Ich setze Mrs. Sharps Notizen fort:

Dr. Phaler: »Ich widmete mich der Krebsforschung und vergeudete mein Leben, indem ich alles falsch anpackte. Aber als ich hierherkam, wurde ich sofort in Dr. Hammetts Gruppe aufgenommen, weil man wußte, daß meine Absicht richtig gewesen war. Hier wird man nicht nach dem beurteilt, was man getan oder erreicht, sondern nach dem, was man beabsichtigt hat.«
Dr. Evans: »Ich sehe nicht ein, warum man nicht Wissenschaftler und zu-

gleich religiös sein kann. Die meisten bedeutenden Wissenschaftler sind religiös, und viele interessieren sich für Spiritismus.«
Dr. Swann: »Ich heiße Frank Swann. Sag ihnen, daß ich mich am Franklin-Institut der Forschung – der reinen Forschung – widmete. Durch meine Forschungsarbeit fand ich zu einem festen Glauben und erkannte, daß ich mein Wissen aus neuen Quellen schöpfen konnte ... Als ich die geistige Kraft begriff, die alle Materie durchdringt, hatte ich Erfolg.«

Ich kann mir denken, daß manche Leser solche Bekenntnisse ebenfalls belanglos finden. An sie möchte ich die Frage richten, was sie denn wohl sonst von Jenseitigen hören wollen? Etwa, daß es kein Jenseits gibt, daß keine Kommunikation mit den Lebenden möglich ist? Sollte man die neugewonnene »Weltanschauung« der Verstorbenen zu manipulieren versuchen? Oder sollte ich nur von solchen Botschaften berichten, die Furore gemacht haben? Meine Gegenfrage: Was kann aufregender sein als der nüchterne, dem Inhalt nach nicht-spektakuläre Beweis dafür, daß es ein Jenseits gibt und daß es erreichbar ist über eine Art spezielle Telefonvermittlung?
Ich fürchte, mehr Menschen, als man gemeinhin annimmt, leiden, ohne daß sie sich dessen bewußt sind, vor allem darunter, daß Offenbarungen, wie die in diesem Buch beschriebenen, ihnen selbst noch nicht zuteil geworden sind – etwa so, wie viele Menschen im Kindesalter eine lebenslang unüberwindliche Aversion gegen ein Unterrichtsfach fassen, für das sie nicht besonders begabt sind oder zu sein scheinen. Ich möchte diese mitunter für den Lebensweg nicht ganz ungefährliche Störung, die in unserem Fall vorzuliegen scheint, das »Houdini-Trauma« nennen.

Das Houdini-Trauma und der Houdini-Code

Harry Houdini war der Künstlername des aus Ungarn stammenden Artisten Erich Weiß, der bald nach dem Ersten Weltkrieg auf vielen Tourneen rund um die Welt seine atemberaubenden Sensationsnummern vorgeführt hatte. Er galt unumstritten als der »König der Magier«, und er war in den USA nicht weniger populär als die Stummfilmidole und der Präsident, dem er in der Publicity oft die Schau stahl. Dieser Houdini war viel mehr als ein erfolgreicher Varietéstar. Er vollbrachte Dinge, die noch nie zuvor gezeigt worden waren, und auch die erfahrensten Adepten der Magie, die alle Tricks zu kennen glaubten, wußten für seine mit Argusaugen überwachten, unheimlichen Kunststücke keine Erklärung. In erster Linie arbeitete er als Entfesselungskünstler. Er befreite sich aber nicht nur aus massiven Stahl-Handschellen und Fußketten, nachdem er, noch in gefesseltem Zustand, über eine Entfernung hinweg Gegenstände fortbewegt hatte, ohne sie zu berühren; er konnte auch unbeschadet durch Ziegelwände gehen. Als Zauberer ließ er nicht nur Kaninchen verschwinden, sondern auch Elefanten. Er trat in Unterwassershows auf und vermochte, ohne Tauchgerät tauchend, den Atem länger anzuhalten als irgendein Mensch vor ihm. Ärzte, Kriminalisten, die Profis und die Freunde des Showbusiness standen vor einem Rätsel. Offenbar ging bei ihm alles mit rechten (magischen) Dingen zu. Houdini selbst legte jedoch größten Wert auf die Feststellung, daß nichts »Okkultes« im Spiel war, sondern alle seine »Wunderleistungen« auf genialen, unnachahmlichen Tricks beruhten – zum Teil auf den gleichen Tricks, wie die »Nummern, die sogenannte Medien in ihren Séancen zeigen«.

Von einem bestimmten Zeitpunkt an war Houdini von der fixen Idee besessen, daß ausnahmslos alle Medien und Spiritisten Schwindler seien, und er startete einen regelrechten Vernichtungsfeldzug gegen sie. Immer seltener trat er in eigenen Veranstaltungen auf, sondern erschien, von Stadt zu Stadt reisend, bei jeder Séance, von der er Kenntnis hatte, und störte sie durch seinen »Auftritt«. Die Szene lief gewöhnlich so ab: Nachdem das Medium die ersten Botschaften nichtanwesender Personen – meist aus dem Jenseits – übermittelt hatte, erhob sich Houdini und behauptete, den Trick, mit dem das Medium telepathische Kontakte vortäusche, nachahmen und verraten zu können. Geschickt lenkte er die Aufmerksamkeit des Publikums auf sich und bot, indem er ein Programm von allerlei geschickten, scheinbar übernatürlichen Manipulationen abzog, den Beweis dafür an, daß alle außersinnliche Wahrnehmung Betrug sei. Houdini wurde der Schrecken aller Spiritisten Amerikas, und es gab damals in den USA etwa eine Million Menschen, die sich zum Spiritismus bekannten! Zugegeben, es war eine verdächtige Modeerscheinung, mit Geistern umzugehen, und die Dunkelziffer der bewußt oder unbewußt betrügerischen Medien war gewiß hoch. Doch keinesfalls gab es auf diesem Gebiet nur Schwindler und Hysteriker.

Manche Leute fanden es paradox, daß ausgerechnet ein mit allen Wassern gewaschener Magier den Spiritisten den Untergang geschworen hatte. Viele meinten, es treibe ihn nur Konkurrenzneid und manischer Geltungsdrang. Den einen erschien er als messianischer »Tempelreiniger«, den andern als Satan persönlich. Nur wenige Eingeweihte kannten den wahren Grund von Houdinis Spiritistenfresserei. Er hing mit dem Tod seiner abgöttisch geliebten Mutter zusammen, die Anfang der zwanziger Jahre gestorben war. Fest überzeugt, daß es ein Fortleben nach dem Tode gebe, hatte sie ihm auf dem Sterbebett versprochen, ihm aus dem Jenseits eine Botschaft zu senden, ein Schlüsselwort, an dem er erkennen könne, daß sie es sei, die zu ihm spreche.

Kaum war seine Mutter beerdigt, suchte Houdini ein Medium nach dem andern auf, in der Hoffnung, daß eines von ihnen die erwartete Nachricht der Toten übermitteln werde, aber es gelang offenbar nicht. Immer enttäuschter, immer wütender sah Houdini den Glauben seiner Mutter – und vielleicht auch seinen eigenen – zunichte werden. Die Einbildung, daß alle Bemühungen und Erfolge der Spiritisten Unsinn und Täuschung seien, wurde für ihn zum Trauma, und so bekämpfte er, was er glaubte, nicht erreichen zu können, die Kommunikation mit dem Jenseits, die außersinnliche Wahrnehmung in Bausch und Bogen mit allen Mitteln. Aus dem Paulus war ein Saulus geworden.

Sein Verhalten war, wie sich erwies, selbstzerstörerisch. Die Presse, die anfangs einmütig auf seiner Seite gestanden und über jede angebliche Aufdeckung eines spiritistischen Schwindels durch den großen Houdini ausführlich berichtet hatte, nahm den blinden Eiferer nicht mehr ernst und wandte sich von ihm ab. Etwas Schlimmeres kann einem Star bekanntlich nicht widerfahren. Das tragischste an seiner Situation war jedoch, daß seine Mutter anscheinend ständig versuchte, zu ihm durchzukommen. Aber er war nun schon so verbohrt, daß er solche Fakten einfach nicht mehr zu akzeptieren bereit war. Es geschah etwas Peinliches und Trostloses: In Atlantic City suchte Houdini Sir Arthur Conan Doyle und dessen Gattin auf, die dort auf ihrer großen Vortragsreise durch die USA

Station machten. Man verabredete eine Privatséance mit Lady Jean Doyle als Medium – und tatsächlich: Houdinis Mutter meldete sich. Zunächst war es nur eine vage, kaum verständliche Botschaft, doch der Sohn zeigte sich tief bewegt – jedenfalls für einen Augenblick. Als jedoch nicht sogleich das ersehnte Schlüsselwort durchkam, überwältigte ihn wieder seine pathologische Aversion, und er bezichtigte das Ehepaar Doyle des Betruges. Die Séance wurde abgebrochen.
Doyle, der, wie wir schon gehört haben, von Haus aus Arzt und Psychologe war, diagnostizierte Houdinis Trauma als einen schweren klinischen Fall, ohne ihm freilich helfen zu können. Niemand konnte ihm mehr helfen. Den letzten Befund über seinen geistigen Zustand lieferten ausgerechnet einige der namhaften Parapsychologen dieser Zeit, von denen einer im Hauptberuf Mediziner war. Dr. L. R. G. Crandon, Professor an der Harvard Medical School. Man hatte den Leichtsinn begangen, Houdini auf seinen eigenen Antrag als Mitglied eines Untersuchungsgremiums zuzulassen, das die medialen Fähigkeiten von Mrs. Margery Crandon, der Frau des Harvard-Professors, testen sollte. Noch vor Beginn der Séance sagte Houdini Betrug voraus und dehnte diesen Vorwurf auf alle anwesenden Wissenschaftler – unter denen sich auch der berühmte Gardner Murphy von der Columbia-Universität befand – aus. Es kam zu einem Skandal mit öffentlichen Erklärungen, die Houdini vollends unglaubwürdig machten.
Ich muß hier einfügen, daß ich selbst Houdini nie begegnet bin. Zum Glück war er nie in einer meiner Séancen aufgetaucht. Ich habe die Vorgeschichte zu meiner persönlichen Erfahrung mit ihm – das heißt zu meiner Erfahrung mit dem jenseitigen Houdini – also nur aus zweiter Hand wiedergegeben. Keineswegs möchte ich sein ganz enormes Können als Magier in Zweifel ziehen. Andererseits wird man sicherlich verstehen, daß ich eingedenk dessen, was er so vielen meiner Kollegen angetan hatte, nicht gerade begeistert war, als ich am 8. Februar 1928 nach Beendigung einer Séance erfuhr, Houdinis Mutter habe sich durch Fletcher gemeldet und eine deutliche Botschaft für die Witwe ihres Sohnes durchgegeben. Das eine Wort FORGIVE (»Vergib«).

Zwei Jahre zuvor war Houdini gestorben, und in keinem Nachruf hatte der Hinweis gefehlt, daß der Magier als letztes Vermächtnis seinen Erzfeinden, den Spiritisten, noch eine Chance gegeben habe. Er hatte mit seiner Frau vereinbart, daß er, sofern dies entgegen seiner Überzeugung möglich sein sollte, von »drüben« mit ihr in Verbindung treten werde. Als Erkennungszeichen wollte er zehn Wörter in einem komplizierten privaten Code senden, den das Ehepaar oft zur geheimen Verständigung

während magischer Vorführungen benutzt hatte, der also nur ihnen beiden bekannt und nur von ihnen zu dechiffrieren war.
Wir Medien hatten diese Meldung wohl alle mit müdem Lächeln zur Kenntnis genommen. Man soll über Tote nichts Böses sagen, aber die meisten hatten nicht die geringste Lust, noch einmal mit ihm zu tun zu bekommen, selbst vom Jenseits her nicht. Der »Fall Houdini« war für sie abgeschlossen – für mich allerdings noch nicht, wie es sich nun zeigte.
Nur widerwillig ließ ich mir von meinem Freund Francis Fast, der bei der fraglichen Séance Protokoll geführt hatte, berichten:

Fletcher: Hier ist eine alte Dame, die ich zuvor noch nie gesehen habe. Sie will unbedingt etwas sagen. Sie stellt sich als Mutter von einem Erich Weiß alias Houdini vor. Scheint jemand sehr Interessantes gewesen zu sein. Sie läßt folgendes sagen: »Viele Jahre hat mein Sohn darauf gewartet, daß ich ihm ein bestimmtes Wort von hier sende. Er hatte mir versprochen: ›Wenn ich dieses Wort empfange, werde ich dir glauben.‹ Nun endlich ist die Situation so, daß ich das Wort durchgeben kann. Fragen Sie seine Witwe, Mrs. Beatrice Houdini, ob das Wort nicht FORGIVE sei. Erst jetzt, da mein Sohn bei mir ist, kann ich es senden. Ich bin sehr froh darüber. Es hängt von der Reaktion der Hinterbliebenen ab, ob auch Erich imstande sein wird, seine Botschaft zu senden. Geben Sie das bitte an Mrs. Houdini weiter. Sie wird sagen, ob es das vereinbarte Schlüsselwort ist.« – Sie geht jetzt, und sie sagte noch, daß nun, nachdem diese Botschaft durchgekommen ist, der Weg frei ist für andere.

Ich muß gestehen, daß mir die ganze Angelegenheit nicht gefiel. Ungezählte Medien hatten Mrs. Houdini schon Botschaften übermittelt, und sie hatte allesamt als »Nonsense« erklärt, und zwar gegenüber der Presse! Nein, dieses heiße Eisen wollte ich nicht anpacken. Francis aber wollte meine strikte Ablehnung, mit Mrs. Houdini Kontakt aufzunehmen, nicht gelten lassen. Wir diskutierten lange darüber, ob es meine Pflicht sei, Botschaften weiterzugeben, ob man von den Séanceteilnehmern erwarten oder gar verlangen könnte, daß sie »dichthielten«, ob man Fletcher noch einmal zu Rate ziehen sollte ... Warum hatte sich Houdinis Mutter ausgerechnet Fletcher ausgesucht? Welchen Sinn hatte die Botschaft jetzt noch, da doch offenbar Mutter und Sohn im Jenseits miteinander vereint waren? Interessante Fragen – aber sie halfen das Problem nicht lösen. Ich war nur der »Agent«, eine für die Weiterleitung von Nachrichten zuständige Instanz, so ähnlich wie die Post und das Telegrafenamt, und genausowenig wie einen Briefträger hatten mich die Hintergründe einer Nachricht zu beschäftigen oder gar daran zu hindern, die Botschaft abzuliefern.

Infolgedessen mußte ich geschehen lassen, daß Mrs. Houdini eine Abschrift des Protokolls erhielt.
Ein paar Tage später las ich in der Zeitung eine öffentliche Erklärung von Mrs. Houdini und erhielt einen Brief von ihr, der im wesentlichen mit dem Pressetext übereinstimmte. Sie schrieb:

Mein lieber Mister Ford,
... In der Tat ist FORGIVE das Wort seiner Mutter, auf das Houdini all die Jahre so sehnlich gewartet hat. Hätte er es zu seinen Lebzeiten erhalten, ich bin sicher, es hätte sein ganzes Schicksal geändert – doch es kam zu spät ... Ich kann Ihnen also sagen, daß die von Ihnen überbrachte Botschaft von all den Tausenden, die ich schon empfangen habe, die erste ist, die ich als die wahre akzeptiere. Nur mein Mann, seine Mutter und ich haben dieses Schlüsselwort gekannt.

Nun, man kann sich vorstellen, daß ich froh war, bei den gestrengen Houdinis gut abgeschnitten zu haben und bei der Presse natürlich auch. Insgeheim befürchtete ich jedoch, daß die Sensationsmeldungen der Zeitungen gewisse Pseudo-Medien veranlassen könnten, abenteuerliche Houdini-Stories zu produzieren. Doch nichts dergleichen geschah. Auch aus dem Jenseits hörte ich in den nächsten Monaten nichts von den Houdinis. Dann aber meldete sich der große Magier persönlich bei mir. Es war in New York im November 1928.
Gleich der erste, der sich in der Séance durch Fletcher kundtat, war Houdini, und er gab das erste Wort seines Codetextes durch. Wie in seiner Rolle als Zauberkünstler auf der Bühne des Lebens machte er es auch jetzt spannend. Er übermittelte in jeder der nächsten acht Séancen, die sich über einen Zeitraum von anderthalb Monaten erstreckten, nie mehr als höchstens zwei Wörter.
Von der zweiten Sitzung an war ein leitender Redakteur der Zeitschrift *Scientific American* anwesend, der dann einen minuziösen Bericht über die ganze Serie schrieb. An vier Sitzungen nahmen zwei Ärzte teil, Dr. John Tanner aus New York und Hamilton Emmons aus England. Sämtliche Durchgaben wurden mitstenographiert.
Die Houdini-Kommunikation kostete alle Beteiligten ungewöhnlich große Anstrengungen. Man kann wohl sagen, daß es die strapaziöseste Séanceserie meines Lebens war. Das hing selbstverständlich damit zusammen, daß sie auch Fletcher und Houdini ungeheuer zu schaffen machte. Der Magier hatte Mühe, die einzelnen Codewörter zu bilden und ihre sinngebende Reihenfolge festzulegen, das heißt, seinen Klartext zu chiffrieren. Fletcher mußte sich minutenlang mit aller Kraft auf die ein-

zelnen zusammenhanglosen und für jeden außer Houdini sinnlosen Wörter konzentrieren, bevor er sie weitergeben konnte, und ständig hatte er Angst, daß die Protokollanten irgend etwas zu notieren vergessen könnten, was dann womöglich unwiederbringlich verloren war.
»Das erste Wort lautet ROSABELLE«, buchstabierte Fletcher nach langem Zögern, »und es erschließt alle übrigen Wörter.« Vierzehn Tage später kam ein zweites Wort hinzu: ANSWER. Die nächsten Wörter kamen nicht in der richtigen Reihenfolge an. In der dritten Sitzung sagte Fletcher: »Hier ist eine alte Dame, mit der ich vor längerer Zeit schon einmal gesprochen habe. Sie gibt mir das Wort LOOK bekannt. Es ist das sechste Wort des Codetextes.« Die Anwesenden vermuteten ganz richtig, daß es sich um Houdinis Mutter handelte. In einer weiteren Séance, als uns mittlerweile schon die Wörter ROSABELLE, ANSWER, LOOK, PRAY und TELL bekannt waren, fing Houdini plötzlich an, die gleichen Wörter und neue französische durchzugeben, als wolle er es damit Fletcher, dessen Muttersprache ja Französisch war, leichter machen. In Wirklichkeit verwirrte er ihn jedoch nur. Wie zum Trost für Fletchers und meine geistigen Strapazen erfuhren wir dann in der letzten Séance dieser Serie, daß Houdini selbst drei Monate gebraucht hatte, um den Code zu rekonstruieren, und daß er es ohne die Hilfe seiner Mutter nie geschafft hätte.
Fletcher sagte: »Unser Mann hier sagt, das letzte Wort sei wieder TELL. ›Es müssen jetzt insgesamt zehn Wörter sein. Gebt sie bitte noch einmal durch.‹«
Der Protokollant wiederholte laut und deutlich alle zehn Wörter:

ROSABELLE ANSWER TELL PRAY ANSWER LOOK TELL
ANSWER ANSWER TELL

Houdini bestätigte durch Fletcher die Richtigkeit der Wörter und ihrer Reihenfolge. »Das war eine harte Arbeit für uns alle«, sagte er. »Aber jetzt ist es überstanden. Nun werde ich Fletcher erklären, was mit dem Text weiter geschehen soll.«
Fletcher meldete sich nach einer Weile wieder und bat um genaue Zeitangabe. Es war 21 Uhr 23. Das sollte der Protokollant festhalten, ebenso das folgende, und zwar alles ausgeschrieben, nicht in Stenographie. Houdini wünschte, daß mir, im Trancezustand, der Puls gemessen werde, und der Protokollführer trug ein: 63 in der Minute. Dann sollte er die Namen aller Anwesenden notieren, und sie alle sollten die für Mrs. Beatrice Houdini bestimmte Botschaft eigenhändig unterschreiben. Wörtlich sagte Houdini:

Geben Sie diesen Text meiner Frau. Sie soll den Codetext nach dem System dechiffrieren, das nur sie und ich kennen und das wir vor meinem Abschied immer wieder genau durchgesprochen haben. Wenn sie den Sinn der Nachricht erfaßt hat, möge sie es der Öffentlichkeit bekanntgeben. Es wird sich ein wahrer Sturm erheben. Man wird sie des Betruges bezichtigen, und man wird versuchen, sie unmöglich zu machen, aber sie soll keine Angst haben. Und ich weiß, sie ist standhaft genug, den Pakt nicht zu brechen, den wir vor meinem Tod eingegangen sind. Ich bin überzeugt, sie wird glücklich sein, von mir zu hören, denn wir beide haben nie geglaubt, daß es möglich sein könnte. Und sagen Sie ihr, nach der Entzifferung des Textes möge sie einen Tag, möglichst in allernächster Zeit, nennen, an dem sie selbst an einer Séance teilnehmen kann. Sie soll mir dann ein paar Fragen beantworten, damit ich weiß, ob sie mich verstanden hat. Dann werde ich den Code entschlüsseln und die eigentliche Botschaft nennen, die ich ihr senden will. Für diesmal will ich nicht mehr sagen.

Kein Wunder, daß alle, die das hörten, etwas verwirrt waren. Komplizierter ging es wirklich nicht. Aber was blieb uns anderes übrig, als genau nach Houdinis Anweisungen zu verfahren?!
Am folgenden Tag begab sich Mr. Fast und Mr. John W. Stafford, Mitherausgeber des *Scientific American*, in die Payson Avenue 67 zu der ihnen bis dahin unbekannten Mrs. Houdini. Sie las das Protokoll und den Codetext aufmerksam durch und sah dann die beiden Herren mit großer Bewegung an. »Es ist alles richtig«, sagte sie – und nachdem sie einen Augenblick nachgedacht hatte, fragte sie lächelnd: »Sagte er ›Rosabelle‹?«
Sie konnte es nicht mehr erwarten, mit ihrem Mann zu sprechen, und da sie nach einem Sturz in der vorangegangenen Woche noch nicht wieder laufen konnte, bat sie die Besucher, Mr. Ford und ein paar Gäste als Zeugen schon anderntags zu ihr zu bringen.
An der Séance in Mrs. Houdinis Wohnung nahmen sieben Personen teil. Außer der Gastgeberin und mir waren drei Herren meiner Houdini-Experimentiergruppe anwesend und zwei persönliche Bekannte von Mrs. Houdini. Kaum war ich in Trance, meldete sich Fletcher:
»Derselbe Herr wie neulich abend ist hier und bittet mich zu sagen: ›Hallo, mein Schatz.‹ Er wird heute den Codetext dechiffrieren, aber zuvor soll Bess ihm sagen, ob sie soweit alles verstanden hat.«
Mrs. Houdini sagte: »Ja, alles!«
Fletcher darauf: »Er lächelt beruhigt und sagt, nun könne er fortfahren. Er bittet Bess, ihren Trauring abzuziehen und ihm zu sagen, was ›Rosabelle‹ bedeute.«
Mrs. Houdini streifte den Ring ab, hielt ihn vor sich und sang leise:

Rosabelle, sweet Rosabelle,
I love you more than I can tell;
O'er me you cast a spell,
I love you, my Rosabelle!

Als sie geendet hatte, sagte Fletcher: »›Ich danke dir, mein Schatz‹, läßt er Bess ausrichten. ›Weißt du noch: Dieses Lied sangst du vor vielen Jahren in unsrer ersten gemeinsamen Show.‹«

Mrs. Houdini vermochte vor Ergriffenheit nur zu nicken.

»Und jetzt«, ließ sich Fletcher wieder vernehmen, »möchte er etwas von Bess wissen, was ihm außer ihr kein anderer Mensch auf der Welt sagen kann. Er macht eine Geste, als ziehe er umständlich einen Vorhang auf. Sie sollen ihm sagen, was er damit meint.«

Mrs. Houdini antwortete, ohne überlegen zu müssen, auf französisch: »Je tire le rideau comme ça.« (»So ziehe ich den Vorhang auf.«)

Es handelte sich offenbar wieder um eine Erinnerung an einen gemeinsamen Auftritt in ihrer Frühzeit. Nun endlich sah Houdini bestätigt, daß tatsächlich eine Verbindung zwischen ihm und seiner Frau zustande gekommen war, und zögerte nicht länger, uns die eigentliche Botschaft zu entschlüsseln. Er erklärte:

»Der eigentliche Codetext beginnt mit dem Wort nach ROSABELLE und umfaßt neun Wörter. Das zweite Wort heißt ANSWER; der zweite Buchstabe im Alphabet ist B. Das nächste Wort ist TELL; der dritte Buchstabe nach B ist E. Damit haben wir die erste Silbe: BE ...«

Das war aber erst der Anfang. Die Dechiffrierung wurde nun für den Nichteingeweihten immer komplizierter – besser gesagt: es wurde immer höhere Mathematik –, und es genügt an dieser Stelle vielleicht, wenn ich darauf verweise, wo man die exakte vollständige Aufschlüsselung nachlesen kann,[23] und nun gleich zum Endergebnis komme. Houdini sagte abschließend:

Die Botschaft, die ich meiner Frau senden wollte, lautet: ROSABELLE BELIEVE! (»Rosabelle, glaube!«)

Ich habe, als ich noch bei euch war, alles drangesetzt, zu beweisen, daß ein Fortleben nach dem Tode nicht möglich sei. Ich weiß jetzt, daß ich unrecht hatte, und würde das, was ich getan habe, gern ungeschehen machen. Sagt allen, die durch meine Schuld ihren Glauben an das Jenseits verloren haben, von dieser Botschaft. Gebt sie der ganzen Welt weiter.

Die Botschaft wurde tatsächlich der ganzen Welt weitergegeben, denn Zeitungen in aller Welt berichteten darüber. Aber Houdini hatte auch mit seiner Prophezeiung recht, daß sich ein Sturm erheben würde. Es ließ sich nicht feststellen, wer mit den Verleumdungen begonnen hatte, doch sie wurden von vielen Seiten aufgegriffen und nicht nur unüberprüft wiederholt, sondern sogar noch verschärft. Es hieß zum Beispiel, Mrs. Houdini habe den Codeschlüssel an einen vermögenden Spiritisten verkauft, der ihn dann mir zugespielt habe. Das war natürlich absurd. Mrs. Houdini war weder in Geldnot noch hatte sie irgendein Interesse, gemeinsame Sache mit jenen Spiritisten zu machen, die ihr Mann und auch sie so leidenschaftlich bekämpft hatten. Es gab auch keine dritte Person, die aus früheren Zeiten der Zusammenarbeit mit Houdini den Code gekannt und mir verkauft hätte; und wäre es so gewesen, dann hätten mir noch immer die Identifizierungsfragen Houdinis gefehlt. Und hätte ich diese wiederum mit Mrs. Houdini vorbesprochen oder ihr gar abgekauft, dann allerdings hätte ich gern noch ein paar Dollar draufgelegt für das Zugeständnis, den Code für meinen »Gebrauch« und mit Rücksicht auf mein Publikum etwas vereinfachen zu dürfen. Denn ich bin nun einmal kein guter Mathematiker.

Es gab glücklicherweise jedoch auch Presseleute, die für die Integrität aller an der »Houdini-Affäre« beteiligten Persönlichkeiten einstanden und die haarsträubenden Behauptungen durch einfache Überlegungen des gesunden Menschenverstandes ad absurdum führten. Es wurden eidesstattliche Erklärungen von Mrs. Houdini, Mr. Stafford vom *Scientific American* und Mr. Zander von *United Press* veröffentlicht, aber es schien, als spuke der alte, der irdische Houdini noch in allzu vielen Köpfen und gönne dem neuen, jenseitigen keine Daseinsberechtigung unter uns. »Believe!« erwies sich wieder einmal als eine für viele Menschen unseres materialistischen Jahrhunderts unerträgliche Zumutung.

Pioniere hier und »drüben«

Ein Ökologe, mit dem ich befreundet bin, sagte mir einmal, sehr beunruhigt über die Zerstörung unserer natürlichen Umwelt: »Es gibt nur eins, was uns hindert, saubere Luft, reines Trinkwasser und unverseuchte Nahrungsmittel zu erhalten – das Unvermögen, daran zu glauben, daß das überhaupt möglich ist. Im Augenblick, da wir sicher sind, daß eine solche ›heile Welt‹ wiederherstellbar ist und daß es sich *rentiert*, sie wiederherzustellen, werden wir sie schnellstens schaffen.«

Ich denke mir, daß ein ähnliches Unvermögen für unsere Unfähigkeit verantwortlich sein müsse, die Furcht vor dem Tode und einem schrecklichen oder zumindest sehr ungewissen »Danach« zu überwinden. Angesichts eines dem Menschen scheinbar angeborenen konsequenten Nichtglaubenwollens ist das Angebot von Beweisen eigentlich müßig. Sie würden nicht einmal beachtet werden.

Der Mensch will es offenbar gar nicht anders. Er zieht es vor, sich zu fürchten und Katastrophen auf sich zukommen zu sehen, ob es nun ökologische sind oder eschatologische. Eine Tragödie ist nun einmal spannender zu verfolgen als eine Heilsgeschichte, zumindest, solange es andere betrifft. Die anderen, das sind jährlich 50 Millionen. So hoch liegt zur Zeit die Sterberate der Menschheit. Höchstens jedem Hunderttausendsten ist bewußt, daß er weiterleben wird: nicht in der Hölle, nicht im Himmel, sondern in der Bewußtseinsebene der Jenseitigen.

Da dies gewiß vielen meiner Leser »nicht ins Gehirn will«, möchte ich fragen: Was ist das Gehirn?

Diese Frage hat noch keine Antwort gefunden, die alle Autoritäten befriedigt hätte, obgleich sie anerkanntermaßen eine der wichtigsten ist, die jemals von Menschen gestellt wurde und dementsprechend die klügsten Köpfe aller Zeiten beschäftigt hat. Ist das Gehirn, wie manche sagen, ein Sekretionsorgan, das Bewußtsein produziert, so wie die Leber Galle? In diesem Fall würde, ebenso wie eine tote Leber keine Galle mehr produziert, das Bewußtsein enden, wenn das Gehirn seine Funktion einstellt. Oder ist es, wie andere Gelehrte behaupten, ein Organ, das eher mit der Lunge verglichen werden kann und von einer allumfassenden Bewußtheit ständig jenes Quantum an Bewußtsein bezieht, das eine Psyche zu ihrer Erhaltung benötigt – so wie die Lunge aus der Atmosphäre genau jenes

Maß an Sauerstoff bezieht, welches der Körper in jedem Augenblick benötigt?

Über diese beiden Alternativen hat man sich nie einig werden können. Technologisch denkende Wissenschaftler sehen sich genauso wie der Mann auf der Straße dermaßen in rationelle, profitbringende Tätigkeit eingespannt, daß sie nicht gewillt sind, Vorgänge zu untersuchen, die dazu angetan sind, das mechanistische Universum und die »Leber-Theorie« des Gehirns in Frage zu stellen. Kosmologisch denkende Wissenschaftler hingegen finden das Beweismaterial für das geistige Universum und die »Lungen-Theorie« des Gehirns so überwältigend, daß sie zu ihrer Überzeugung stehen, obgleich das derzeitige materialistisch-wissenschaftliche Regime ihnen kaum Möglichkeit gibt, sich Gehör zu verschaffen, und sie, wo immer sich die Gelegenheit bietet, mit Verachtung bestraft.

Die Wichtigkeit dieser Streitfrage ist allen klar. Wenn menschliche Personalität mit dem Aufhören der Hirntätigkeit enden sollte, wäre die Spekulation über ein Fortleben überflüssig. Wenn das Gehirn jedoch eine »Bewußtseinspumpe« ist, die einem Organismus kleine Ströme kosmischer Wahrnehmung, die von einer schwachen, aber wachsenden Bewußtseinseinheit genutzt und vertragen werden können, einpumpt, würde ein Gehirn überflüssig werden, sobald die Psyche stark genug geworden ist, um aus eigener Kraft fortbestehen zu können. Man braucht kein Wasserversorgungssystem mit seinem komplizierten Arrangement von Pumpen und Rohren, Ventilen und Hähnen, wenn man in einem breiten Wasserstrom schwimmt.

Eine Anzahl überlegener Köpfe hat erkannt, daß vom Begreifen der kosmischen Funktion des menschlichen Gehirns die eigentliche Zukunft der Menschheit abhängt. In der mechanistischen Auffassung von der Entstehung der Natur (da diese die momentane konventionelle Weisheit darstellt und jedem Schulkind bekannt ist, dürfte eine Beschreibung sich hier erübrigen) sehen sie einen verhängnisvollen Irrglauben, indem der Mensch ständig und blindlings mit Atomen und Molekülen herumfummelt, bis er schließlich mit ihnen in die Luft fliegt. Durch das kosmische Bewußtsein dagegen sei der eigentliche Sinn von bisher unerklärten Aspekten des menschlichen Bewußtseins erfaßbar und ein fruchtbringender Neuanfang wissenschaftlicher Forschung auf unendlich verbreiteter Basis möglich.

Einer der mutigsten und gelehrtesten Pioniere dieses neuen Denkens, der in Bereiche vorgedrungen ist, die später eingehender von Freud, C. G. Jung, Dewey und anderen erforscht werden sollten, war William James. Da es James war, der als erster jene Brücke des Verständnisses errichtet

hat, über die rationale Gewißheit und intuitiv erahntes Geheimnis bequem und sogar ganz glücklich zueinanderzukommen und im gleichen Weltkonzept zu koexistieren vermögen, müssen wir die Hauptpunkte seiner Einsichten näher betrachten, bevor wir die allerjüngsten Erfahrungen über das Leben nach dem Tode voll würdigen können.
Enzyklopädien und Lehrbücher bezeichnen William James als einen der vier Begründer der modernen Psychologie, neben Wilhelm Wundt, John Dewey und Sigmund Freud. Jeder von ihnen stützte sich auf das Werk der anderen: Wundt steuerte die Grundlagen der experimentellen Techniken bei, die seitdem in der psychologischen Forschung angewandt werden, James das Konzept des Studiums der menschlichen Persönlichkeit in der Gesamtheit ihrer Funktionen, Freud die Prinzipien der Psychoanalyse, Dewey das Konzept der geistigen Aktivität als Mittel zur Lösung der aus direkter menschlicher Erfahrung erwachsenden Probleme.
William James, nicht nur Psychologe, sondern unbestritten einer der einflußreichsten Denker der amerikanischen Wissenschaftsgeschichte, stammte aus einer wohlhabenden schottisch-englisch-irischen Presbyterianerfamilie. Von seinem hochgebildeten, aber ruhelosen Vater erbte er – wie auch sein ein Jahr jüngerer Bruder, der Schriftsteller Henry James, einer der Bahnbrecher der modernen Romantechnik – die Vielseitigkeit seiner Begabungen und Interessen, aber auch die Unrast. Nach Schulbesuchen in New York, Frankreich und der Schweiz trat er zunächst in das theologische Seminar von Princeton ein, wo er alsbald eine wütende Aversion gegen »organisierte Religion« entwickelte. Kurze Zeit widmete er sich dem Kunststudium, dann bezog er die Harvard-Universität, um Medizin und Physiologie zu studieren, aber nach dem Abschlußexamen wußte er immer noch nicht, was er anfangen sollte. Als Assistent des in Cambridge lehrenden Schweizer Zoologen Louis Agassiz nahm er an einer Expedition in das Amazonasgebiet teil, anschließend ging er nach Deutschland, um Vorlesungen des berühmten Physikers Helmholtz zu hören. In diesen ganzen Jahren und von Kindheit an war James häufig krank gewesen. Er litt unter Depressionen und hatte mehrmals Selbstmordabsichten. Vielleicht war es diese frühe Erfahrung, die sein großes Verständnis für unerforschte und paranormale Vorgänge in Gehirn und Seele weckte. Schlagartig endete diese Periode der Unausgeglichenheit, als er im Alter von achtundzwanzig Jahren das Werk des französischen Philosophen Charles Renouvier für sich entdeckte, dessen Lehre auf Kants »praktischen Postulaten« Freiheit, Gott und Unsterblichkeit beruhte. Das entscheidende Kennzeichen des menschlichen Charakters ist nicht sein Automatismus, hatte Renouvier erkannt, sondern sein unstillbarer Drang nach immer größerer Gedanken- und Handlungsfreiheit

durch den Gebrauch jener Fähigkeit, die von allen Kreaturen nur er besitzt: des freien Willens. Für den jungen William James war das wie eine Offenbarung. »Mein erster Akt des freien Willens«, so schrieb er, »wird es sein, an den freien Willen zu glauben.« Dieser Entschluß befreite seine aufgestaute schöpferische Kraft, und mit einer ungewöhnlichen Energie startete er seine weit ausgreifenden Forschungen, die ihm bleibenden Ruhm einbringen sollten.

1872 wurde William James Instruktor für Anatomie und Physiologie an der Harvard-Universität und vier Jahre später Professor für Psychologie und Philosophie. Auf diesem Lehrstuhl wirkte er einunddreißig Jahre lang als Verfechter eines antimaterialistischen »radikalen Empirismus« und Begründer des Pragmatismus, der vorherrschenden Schule der modernen amerikanischen Philosophie. Sein zweibändiges Hauptwerk, *Prinzipien der Psychologie*, das 1890 erschien, wurde von Natur- und Geisteswissenschaftlern der ganzen Welt sogleich als der Meilenstein für einen epochalen Neubeginn erkannt. Es löste die etablierten Schriften über »Seelenkunde« ab und führte den funktionalen Gesichtspunkt in die Psychologie ein. Eine Periode raschen Fortschritts im Verständnis der Diesseits-Aktivitäten des menschlichen Geistes war die Folge. James ging davon aus, daß die Wirklichkeit unfixierbar, vielgestaltig und fließend – mit einem Wort: »pluralistisch« – sei, so daß das Individuum seine Erfahrungen nur selbst machen und nie im voraus wissen könne, wohin sie ihn führen. Auch das die Wirklichkeit empfindende Bewußtsein dachte er nicht als statische Funktion des Gehirnapparats, sondern als fließenden Strom.

Nie hat James die Tatsache abgestritten, daß ein großer Teil der menschlichen Aktivität aus einfachen Automatismen besteht. Gleichzeitig ist sein Funktionalismus jedoch auch das Fundament seiner Überzeugung, daß das menschliche Bewußtsein viel mehr ist als ein Netzwerk von Stimulus-Reaktions-Zyklen. Seine direkte Beobachtung geistigen und körperlichen Verhaltens überzeugte ihn, daß ein gründliches Verstehen der »Maschine Mensch« eine Voraussetzung für das Verständnis des »Phänomens Mensch« in seiner Gesamtheit sei. Seine Studien über geistigen Funktionalismus erledigten viele falsche Vorstellungen über Gott und Unsterblichkeit und führten ihn zu der Entdeckung höherer Funktionen im Menschen, die von keiner der erdgebundenen mechanistischen Theorien erklärt werden können. Von den vier Begründern der modernen Psychologie bekannten nur James und Freud, daß sie sich der gewaltigen, widerhallenden Nebentöne unserer Wahrnehmungen bewußt waren. Freud ist sich dieser »Begleitmusik« zu spät in seinem Leben bewußt geworden, als daß sie noch irgendeinen Einfluß auf die bereits florierende Schule seiner Psychoanalyse hätte haben können, die seinen Namen trägt. James dagegen entdeckte die signifikanten Variationsmöglichkeiten der Bewußtseinslage schon zu einem frühen Zeitpunkt seiner Laufbahn. Er schrieb eingehend über die Phänomene, die sich unabhängig von den Leitseilen mechanistischer Psychologie abspielen, und schuf die Basis für eine sorgfältige Untersuchung dieser Vorgänge. Aus diesem Grunde müssen wir, wenn wir beabsichtigen, die *ganze* Erlebniswirklichkeit und Erfahrungsmöglichkeit des Menschen endlich in das Blickfeld wissenschaftlicher Forschung zu bringen, zu dem von William James gelegten Fundament und den Einsichten zurückkehren, die die späteren Freudianer so offensichtlich übergingen.

Es war für James' Weg zur Philosophie entscheidend, daß er mit seiner Auffassung, die durch religiöse Erfahrung aufbrechenden Kräfte seien ebenso wirklich und wichtig wie die der sinnlichen Wahrnehmung und der Natur, an die Grenzen der Psychologie, so wie sie damals betrieben wurde, stieß. Sie konzentrierte sich ganz auf eine sorgfältige Erforschung des Menschen, wie er ist, um ihm seine unmittelbaren psychischen Probleme lösen zu helfen, und schloß die Erwägung des kosmischen Ursprungs der Daseinsfunktion und der letzten Bestimmung des Menschen aus. Sie erhob die Laboratoriumsanalyse und den Mythos der Objektivität zu einem anderen Wahrnehmungsarten übergeordneten Rang, der nach James' Meinung unverdient war. So gab er die akademische Psychologie auf, weil sie ihm als eine »enge« Wissenschaft erschien. Ihre grundlegenden Erkenntnisse übertrug er nun auf die Philosophie, wo, wie er glaubte, die Suche nach der letzten Wahrheit einen größeren Aktionsradius haben würde. Seine Methode, jegliches philosophisches Wissen allein auf die unmittelbare menschliche Erfahrung zu stützen, war die gleiche, die er schon in der Psychologie angewandt hatte. Bei der Beschäftigung mit so gewaltigen Problemen wie der Existenz Gottes und der Unsterblichkeit ging er nicht von Autoritäten, vorhandenen Theorien und Argumentationen aus, sondern von dem, was lebendigen Menschen wirklich passiert war. James legte sich nie übereilt fest. Es dauerte zehn Jahre – in denen er nur vorsichtig formulierte Essays über seine Untersuchungen dieser Fragen veröffentlichte –, bevor er die ersten Schlußfolgerungen wagte, und selbst diese waren mit Vorbehalten gespickt, da ihm vieles noch unbestätigt schien.

Natürlich kann man bezweifeln, daß seine Definition der Ewigkeit den Ansprüchen der zeitgenössischen Geistlichkeit genügte. Aber er hielt es für einwandfrei erwiesen, daß es rettende spirituelle Mächte gibt, mit denen man in »Krisensituationen« Kontakt aufnehmen kann. Die Frage der Unsterblichkeit hingegen war durch die inzwischen als Faktum anerkannte Möglichkeit der Telepathie, der Gedankenübertragung, viel schwieriger und komplexer geworden. Um einen Fortlebensbeweis zu erbringen, der auch den höchste Ansprüche stellenden Skeptikern genügen könne (James sympathisierte voll und ganz mit ihnen und legte ihre strengen Maßstäbe auch stets an seine eigenen Arbeiten an), würde man Beweismaterial präsentieren müssen, das nicht mit irgendeiner denkbaren – bewußten oder unbewußten – Form der Übertragung von Gedanken irgendwelcher lebendiger menschlicher Wesen erklärt werden könnte. Immer wieder stieß er auf Vorgänge, deren Erklärung durch die Telepathie-Hypothese weit absurder schien als eine Erklärung durch die logischere Fortlebens-Hypothese. Doch solange die Telepathie-Hypothese überhaupt in Betracht gezogen werden konnte, war das Problem des Lebens nach dem Tode für ihn nicht *wissenschaftlich* geklärt.

Eine Gelegenheit, über diese Fragen und den Stand seiner diesbezüglichen Forschungsarbeit zu sprechen, bot sich James, als er 1902 zu Vorlesungen an der Universität von Edinburgh eingeladen wurde. Diese zwanzig Vorlesungen, die er in Buchform unter dem Titel *Die religiöse Erfahrung in ihrer Mannigfaltigkeit* veröffentlichte, skizzieren die Grundlinien der Anschauung über das Leben nach dem Tode, an der James für den Rest seines Lebens festhielt. In ihrer zwingenden Verschmelzung der spirituellen und wissenschaftlichen Erfahrung des Menschen sind sie unübertroffen. »Man erinnere sich«, schrieb Jacques Barzun von der Columbia-Universität 1958 in einer Würdigung des Buches, »daß James von der Psychologie zur Philosophie gelangt ist. Seine ideenreichen Vorlesungen von 1902 sind bis zum heutigen Tage ein Markstein in der Geschichte dieser Wissenschaft. Bevor er zur Psychologie kam, war James Physiker und Arzt, so daß sein Fortschreiten vom Studium der Materie zum Studium der religiösen Sehnsüchte des Menschen entscheidend von der Naturwissenschaft, also von der in diesem Jahrhundert am meisten bewunderten und aufschlußreichsten wissenschaftlichen Denkweise mitbestimmt wurde.«

Irgendeine Stelle aus einem so reichen und tiefschürfenden Werk wie *Die religiöse Erfahrung* zitieren, bedeutet, das Verbrechen einer Entstellung oder Verstümmelung zu riskieren. Trotzdem will ich das Risiko auf mich nehmen. Es handelt sich um eine meiner Lieblingsstellen, eine Passage aus James' Erörterung religiöser Grundeinstellungen:

»Es gibt einen nur religiösen Menschen bekannten Gemütszustand, in welchem der Wille, sich selbst zu behaupten und durchzusetzen, der Bereitschaft gewichen ist, zu schweigen und ein Nichts in den Fluten und Wasserbächen Gottes zu sein. In dieser Gemütsverfassung ist das, was wir am meisten fürchteten, für uns zur Erlösung geworden, und die Stunde unsres moralischen Todes hat sich in die Geburtsstunde unsrer Seele verwandelt. Die Zeit der Spannung in unsrer Seele ist vorüber; sie ist dem Zustand glücklicher Ruhe, tiefbefriedigten Aufatmens und dem Gefühl der Ewigkeit gewichen, das keine Angst um eine drohende Zukunft mehr kennt. Die Furcht wird nicht nur unterdrückt wie durch bloße Moralität, nein, sie ist vollkommen getilgt und ausgerottet ... Das religiöse Gefühl ist also eine positive Erweiterung des Lebenskreises des Menschen. Es verschafft ihm eine neue Machtsphäre ... Wenn die Religion irgendeine besondere Bedeutung für uns hat, so ist es, meines Erachtens, diese Erweiterung unserer Gefühlswelt, diese enthusiastische Hochstimmung in solchen Fällen, da die Moral allein höchstens ihr Haupt neigt und sich fügt. Sie sollte nichts Geringeres bedeuten als dieses neue Reich der Freiheit, in dem es keinen Kampf mehr gibt, wo die Musik der Sphären in unserem Ohr tönt und Güter der Ewigkeit sich unseren Blicken darbieten.«[24]

Natürlich sind nicht alle Ausführungen von James so lyrisch; er ist ja von Haus aus Anatom und Laboratoriumspsychologe. Eine für ihn typischere Bemerkung findet sich in seinen Harvard-Vorlesungen über Unsterblichkeit. Hier räumt er eindeutig ein, daß Denken eine Hirnfunktion ist. Daß dieses in irgendeiner Weise mit der Unsterblichkeitsthese kollidieren könne, verneint er: »Wenn auch unser Bewußtsein, wie wir es jetzt verstehen, genaugenommen die Funktion eines vergänglichen Gehirns sein mag, ist es doch keineswegs ausgeschlossen, daß das Leben fortdauert, wenn das Gehirn selbst tot ist.« Er fährt fort zu erklären, daß die Natur viele Beispiele einer produktiven Funktion, die mit anderen Funktionen kombiniert ist, liefert:

»Der Drücker einer Armbrust hat eine auslösende Funktion. Er hebt das Hindernis auf, das die Sehne festhält, und läßt den Bogen in seine ursprüngliche Form zurückschnellen ... Die Tasten einer Orgel haben nur eine transmissive, also eine Weiterleitungsfunktion. Die Töne der verschiedenen Pfeifen entstehen durch die hindurchstreichenden schwingenden Luftsäulen. Aber die Luft wird nicht in der Orgel hervorgebracht. Die Orgel selbst, im Unterschied zum ›Windkasten‹, ist nur ein Apparat, um die Luft durch diese bestimmten Formen in die Umwelt hinauszusenden ... Wenn wir das Bewußtsein eine Funktion des Gehirns nennen, so dürfen wir dabei nicht nur an die Funktion des Hervorbringens denken, sondern müssen auch die des Auslösens und Durchlassens in Betracht ziehen.«

James meinte, daß das Gehirn möglicherweise wie ein Prisma wirken und Strahlen durchlassen bzw. brechen könne. »Wie auch immer: Unsere Abhängigkeit vom Gehirn in diesem Leben würde keineswegs ein unsterbliches Leben ausschließen.« Und an seine Zuhörer und Leser gewandt: »Sie dürfen an Unsterblichkeit glauben, ob Sie nun von dieser Erlaubnis Gebrauch machen wollen oder nicht.«[25] Ich habe das immer als Aufforderung betrachtet, die Intelligenz meines Gehirns lieber zur Erweiterung meines Bewußtseins zu nutzen, statt die Möglichkeit einer solchen Erweiterung auszuschließen.

Seine endgültige Meinung über Unsterblichkeitserfahrungen äußerte James in einem Artikel im *American Magazine* im letzten Jahr vor seinem Tode. Er bezog sich darin auf einige der Höhepunkte seiner fünfundzwanzig Jahre langen Erfahrung als Parapsychologe. »Ich möchte vor allem die *Alltäglichkeit* dieser Phänomene belegen«, schrieb er. »Ich werde immer wieder gefragt, was man von dieser oder jener ›außergewöhnlichen‹ Geschichte denken soll, denn die Irrtumsquellen bei irgendwelchen Beobachtungen seien selten vollständig eruierbar. Aber schwache Stengel machen starke Bündel, und wenn die Geschichten gewisse Übereinstimmungen zeigen, die alle in eine bestimmte Richtung weisen, bekommt man das sichere Gefühl dafür, zu erkennen, ob man in der unmittelbaren Nähe von echten Phänomenen ist.«

Er bestätigte das zweifelsfreie Vorhandensein eines echten medialen Kommunikationsbedürfnisses. »Was derartige reale und natürliche außersinnliche Phänomene betrifft, die von der orthodoxen Wissenschaft ignoriert werden, bin ich durch sie nicht im geringsten irritiert; ich bin völlig davon überzeugt, daß es sie gibt.« Nichts in dieser endgültigen Erklärung deutet auf eine Änderung seines zehn Jahre zuvor in der *Religiösen Erfahrung* vertretenen Standpunkts. James wies vielmehr nochmals auf die Schwierigkeit der Unterscheidung zwischen lebend-telepathischer und körperlos-spiritualistischer Kommunikation hin und forderte zu intensivierter Forschung auf. »Es kommt vor allem darauf an, Tatsachenbeweise beizubringen.«

In diesem Zusammenhang nannte er die diesbezüglich wichtigste Arbeit, die damals im Entstehen begriffen war: »Ich habe den größten Respekt vor den geduldigen Bemühungen der Herren Myers, Hodgson und Hyslop.«

James H. Hyslop, der bereits erwähnte Professor für Philosophie an der Columbia-Universität, war im Jahre 1906 maßgeblich an der Gründung der American Society for Psychical Research beteiligt. Bis zu seinem Tode (1920) hat er unermüdlich dazu beigetragen, die Techniken zur Erforschung außersinnlicher Vorgänge zu verbessern.

Dr. Richard Hodgson, Mitglied der British Society for Psychical Research (SPR), deren amerikanische Sektion er bis zu seinem Tod (1905) leitete, war bekannt für seine rücksichtslose Bloßstellung betrügerischer Machenschaften, seinen Skeptizismus und seine beharrliche Forderung, daß zur Überzeugung der wissenschaftlichen Welt bei allem, was als Faktum deklariert werden sollte, die peinlichste Sorgfalt angewandt werden müsse.

Die Forschungsergebnisse von Frederic Myers, besonders seine Studien der Lebensbedingungen nach dem Tode, sind für uns von so großer Wichtigkeit, daß sie ein Extrakapitel erfordern. Hier sei nur gesagt, daß er Professor für klassische Philologie in Cambridge, Gründungsmitglied und zeitweise Vorsitzender der Britischen Gesellschaft für Parapsychologie – und nicht zuletzt ein brillanter Essayist und begabter Lyriker war.

William James hätte bei seiner Würdigung der Verdienste großer Parapsychologen seiner Zeit eigentlich auch den Engländer Sir Oliver Lodge erwähnen müssen, doch galt er zu Anfang unseres Jahrhunderts noch in erster Linie als Physiker und Mathematiker. Seine Hauptarbeitsgebiete waren die Radiologie und die Elektronentheorie. Zu seinen wichtigsten Entdeckungen gehören ein Verfahren zur Bestimmung der Wanderungsgeschwindigkeit gefärbter Ionen und die Erzeugung kurzer elektrischer Schwingungen. Daraus mag man schon ersehen, daß wir es hier mit einem Naturwissenschaftler reinsten Wassers zu tun haben. Und doch widmete er die Hälfte seines langen Lebens auch der Erforschung außersinnlicher Wahrnehmungen. Er ist der einzige unter den zu Weltruhm gelangten Nestoren der Parapsychologie, den ich persönlich kannte und mit dem ich während meiner Aufenthalte in England zusammengearbeitet habe. Er überlebte seine Kollegen aus den Pionierjahren um viele Jahre und starb, neunundachtzig Jahre alt, erst 1940.

Als ich Sir Oliver 1927 kennenlernte, war er ein rüstiger Siebziger und zeigte sich dem jungen, noch unbekannten und schüchternen Medium gegenüber so höflich, so interessiert und skeptisch zugleich, wie es nur eine souveräne Persönlichkeit vermag. Als Naturwissenschaftler konnte er – trotz allem, was er selbst sozusagen am eigenen Leib und an der eigenen Seele erfahren hatte – nicht aus seiner Haut und witterte zunächst einmal Bluff, wenn er von neuen medialen Talenten hörte. Als Aushängeschild der SPR mußte er in der Tat besonders vorsichtig sein; denn es war ihm natürlich bekannt, daß Gegner dieser Institution keine Gelegenheit ungenutzt ließen, sie in Verruf zu bringen. Es schien Lodge zu amüsieren, daß man ihn »Präsident eines Vereins zur Beglaubigung von Betrügereien« nannte, doch insgeheim leistete er, als sei er ein Meisterschüler von Sherlock Holmes, regelrechte Detektivarbeit, um für die zahlreichen umstrittenen Fälle von »Übersinnlichkeit« den Betrugs- oder Wahrheitsbeweis zu erbringen.

Er hatte bereits zwei theoretische Werke über die Fortlebensfrage veröffentlicht – *Das Fortleben des Menschen* und *Reason and Belief* (»Vernunft und Glaube«) –, als ihm auf diesem Gebiet unerwartet eine persönliche Erfahrung zuteil wurde, von der die Öffentlichkeit mit großer Bewegung Kenntnis nahm.
Sein Sohn Raymond war als junger britischer Offizier in Frankreich gefallen. Zu der Zeit arbeitete Sir Oliver an seinen Fortlebensforschungen, die mittlerweile fast seine ganze Zeit in Anspruch nahmen, noch anonym, das heißt, ohne daß die Medien, mit denen er experimentierte, seinen wahren Namen kannten. Es waren insgesamt drei Medien: Mrs. Katherine Kennedy, eine automatische Schreiberin, Mrs. Gladys Osborne Leonard, die psychokinetisch begabt war, dabei hauptsächlich in Trance arbeitete; und Mr. A. Vout Peters, ebenfalls ein Trancemedium.
Zu dieser Zeit – ich komme noch ausführlich darauf zurück – war es nicht ungewöhnlich, daß Lodges 1901 verstorbener SPR-Kollege, Frederic Myers, durch Medien Verbindung mit seinen diesseitigen Freunden aufnahm. Die erste Vorankündigung von Raymonds Tod kam in einer Mitteilung von Myers, die als »Faunus«-Botschaft bekannt wurde.

Raymond Lodge fiel am 14. September 1915 im Alter von sechsundzwanzig Jahren. Am 8. August 1915 – also mehr als einen Monat davor – wurde durch das berühmte amerikanische Medium Lenore Piper in Greenfield, Massachusetts, eine kurze Botschaft von Myers an Lodge notiert. Sie wurde im Rahmen des internationalen Korrespondentennetzes, das die Parapsychologen aufgebaut hatten, sofort an Lodge gesandt. Nicht Myers selbst, sondern sein Vermittler Dr. Hodgson sprach durch das Medium. Die Botschaft lautete: »Nun, Lodge, obwohl wir nicht ganz im gleichen Zustand sind wie in früheren Zeiten, ist es uns doch möglich, Nachrichten zu geben und zu empfangen. Myers sagt, er sehe Sie in der Rolle des Dichters, und er wird als Faunus agieren. Faunus! Verrall wird das verstehen.«
Es war mittlerweile schon bekannt, daß Myers, der im Diesseits ein hervorragender Kenner der klassischen Kultur gewesen war, seine Botschaften oft in die Form von Anspielungen auf griechische und lateinische Dichtung oder andere klassische Werke kleidete, um seine Identität eindeutig zu beweisen. »Verrall« war Mrs. Arthur Verrall, die Witwe eines angesehenen Professors für klassische Philosophie in Cambridge und selber eine Expertin für antike Literatur. Sie erkannte und deutete die Stelle sofort. In den Oden des Horaz gibt es eine Episode, in der der Dichter von Faunus, dem Schutzgott der Poeten, vor einem umstürzenden Baum bewahrt wird. Man entnahm daraus, daß Lodge durch einen Schicksals-

schlag bedroht war und daß Myers in der Rolle des Beschützers sein möglichstes tun wollte, ihn davor zu bewahren.
Am 25. September 1915, also elf Tage nach Raymonds Tod, hielt Sir Olivers Gattin mit Mrs. Leonard eine Tischrücken-Séance ab. Damals kannte das Medium die Identität der Sitzungsveranstalterin noch nicht. Auch der Tod des Sohnes ihrer Partnerin war Mrs. Leonard nicht bekannt. Es wurde daher nicht versucht, mit Raymond in Verbindung zu treten. Nichtsdestoweniger kam die folgende Botschaft von ihm: »Sag Vater, daß ich ein paar Freunde von ihm getroffen habe.« Mrs. Lodge fragte, ob er irgendeinen Namen nennen könnte. Die Antwort lautete: »Ja, Myers.«
Zwei Tage darauf hatte Sir Oliver eine Trancesitzung mit dem gleichen Medium. In dieser Séance verkündete Mrs. Leonards weiblicher Kontrollgeist Feda, daß Raymond bei ihr sei. Sie sagte:
»Er findet es schwierig hier, aber er hat viele gute Freunde, die ihm helfen ... Er weiß, daß er einen Haufen Arbeit vor sich hat, sobald er sich ein wenig eingewöhnt hat. Er sagt, er bezweifle fast, ob er jemals imstande sein werde, die Arbeit zu bewältigen, doch habe man ihm versichert, daß er es schaffen würde. Er scheint zu wissen, welcher Art die Arbeit ist ... Zunächst wird er an der ›Front‹ helfen müssen ... Er weiß, daß sie, wenn sie herüberkommen und aufwachen, immer noch Angst haben ... Manche wehren sich sogar noch, so daß viele gebraucht werden, die erklären, helfen, beruhigen. Sie wissen nicht, wo sie sind und warum sie hier sind.
›Die Leute denken, ich sage bloß, ich sei glücklich, um sie glücklicher zu machen, doch das trifft nicht zu. Ich habe unzählige Freunde getroffen. Ich kenne sie nicht alle ... sie sagen, sie wollten mir später erklären, warum sie mir helfen.‹ Er hat Ausbilder und Lehrer. Er zeigt mir den Buchstaben M [Myers]: ›Ich habe das Gefühl, jetzt zwei Väter zu haben, meinen früheren und einen neuen ...‹ Vor ein oder zwei Tagen wurde ihm eine Last von der Seele genommen; er fühlt sich nun aufgeschlossener, leichter und glücklicher. Zuerst war er recht verwirrt. Er konnte keine Orientierung finden ... ›Aber das dauerte nicht lange‹, sagt er, ›und ich denke, ich hatte viel Glück; man hat mir bald erklärt, wo ich bin.‹«
Am gleichen Tag hatte Mrs. Lodge eine Trancesitzung mit Mr. Peters. Es kam folgende Botschaft: »Dieser Herr, der Gedichte geschrieben hat – ich sehe den Buchstaben M –, hilft Ihrem Sohn, sich mit Ihnen in Verbindung zu setzen.« Kurz darauf schnellte Peters in seinem Stuhl hoch, schnalzte mit den Fingern und schrie fast: »Mein Gott! Wie Vater jetzt wird sehen können! Viel besser als jemals zuvor.«
Bei einem Tischrücken mit Mrs. Leonard zwei Wochen später meldete sich Myers und bestätigte, daß die »Faunus«-Botschaft ein Versprechen

sein sollte, Raymond und seinen Angehörigen während des Übergangsstadiums zu helfen. Zwei Tage später, am 29. Oktober, hatte Lodge eine Sitzung mit Mr. Peters, in der Myers' »Beschützerrolle« gegenüber Raymond nochmals bestätigt wurde:
»Die vernünftige Art, mit der Sie das Thema in der Familie behandeln, hat Raymond geholfen, wieder zu sich zu kommen ... Es wäre sonst sehr viel schwieriger gewesen ... Er sagt: ›F. M. hat mir sehr geholfen, mehr als Sie ahnen‹ ... Nun sagt er: ›Um Gottes willen, Vater, reiß den Damm nieder, den die Leute aufgerichtet haben. Wenn du nur sehen könntest, was ich sehe: Hunderte von gebrochenen Männern und Frauen. Wenn du nur die Jungen auf unserer Seite sehen könntest, die noch ausgeschlossen sind, würdest du deine ganze Kraft dieser Aufgabe widmen‹ ... Ich soll Ihnen sagen, daß das Gefühl bei der Ankunft hier das einer großen Enttäuschung war, er hatte keine Ahnung vom Tod. Das zweite war Trauer ... dies ist ein Stadium, in dem die Menschen die äußere Schale abwerfen – die Schale der Konvention, der Gleichgültigkeit, wird zerschlagen, und jedermann denkt nach, wenn auch einige recht selbstsüchtig.«
Von jetzt an erholte sich Raymond ganz allmählich wie von einem traumatischen Schock. Er war sich der Möglichkeit seiner Situation voll bewußt und begierig, sie zu nutzen. Während der Sitzungen in dieser Erholungsperiode wurde die auf unserer Seite häufig aufgeworfene Frage »Können Menschen im Jenseits schlafen?« wenigstens zum Teil beantwortet. Raymond hatte einen jungen Mann namens Paul getroffen, der ihm bei seinen Orientierungsbemühungen half. Der Bericht über ihre Beziehung wurde in einer automatischen Niederschrift von Mrs. Kennedy festgehalten:
»Paul sagt mir, daß er seit seinem siebzehnten Lebensjahr hier sei; er ist ein drolliger Kerl; jeder scheint ihn gern zu haben ... Es scheint hier die Regel zu sein, Paul zu rufen, wenn man mal nicht weiter weiß.« Hier schaltet sich Paul selbst ein: »Raymond hat die ganze Zeit seit der letzten Nacht geschlafen.« Paul erklärte dann, was Raymond mit »Enttäuschung bei der Ankunft« gemeint hatte. Es sei die allgemeine Enttäuschung Neuangekommener bei der Feststellung, wie schwierig es sei, Freunden und Angehörigen beizubringen, daß sie noch lebten: »Die Lebenden können es jedesmal kaum glauben, daß wir zu ihnen gesprochen haben. Sie beharren darauf, daß es unmöglich sei ... Die Lebenden glauben einfach, daß ihre Lieben tot sind. Es ist schrecklich, immer wieder von den Jungen hier zu hören, daß niemand mit ihnen spricht.«
Bei einer anderen Sitzung während der Erholungsperiode berichtete Feda, Mrs. Leonards Kontrollgeist: »Raymond hat bis jetzt noch nicht völlig

gelernt, sich hier ›aufzubauen‹. Er findet es immer noch schwierig, hat aber viele Freunde, die ihm helfen.«
Mitte November, zwei Monate nach seinem Tode, war Raymond im vollen Besitz seiner neuen Kräfte, fühlte sich in seiner Umgebung zu Haus und war in der Lage, sie in Einzelheiten zu schildern. Durch die Bewältigung der schwierigen Kommunikationsprobleme seiner selbst viel sicherer geworden, gab er einen ganz persönlichen, unreflektierten, impressionistischen Bericht darüber, wie die Dinge *für ihn* aussahen und sich anfühlten, ohne zu analysieren, ob seine Welt völlig geistig, quasi-körperlich, wirklich oder geträumt war, und auch ohne die vielen anderen Fragen zu beachten, nach deren Beantwortung die Parapsychologen lechzen. In einer Sitzung mit Mrs. Leonard erzählte er ihr einfach, was er sah und empfand, und das Medium gab es an die Séanceteilnehmer weiter: »Dort, wo er ist, fühlt man nicht so real wie hier. Wände erscheinen ihm durchsichtig. Das Schöne, das ihn mit seiner neuen Umgebung aussöhnt, ist, daß die Dinge so fest und körperhaft erscheinen ... Die erste Person, die ihm begegnete, war sein Großvater. Und dann kamen andere, von denen er zum Teil nur gehört hatte. Sie alle schienen so körperlich zu sein, daß er kaum an sein Hinübergehen glauben konnte. Er lebt in einem Haus – ein Haus aus Ziegeln –, und es gibt Bäume und Blumen, und der Boden ist fest und kompakt... Die Nacht folgt dem Tag nicht, wie sie es auf Erden tut. Manchmal scheint es dunkel zu werden, weil er es dunkel haben möchte, aber die Zeitspanne zwischen Helligkeit und Dunkelheit ist nicht immer gleich lang ... ›Was mich immer wieder beschäftigt‹, sagt er, ›ist, wie das alles gemacht ist, aus was es besteht. Bis jetzt habe ich das nicht herausfinden können ... Eine Zeitlang glaubte ich, daß die Bauten, Blumen und Bäume und der solide Boden Gedankengebilde seien – durch Gedanken geformt; aber das ist es nicht, es ist mehr dran‹ ... Seine Hauptaufgabe ist, den armen Kerlen zu helfen, die – durch den Krieg – in die Geisterwelt buchstäblich hineingeschossen werden.«
Auf die Frage, ob Raymond in die Zukunft sehen könne, kam die Antwort: »Manchmal glaube ich, daß ich das kann, aber es ist nicht einfach, zu prophezeien. Nein, ich glaube nicht, daß ich wirklich mehr weiß als im Leben.«
Bei der nächsten Sitzung mit dem gleichen Medium, nur ein paar Tage später, ging die Kombination von Erste- und Dritte-Person-Berichterstattung kaum noch durcheinander, und Raymond kam sogar deutlicher durch, wenn er in der ersten Person und für sich selbst sprach: »Wenn ich zu euch komme, soll keine Trauer herrschen. Ich möchte nicht das Gespenst sein, das auf einem Fest erscheint. Es darf keinen einzigen Seufzer geben ...«

Nach seiner Kleidung befragt, sagte Raymond: »Alles ist maschinell hergestellt. Können Sie sich mich in weißen Gewändern vorstellen? Im Anfang wollte ich nichts davon wissen und wollte sie nicht tragen. Es war wie mit einem, der unerwartet in ein Land mit heißem Klima kommt – ich wußte ja nicht, wohin ich kam. Man beschließt, zuerst vielleicht seine eigenen Sachen zu tragen, aber bald kleidet man sich wie die anderen, die hier wohnen. Es ist gestattet, bis zur Akklimatisierung irdische Kleidung zu tragen. Man läßt uns gewähren; man zwingt niemanden. Ich glaube nicht, daß ich die Jungen jemals dazu bringen kann, mich in weißen Gewändern zu akzeptieren.«

Bei einer späteren Sitzung sprach Raymond über seinen neuen Körper: »Mein Körper ist dem vorigen sehr ähnlich. Manchmal kneife ich mich selbst, um zu sehen, ob er wirklich ist, und er ist's, aber es tut nicht so weh, wie wenn ich früher den fleischlichen Körper kniff. Die anderen Organe scheinen nicht nach den gleichen Prinzipien zu arbeiten wie vorher. Sie können also wohl nicht ganz die gleichen sein, wenn es auch den Anschein hat. Ich kann mich irgendwie freier bewegen.«

Dann wechselt der Dialog abrupt in die dritte Person über: »Ja, er hat Wimpern und Augenbrauen wie im Leben und eine Zunge und Zähne. Er hat jetzt einen neuen Zahn anstelle eines anderen, der nicht ganz in Ordnung gewesen war ... Er kannte einen Mann, der einen Arm verloren hatte und jetzt einen neuen hat. Ja, er hat jetzt wieder zwei Arme. Als er in der Astralsphäre anlangte, schien es zuerst noch, als ob ihm ein Arm fehle; er war einfach unvollständig. Aber nach einer Weile wurde er immer vollständiger, bis er einen neuen Arm hatte ... Wenn jemand ganz zerschossen und verstümmelt ist, dauert es einige Zeit, bis der Geist-Körper sich vervollständigt und wieder komplett ist. Er sondert eine gewisse Menge einer Substanz ab, die zweifellos ätherischer Natur ist, und diese muß wieder verdichtet werden. Der *Geist* ist natürlich nicht zerschossen, aber er ist doch irgendwie angegriffen ... Körper sollten nicht mit Absicht verbrannt werden. Wir haben manchmal schreckliche Scherereien mit Leuten, die zu schnell nach dem Tod verbrannt worden sind ... Man scheint sich gesagt zu haben: ›Schnell, schaff ihn aus dem Weg, da er nun einmal tot ist.‹ Das sollte man jedoch nicht vor Ablauf von sieben Tagen tun.«

Dann: »Ich glaube nicht, daß Männer und Frauen sich in der gleichen Weise wie auf Erden gegenüberstehen, obwohl sie die gleichen Gefühle füreinander haben; aber sie bringen sie nicht auf die gleiche Weise zum Ausdruck. Hier scheint es keine Geburten zu geben ...« – »Er hat jetzt nicht den Wunsch, zu essen, aber er sieht einige, die das tun. Er sagt, daß sie irgend etwas bekommen, was ganz wie irdische Nahrung aussieht.

Kürzlich kam ein Bursche her, der durchaus eine Zigarre haben wollte ... Er hat insgesamt vier bekommen, aber jetzt sieht er keine mehr an. Sie scheinen nicht mehr den gleichen Genuß zu bieten; so ganz allmählich verlieren sich wohl solche Angewohnheiten. Aber wenn sie neu angekommen sind, wollen sie alles mögliche haben. Einige wollen unbedingt Fleisch essen, andern verlangt es nach Alkohol ... Raymond kann die Sonne und die Sterne sehen, spürt aber keine Hitze oder Kälte. Doch nicht, weil die Sonne hier ihre Wärme verloren hat, sondern weil er nicht mehr denselben Körper hat, der Temperaturunterschiede empfinden konnte. Wenn er in Kontakt mit der irdischen Welt kommt und sich manifestiert, dann spürt er wieder ein bißchen Kälte oder Wärme – zumindest wenn ein Medium anwesend ist –, nicht aber, wenn er einfach nur ›zum Herumschauen‹ kommt.«

Menschen, die sehr an ihren vierbeinigen Lieblingen hängen, wird es interessieren, zu erfahren, daß Raymond auch einen Hund gesehen hat – augenscheinlich das gleiche Tier, eine Hündin namens Curly, von dem einige Jahre zuvor durch ein anderes Medium Myers gesprochen hatte.

Feda: »Raymond hat keine Löwen und Tiger, aber Pferde, Katzen, Hunde und Vögel zu sehen bekommen ... Er sagt, er habe schon soviel gesehen, doch sei es ihm noch nicht möglich, es durch ein Medium in Worte zu fassen. Ihm ist jetzt alles so klar, was auf Erden geschieht. Er denkt oft, daß er jetzt schwerelos durchs Leben fliegen könnte, wenn es möglich wäre, ganz zurückzukehren.«

Aber dann, als wollte er Feda korrigieren, schaltete Raymond sich wieder selber ein und sagte: »Werdet ihr es wohl sehr egoistisch finden, wenn ich gestehe, daß ich gar nicht mehr zurück möchte? – Ich würde dies hier für nichts in der Welt mehr aufgeben wollen.«

Von da an, nach Erwähnung von »Hunderten von Dingen, über die ich euch immer gerade dann erzählen möchte, wenn ich vom Medium weit entfernt bin und keine Verbindung zu bekommen ist«, konzentrierte sich Raymond darauf, durch Kenntnisse gewisser Umstände, familiärer Angelegenheiten, von denen nur er wissen konnte, zu beweisen, daß das sich mitteilende Wesen tatsächlich Raymond Lodge war. Danach ließen die Eindringlichkeit der Informationen und ihr Gehalt allmählich nach, wie das schon in so vielen Fällen geschehen ist. Man hat fast den Eindruck, daß Raymond seine Rolle des pflichtbewußten Sohnes, der seinem Vater bei der Forschungsarbeit hilft, leid geworden war und sich fortan nur noch um seine eigenen Angelegenheiten kümmern wollte. Als er sich das letztemal meldete, machte Raymond noch die nicht nur in literarischer Hinsicht interessante Beobachtung, daß in seiner Sphäre bereits Buchtexte vorbereitet worden sind, die nur auf eine Gelegenheit warten, dem Ge-

dankenapparat kongenialer Autoren eingegeben und auf Erden veröffentlicht zu werden.
War vielleicht Sir Oliver selbst einer dieser auserwählten »kongenialen Autoren« und Raymonds Bericht von höherer Warte zur Veröffentlichung in unserer Welt vorherbestimmt?
So wollen wir nicht spekulieren. Fest steht jedoch, daß Lodge im Dienste seiner Forschung und im Andenken an seinen zeitweilig gewissermaßen wiedergekehrten Sohn 1916 ein aufsehenerregendes Buch veröffentlichte. *Raymond, or Life and Death*[26] – so lautete der Titel – ist als der erste detaillierte Erfahrungsbericht der modernen Zeit über den Hinübergang einer Seele in eine andere Sphäre und über die dortigen Seinsprobleme in die Geschichte der Parapsychologie eingegangen. (Die zuvor von mir zitierten Auszüge aus Raymonds Botschaften habe ich diesem Buch entnommen.) Lodge wäre jedoch nicht ein Naturforscher par excellence gewesen, wenn ihn das bewegende, ja, schockierende Erlebnis einer Verständigung mit dem im Krieg gefallenen Sohn nur emotional berührt hätte.
Sowohl er als auch seine gleichfalls als Parapsychologin wirkende Frau waren sich der für den Fortschritt ihrer Wissenschaft unermeßlich großen Bedeutung dieser Kommunikation bewußt und werteten sie dementsprechend ohne Befangenheit, selbstkritisch und in Zusammenarbeit mit persönlich unbeteiligten Forschern streng analytisch aus.
Welche Wörter waren es, die einwandfrei bewiesen, daß der Mitteilende Raymond war und kein anderer? Inwieweit konnten die Kommunikationen durch telepathische, psychometrische oder andere Einflüsse »infiziert« worden sein? Ist es möglich, daß Raymond in einigen Fällen in einer Art halbschlafendem Traumzustand war und in anderen ganz wach? Da Raymond kein geschulter Wissenschaftler war, mußten seine Beschreibungen rein impressionistischer Natur sein. Welche wissenschaftlichen Schlußfolgerungen über die Strukturen und die Energien der jenseitigen Welt konnten aus seinen Eindrücken gezogen werden?
Das Ergebnis der Untersuchung war nicht nur die Bestätigung der Authentizität des »Raymond-Phänomens«, die später von vielen Wissenschaftlern bekräftigt wurde. Vor allem ließen sich einige bisher nur vage formulierte Hypothesen über das Leben nach dem Tode nun präzisieren, und die gesamte Fortlebensforschung diesseits und jenseits des Atlantiks empfing völlig neue Impulse. Fast alle Erfahrungen, die wir seitdem dazugewonnen haben, werden noch immer an dem Buch *Raymond* gemessen und mit Raymonds Aussagen verglichen.
Lodge sah die sensationelle Wirkung seines Buches voraus und wollte unbedingt verhindern, daß es in anfälligen Gemütern gefährliche Verwir-

rung stiftet. Deshalb setzte er an den Schluß einen »Rat für Hinterbliebene«, in dem es heißt:
»Es könnte sich vielleicht die Frage erheben, ob ich denn wohl allen Angehörigen verstorbener Personen empfehle, soviel Zeit und Aufmerksamkeit auf die Herstellung von Kommunikationen und deren Aufzeichnung zu wenden, wie ich es getan habe. Eine solche Empfehlung werde ich ganz gewiß nicht geben. Es handelt sich um mein spezielles Forschungsgebiet, und ein Wissenschaftler nimmt oft den Außenstehenden nahezu unverständlich große Mühen auf sich. Ich empfehle den Menschen jedoch, sich zu vergegenwärtigen, daß ihre Toten weiterhin aktiv anteilnehmend und glücklich sind – in gewissem Sinn lebendiger denn je.«

Alle führenden Persönlichkeiten der British Society for Psychical Research – Sidgwick, Gurney, Myers, Hodgson, Lodge – setzten die Erforschung der außersinnlichen Wahrnehmungen nach ihrem Tode von der anderen Sphäre aus fort. Sie erschienen häufig in Séancen mit Beweismaterial oder hilfreichen technischen Hinweisen. Von den Pionieren, die William James erwähnte, hat jedoch nur Myers versucht, eine ausführliche Beschreibung des unendlichen Universums jenseits des Erdenlebens zu geben. Hodgson erteilte Aufschlüsse darüber, wie die Körperlosen in der Lage sind, fähige Medien zu erkennen und sich ihrer zu bedienen. Hyslop gab einige wichtige Hinweise auf die reale Struktur des Jenseits. Nach Meinung von Lodge verdanken wir Hodgson Erkenntnisse von eminenter Bedeutung, ohne die die Parapsychologie in dieser Richtung keine nennenswerten Fortschritte mehr hätte machen können. Er klassifizierte die Methoden und möglichen Quellen der Trance-Kommunikation und des automatischen Schreibens und bewies die Richtigkeit seiner Hypothese durch Demonstrationen. Ferner lieferte er Material, das ein für allemal die Annahme widerlegte, daß alle mediumistische Kommunikation auf der Fähigkeit des Mediums beruhe, durch Telepathie Auskünfte aus dem Bewußtsein lebender Personen zu beziehen. Diese Einschränkung der Telepathie-Theorie war eine entscheidende Voraussetzung für die ernsthafte Diskussion der Kommunikation-mit-Toten-Theorie.
Wir alle besitzen außer unserem physischen Körper einen mit ihm verbundenen ätherischen oder Astralleib. Begabte Medien, sagte Dr. Hodgson, verfügen über gewisse Vorräte einer besonderen Art von Energie oder Kraft, die den in ätherischen Regionen Lebenden als »Licht« erscheinen. Mrs. Piper, das von William James entdeckte und von Hodgson besonders genau studierte Medium, hatte zwei solcher ätherischer Energiezentren, eins, das mit ihrem Kopf, und ein weiteres, das mit ihrem rechten

Arm und der Hand verbunden war. »Ich will indes nicht behaupten«, betonte der vorsichtige Gelehrte, »daß ich imstande sei, diese Erscheinung befriedigend zu erklären.« Die Wirksamkeit dieser Energiezentren demonstrierte er in einer Sitzung, in der eine körperlose Person unter Nutzung von Mrs. Pipers »Kopf-Kraft« verbal und eine zweite mittels Arm und Hand des Mediums durch automatisches Schreiben sich, voneinander getrennt, in zusammenhängenden Serien von Botschaften mitteilten.
Hodgsons Angriff auf die Alleingültigkeit der Telepathie-Theorie basierte unter anderem auf einer sorgfältigen Zusammenstellung der immensen Fülle von Material, das nachweislich nicht aus lebenden Gehirnen stammen könne. Er machte auch minuziöse Aufzeichnungen über typische Fälle von Irrtümern, Verschwommenheit, Stockung, automatischer Wiederholung und Überblendung während der Kommunikation. Er stellte eine recht überzeugende These auf – zu kompliziert, als daß wir hier näher auf sie eingehen könnten – für die Möglichkeit, daß das jenseitige Wesen sich in einen traumähnlichen rückwärtsgewandten Bewußtseinszustand versetze, um das Medium erreichen zu können. Er wies ferner darauf hin, wie mühevoll es sein müsse für jemanden, der gewohnt war, die fast vollautomatisch funktionierende Maschine seines Körpers bestmöglich zu nutzen, nun plötzlich ganz neue Lebenstechniken zu erlernen, einen ihm völlig fremden physischen Mechanismus zu beherrschen. Die tatsächlichen Ergebnisse entsprächen genau dem, was man in einer solchen Situation erwarten könne: Anfangs Unbeholfenheit und Verzagtheit, doch je länger man trainiere, um so gewandter werde man. Hodgson zeigte immer wieder, daß die Berücksichtigung solcher Handikaps bei seinen Séance-Praktikanten viel sinnvollere Resultate erbrachte, als wenn das Material wie telepathische Eindrücke von lebenden Sendern behandelt würde. Auch machte er auf die Klarheit der Erinnerung kürzlich verstorbener Kinder im Gegensatz zu der Vergeßlichkeit von solchen, die schon vor längerer Zeit als Kinder hinübergegangen waren, aufmerksam. Es entspricht genau dem, was man von sich normal entwickelnden diesseitigen wie jenseitigen Individuen erwarten kann.
Professor Hyslop widmete sich vor allem der Frage, aus was denn wohl jene andere Sphäre bestehe. Wenn es nicht der gleiche atomare, molekulare, ionisierte, korpuskulare und elektromagnetische Stoff ist, aus dem die irdische Welt besteht, bleiben verschiedene Möglichkeiten, welcher Art er sein könnte. Vieles deute darauf hin, daß das geistige Leben nach dem Tode rein geistig und schöpferisch sei. Zugegeben, da in einem spirituellen Leben kein Raum für sinnliche Gelüste sein kann, bleibt uns wohl nur unsere geistige Kapazität als Grundausstattung. »Es ist das innere Leben, das fortdauert«, schrieb er, »und nicht das körperliche.«

Da das Innenleben so weitgehend von erinnerter Sinneserfahrung, eingefahrenen Automatismen und eingefleischten Denkgewohnheiten geprägt ist, wird einiges davon uns auch in der anderen Sphäre noch eine Zeitlang anhaften. Der Geist des Verstorbenen, so kann man vernünftigerweise annehmen, wird sich als vorläufigen Notbehelf ein einigermaßen lebenswertes Faksimile der alten Sinneswelt vorspiegeln, während er sich an die Gegebenheiten des Lebens in jener rein geistigen Natur allmählich zu gewöhnen versucht. Diese geistige Welt würde dem Adepten immer realer vorkommen, bis sie ihm schließlich sogar »sehr kompakt«, wie Raymond sagte, erscheint. Die freundlichen Wesen, die den Neuankömmling in der körperlosen Welt in Empfang nehmen, sind bemüht, ihm in seiner Entwicklung zu helfen. Sie kennen seine einstweiligen Bedürfnisse und nähren vorübergehend die erforderlichen Illusionen, bis der Geist sich genügend angepaßt hat, um mit seiner neuen Situation allein fertig zu werden.

Hyslop gelang es auch, die beiden scheinbar einander widersprechenden Ansichten über die Zustandsform des Jenseits auf einen Nenner zu bringen. Die einen postulierten, daß das zukünftige Leben sich in einer Welt mit im wesentlichen gleichen Prinzipien abspiele wie in der hiesigen, nur würden diese äußerlichen Merkmale den physischen Sinnen nicht zugänglich sein. Andere vertreten die Meinung, daß die Welt jenseits des Todes rein geistiger Natur sei. »Das ist nicht notwendigerweise widersprüchlich«, schrieb Hyslop. Tatsächlich sind beide Systeme bereits im irdischen Leben miteinander verbunden. Wir führen sowohl ein Leben der äußeren Wahrnehmung wie das eines inneren Bewußtseins, der Reflexion, Imagination und Meditation. »Es gibt keinen Grund, warum solch eine Kombination nicht auch im jenseitigen Universum vorherrschen soll, obschon vielleicht in einer anderen ›Mischung‹.«

Der Frederic-Myers-Report

Ich möchte eine Art Gretchenfrage stellen: Wie stehen wir zu den rein geistigen – man könnte auch sagen: gedanklichen – Vorgängen unseres Lebens und der Welt um uns herum? Würden nicht bei einer Meinungsumfrage, ob materielle (physische) Faktoren heutzutage eine wichtigere Rolle spielen als geistige, die meisten Befragten spontan mit »ja« antworten? Und doch ist das ein Trugschluß. Zum Beweis einige ganz gewöhnliche Beispiele aus dem Alltag:

Auch in unserer gegenwärtigen Welt sind geistige und physische Strukturen unentwirrbar vermischt. Ich habe das Bedürfnis nach Gesellschaft (geistig). Ich stelle eine telefonische Verbindung her (physisch) und verabrede mit einem Freund, daß wir uns an einem bestimmten Ort und zu einer bestimmten Zeit treffen (physisch). Unsere Telefonapparate erzeugen Schwingungen (physisch), welche als Worte (geistig) empfangen und unmittelbar in Verständigung (geistig) umgesetzt werden.

Die Kinder in den meisten Bundesstaaten der USA sind gesetzlich verpflichtet, zwölf Jahre lang die Schule zu besuchen. Einen großen Teil ihrer Zeit dort widmen sie rein geistiger Aktivität: der Aufnahme von Gedankeneindrücken, deren Verarbeitung durch eigene geistige Bemühung und der Reproduktion des Gelernten zur Kontrolle des Unterrichtserfolges durch den Lehrer.

Auch ein sehr großer Teil des Geschäftslebens ist gedanklicher Art. Ein erfinderischer Kopf hat eine Idee (geistig) für ein Produkt, für die Werbung, für den Verkauf usw. (physisch). Seine Idee wird umgesetzt in Zeichnungen und Niederschriften (physisch), die sie dem Denkvermögen (geistig) anderer verständlich machen, damit die Sache, um die es geht, in »physische Realität« übertragen werden kann.

Das Ausmaß, in dem Gedankenstrukturen unsere diesseitige Welt physischer Existenz beherrschen, ist viel größer, als man sich normalerweise klarmacht. Jedes Kleidungsstück, das wir anlegen, jedes Gerät, Möbelstück, Fahrzeug, das wir benutzen, jedes Gebäude, das wir betreten, jedes Geldstück, das wir ausgeben oder erhalten, jede Handlung, die wir vornehmen, jede Bewegung, an der wir beteiligt sind, alles verdankt seine Existenz einem ursprünglichen Akt reiner Gedankentätigkeit. Selbst die Natur hat Anteil an dieser geistigen Beziehung. Das Lied der Amsel, der

Duft der Blume haben ihren Ursprung in geheimnisvoll strukturierten Kräften, deren Ausgangspunkt geistiger Art ist.
Wenn man die »physischen Realitäten«, die unseren Sinnen so vertraut geworden sind, analysiert, erkennt man, daß sie genauso geheimnisvoll sind wie die geistige Welt und aus ihr entspringen. Physiker sagen uns, daß diese körperliche Welt aus einer Kombination von elektromagnetischen und Trägheits-Gravitationskräften besteht. Wir können den Kräften Namen geben und einige ihrer Auswirkungen benennen, aber niemand kann sagen, was sie wirklich sind.
Dichter und Musiker sprechen mit Überzeugung von ästhetischen Strukturen, die für sie ebenso real und kompakt sind wie Stahl- und Steinstrukturen für den Baumeister (dessen Bauwerk mit dem immateriellen Gedanken im Gehirn eines Architekten angefangen hat). Auf jedem Gebiet, gleichgültig welches Alter oder welche Beschäftigung wir haben, begegnen wir der unausweichlichen Realität gedachter Formen.
Wo ist die Heimat dieser gedachten Formen? Wodurch werden sie in physische Strukturen übertragen? Über die feststehende Tatsache hinaus, daß geistige Kraft (Energie) Gesetzen folgt, die unabhängig sind von den Gesetzen, die Physisches regeln, weiß die Wissenschaft zu dieser Frage nur wenig zu sagen. Ein Jahrhundert der hypnotischen, telepathischen und psychokinetischen Experimente hat bewiesen, daß Gedankenkraft direkt über Entfernung übermittelbar ist und daß sie mit Leichtigkeit Schranken überwindet, die alle anderen Arten von Kräften aufhalten würden. Wir wissen heute, daß Gedankenkraft nicht nur Gegenstände in Bewegung zu setzen vermag, sondern sogar Bilder auf Filme fixieren kann. (Der »Gedankenfotograf« und frühere Hotelpage Ted Serios aus Chicago ist inzwischen zu einer parapsychologischen Berühmtheit geworden, und aufgrund der unantastbaren Dokumentation von Dr. Jule Eisenbud kommt heute hoffentlich niemand mehr auf die Idee, hinsichtlich dieses Phänomens auf die Betrugshypothese zu pochen.)
Wir brauchen also nichts Mystisches, nichts Okkultes zu beschwören, um die Basis für unseren nächsten Schritt zum Verständnis des Lebens nach dem Tode zu schaffen. Die beiden erforderlichen Voraussetzungen haben eine breite experimentelle Grundlage: 1. Reine Gedankenstrukturen sind im menschlichen Leben von erstrangiger Bedeutung. 2. Solche Strukturen können in der menschlichen Gesellschaft und in der Natur unabhängig von irgendwelchen physischen Erscheinungen existieren. Diese beiden Feststellungen bilden die Brücke zwischen der Welt unserer groben physischen Sinne und dem jenseitigen Leben, in einer weitgehend, wenn auch wohl nicht völlig geistigen Welt.
Wie die antike Historie, so kennt auch die moderne Geschichte zahllose

Fälle, in denen Menschen, die sich während ihres körperlichen Daseins für das Leben im Jenseits interessierten, nach ihrem Hinübergang in jene Sphäre Wege gefunden haben, von dort Bericht zu erstatten – oft jedoch in einer Sprache, die sich von unserer unterscheidet. Sie sprechen etwa in der Bildersprache der Poesie, der Religion oder Mythologie, der Kunst oder auch in einem Dialekt, in einem völlig unbekannten Idiom. Diesen Leuten glaubt natürlich so leicht niemand. Die glaubhafte Sprache unserer Zeit ist die der Naturwissenschaftler. Wer ernst genommen werden und überzeugen will, muß das wohl oder übel akzeptieren und sich entsprechend ausdrücken. Okkultisten und Esoterikern fällt das meistens sehr schwer. Sie machen aus der Not eine Tugend und ziehen die geistige Sonderstellung, die Isolation, vor. Jenseitsforscher sollten indessen anders denken, und für die größten von ihnen war das eine Selbstverständlichkeit, sogar für den klassischen Philologen Frederic Myers, der, bevor er seine Lebensaufgabe in parapsychologischer Forschung fand, vor allem durch seine profunden Essays über antike Dichtung bekannt geworden war. Mit den physikalischen Theorien, die zu Einsteins Entdeckungen führten, und mit den grundlegenden Erkenntnissen der modernen Physiologie und Psychologie war er jedoch ebenso vertraut.

Myers begann seine Forschungen mit äußerster Skepsis. Er und seine Mitarbeiter waren – strenger noch als Lodge und Hodgson – die rücksichtslosesten Ikonoklasten und Betrugsentlarver, die es auf diesem Gebiet je gegeben hat. Ihre Beweisansprüche waren so rigoros, daß verärgerte Medien die Forschungsgruppe als »Gesellschaft zur Unterdrückung von Beweismaterial« bezeichneten. Nur der unerbittliche Druck der sich stetig ansammelnden Zeugnisse überzeugte Myers schließlich, daß das Fortleben des Menschen nach dem Tode ein Faktum sei. Danach sah er seine Hauptaufgabe nicht etwa darin, diese Tatsache zu beweisen – das war ja bereits geschehen –, sondern die Bezeugungen dieser Tatsache in eine Sprache zu bringen, die auch ein tief im Dogma physikalischer Lehre vergrabener Verstand begreifen kann.

Niemand war sich der Komplexität, der scheinbaren oder echten Widersprüchlichkeit der mit dem Fortlebensgedanken verbundenen »technischen« Probleme mehr bewußt als Myers. Niemand verstand besser die begründete Skepsis der Naturwissenschaftler ebenso wie die der sogenannten breiten Masse. Wir alle, die wir von klein auf mit einer materialistischen Weltanschauung konfrontiert worden sind, vermögen neue Ideen nur dann zu glauben, wenn sie uns in einer uns vertrauten Sprache präsentiert werden. Mehr als seine Einzigartigkeit ist es das, was Myers' Zeugnis einen besonderen Wert gibt: Er spricht »unsere Sprache«.

Zur Zeit von Myers' Tod im Jahre 1901 standen einer generellen Aner-

kennung der Tatsache des Fortlebens vor allem zwei große Hindernisse im Wege. Ich erwähnte sie bereits. Das eine war die Telepathie-Hypothese. Nachdem die Telepathie einmal als ein reales und immer wieder vorkommendes Phänomen gesichert war, überstürzte man sich förmlich, alle Kommunikationen, die aus der jenseitigen Welt stammten, als bewußte oder unbewußte Phantasterei des Mediums zu erklären, das seine Informationen in Wahrheit durch Gedankenübertragung bzw. »Anzapfung« des Bewußtseins lebender Menschen bezogen habe. Myers erkannte dies als einen zwar berechtigten, jedoch widerlegbaren Einwand an. Unermüdlich suchte er nach neuen Demonstrationsmethoden, die bei der Kommunikation mit Verstorbenen jede Möglichkeit einer Gedankenübertragung im irdischen Bereich ausschlossen. Nach seinem Tode erst erschien sein zweibändiges Werk *Human Personality and Its Survival of Bodily Death* (»Die Persönlichkeit des Menschen und ihr Überleben des körperlichen Todes«), das einen Meilenstein in der Geschichte der Fortlebensforschung darstellt und doch nicht mehr ist als nur eine mit dem begrenzten irdischen Wissen erarbeitete Vorstudie zu seinem Hauptwerk, das uns zwei Jahrzehnte nach seinem Eintritt in die jenseitige Sphäre mittels »verteilter Botschaften« (Cross-Correspondences) in automatischen Schriften erreichte.
Die zweite und noch größere Schwierigkeit war das Fehlen irgendeiner allgemein akzeptierten theoretischen Basis, auf welcher ein materialistisch orientierter Wissenschaftler die Strukturmodelle eines fortdauernden und erweiterten Lebens errichten konnte. Myers erklärte dies durch die Demonstration von Gedankenkräften und Gedankenformen, wobei er sich einer Psychologen bereits vertrauten Sprache bediente.
Es ist nicht erforderlich, die wissenschaftliche Terminologie zu kennen, um Myers zu verstehen. Wir kennen beispielsweise alle die Wendung »in Gedanken verloren sein«. Myers würde fragen: »*Verloren* – warum und an was?« Natürlich ist man an die »Realitäten« der Alltagswelt verloren. Aber die moderne Naturwissenschaft hat uns bewiesen, daß diese Realitäten illusorisch sind. Der Tisch, der so kompakt aussieht, der menschliche Körper, der so substantiell erscheint, sind, wie die Wissenschaft uns gezeigt hat, hauptsächlich leerer Raum.[27] Die großen relativen Entfernungen zwischen dem kleinen Nukleus und den wirbelnden Elektronen des Atoms zeigen, daß alle scheinbare Solidität im Raum Illusion ist. Der in Gedanken »Verlorene« befindet sich in einer geistigen Welt, wo es keine solchen Illusionen gibt, also ist er im Grunde gar nicht »verloren«. Myers und auch viele andere würden behaupten, daß diejenigen, die nie in geistige Regionen vorgedrungen seien, die in Wahrheit Verlorenen sind – sie sind schlafwandelnde Roboter. So wäre denn der in Gedanken

verlorene Mensch der Wirklichkeit am nächsten, denn sie ist ihrer Natur nach geistig.
Die »verteilten Botschaften« waren mit Myers' Signatur versehene Nachrichten, die von verschiedenen automatischen Schreibern in Trance empfangen wurden. Diese Botschaften kamen bruchstückweise an, so daß der Text eines einzelnen Mediums allein keinen Sinn ergab. Sobald diese Fragmente aber nach einem bestimmten Code (nach dem damals gebräuchlichen Clearinghouse-System) zusammengesetzt worden waren, stellten sie eine völlig klare Aussage dar.[28] Es wurden dazu Medien ausgewählt, die einander nicht kannten und die keine Ahnung von den entlegenen klassischen Quellen hatten, die Myers zusätzlich zu seiner Signatur zu benutzen pflegte, um sich zu erkennen zu geben. Der allgemeine Charakter und die Kontinuität dieser Botschaften blieben ein Vieteljahrhundert lang unverändert, obwohl man mit ganz verschiedenen Medien-Teams arbeitete. Medien fielen aus durch Tod, Krankheit oder andere Gründe und wurden durch neue ersetzt, von denen manche noch nie von Cross-Correspondences gehört hatten und allesamt keine speziellen Kenntnisse von klassischer Literatur hatten.
Ich möchte mit Myers' Schilderungen der Lebensbedingungen im Jenseits anläßlich einer Sitzung mit Mrs. Leonard beginnen, bei der, wie schon berichtet, Sir Oliver Lodge mit seinem Sohn Raymond Verbindung aufgenommen hatte. Lodge hatte Myers zu dessen Lebzeiten nicht persönlich gekannt. Das Interesse des Physikers an der Parapsychologie war erst zu Beginn des Jahrhunderts, kurz nach Myers' Tod erwacht. Die Bekanntschaft der beiden Männer war also rein »außersinnlich«.
Lodge erzählte seinem Sohn von einer Bemerkung, die der verstorbene Myers durch ein anderes Medium gemacht hatte und die besagte, daß die Existenzstufe, auf der sich Raymond momentan befände, dem entspräche, was wir mit »Illusion« bezeichnen würden. Lodge wollte wissen, was Raymond von dieser Behauptung halte. Raymond erklärte, Myers, mit dem er inzwischen so gut bekannt sei, daß er ihn mit »Onkel Fred« anrede, sei gerade bei ihm, und sie würden gemeinsam versuchen, diesen Zustand zu beschreiben. Raymond sagte, daß es viele Parallelen zwischen der Stufe, auf der er und Myers sich befänden, und der irdischen Existenzform gebe. Hier wie dort, so sagte er, würden viele der Dinge, die wir brauchen, durch göttlichen Plan geschaffen und viele andere, vor allem die materiellen Güter unseres Lebens, würden mit den eigenen Kräften aus den zur Verfügung stehenden Grundstoffen geschaffen. Und in beiden Fällen ist der Seinszustand zeitbegrenzt, sozusagen nur für vorübergehenden Gebrauch gedacht, bis das Individuum bereit ist, zur nächsthöheren Lebensstufe weiterzuschreiten. Im irdischen Leben seien die

Gegenstände aus etwas gemacht, was wir mit Materie bezeichnen. In Raymonds Sphäre seien alle Bedarfsartikel zwar von den Wesen selbst, doch aus einem viel feineren Material durch Geisteskraft geschaffen. »Ihr lebt in einer Welt der notwendigen Illusionen«, sagte Raymond, »die ihr braucht, um eure Arbeit tun zu können. Wir leben in einer erweiterten illusorischen Welt, an ihrem äußersten Rand. Wir sind mehr in Berührung mit der Realität als ihr; denn Geist und Seele gehören zur Welt der Realität. Alles andere – er meinte die materiellen Dinge – ist in gewissem Sinne für eine Zeitlang unentbehrliches Hilfsmittel, später aber überflüssig und daher vergänglich. Nur Geist und Seele sind unzerstörbar und unvergänglich.«

Der größte Teil von Myers' Vortrag über das Jenseits kam durch ein irisches Mädchen, Geraldine Cummins aus Cork, zu uns. Myers begann seine systematische Beschreibung des jenseitigen Lebens erst, nachdem er mehr als zwanzig Jahre lang in seiner neuen Umgebung gewesen und die Cross-Correspondences sowie andere Arbeiten, die die Tatsache des Fortlebens demonstrieren sollten, vorbereitet hatte. Miß Cummins war kein Berufsmedium. Obwohl Tochter eines Professors, hatte sie keine naturwissenschaftliche, psychologische oder philosophische Bildung, aber sie hatte zwei Theaterstücke geschrieben, die am Dubliner Abbey Theater aufgeführt worden waren. Wenn sie das Bedürfnis hatte, automatisch zu schreiben, setzte sie sich hin, bedeckte ihre Augen mit der linken Hand und konzentrierte sich auf einen Zustand völliger Stille. Dies führte eine Art Halbschlaf herbei. Wenn das automatische Schreiben begann, war es, »als ob durch ihren Arm von einem Fremden, dem sie helfen wollte, ein endloses Telegramm durchgegeben würde«. Ihre rechte Hand ruhte auf einem Schreibblock, und irgend jemand assistierte ihr durch Entfernung der vollgeschriebenen Seiten und Wiederauflegen ihrer Hand auf jedes neue Blatt. Sie schrieb sehr schnell. Normalerweise, sagte Miß Cummins, benötigte sie zum Schreiben eines kurzen Artikels von ca. 800 Wörtern sieben oder acht Stunden. Beim automatischen Schreiben schaffte sie bis zu 2000 Wörtern in wenig mehr als einer Stunde. Das Material schien für eine schnelle Durchsage vorbereitet worden zu sein: mit Kapitelüberschriften, aber ohne Interpunktion und Einteilung in Abschnitte und ohne Wortzwischenräume. Der Text lief also ohne Unterbrechung hintereinander weg. Myers skizzierte Struktur und Lebensbedingungen im Jenseits sehr detailliert. Alles in allem übermittelte er in den Jahren 1924 bis 1931 genug, um damit ein Buch von mittlerem Umfang füllen zu können.

Um die volle Bedeutung von Myers' Botschaften zu ermessen, wäre es gut, wenn wir uns einmal das Konzept vor Augen halten würden, auf das

– obgleich von ihm nie besonders hervorgehoben – seine ganze Kommunikation aufgebaut ist: die Bewußtseinsentwicklungs- oder Nach-Darwinsche Evolutionstheorie. Gemäß dieser Hypothese, die von Bergson, Bucke, Julian Huxley, Teilhard de Chardin, C. G. Jung und anderen entwickelt wurde, bewirkt die Evolution hauptsächlich eine zunehmende Befähigung für eine breitere und tiefere Sinneswahrnehmung, während die ständig wachsende Vielfalt physischer Formen nur ein Nebenprodukt dieses zentralen evolutionären Vorgangs sei.[29]

Erdwürmer, zweischalige Muscheln und Entenmuscheln, die ein »einfaches Bewußtsein« besitzen, leben in einem verschwommenen Traum. Ihr Lebensraum besteht aus ein paar Kubikzentimetern Erde; nur schwach nehmen sie Licht, Dunkelheit, Hitze, Kälte, Hunger und Fortpflanzungstrieb wahr. Auf der Stufe der Reptilien, Vögel und Säugetiere nimmt das Bewußtsein entsprechend dem immer größer werdenden Wahrnehmungsvermögen immer mehr zu. Im Menschenleben ist eine Erweiterung des Bereichs all dessen, was das Individuum wahrzunehmen vermag, das Hauptkennzeichen einer Progression von der Kindheit bis zur Reife. Wenn die Reife erreicht ist, gibt es immer noch große Unterschiede für das »Niveau« der Wahrnehmung. Zum Beispiel: Während das Bewußtsein der einen Frau sich auf den Ehemann, das Haus, die Kinder und die Einkaufszentren beschränkt, ist das Bewußtsein einer anderen in der Lage, neben all diesen Dingen auch Musik, Bücher und die darstellende Kunst in ihren Interessenbereich einzubeziehen.

Das Wahrnehmungsniveau beider Frauen mag sich ändern. Die erstere entwickelt vielleicht plötzlich ein Interesse für Religion, das ihr die Augen öffnet für das Dilemma der ganzen Menschheit. Die andere entwickelt vielleicht zusätzlich zu ihren schon vorhandenen Interessen eine intensive Anteilnahme an gesellschaftlichen Belangen und gewinnt dadurch mehr Verständnis für die Sozialmaschinerie. Beide Frauen werden – um einen häufig von Myers gebrauchten Ausdruck zu verwenden – schon im Diesseits »zu einer höheren Bewußtseinsebene fortgeschritten« sein. In ähnlicher Weise wird der ursprünglich von Börsenkursen, Familie und Angeln »besessene« Mann vielleicht ein Interesse an Kunst und Sprachen entwickeln und so sein Bewußtseinsniveau erweitern, bevor er das Diesseits verläßt. Jedes menschliche Wesen, das sich geistig beweglich gehalten hat und zu weiterer Evolution nicht durch krankhafte Einflüsse unfähig ist, wird durch ständig sich erweiterndes und vertiefendes Verstehen physischer, geistiger und spiritueller Zusammenhänge in seiner Entwicklung immer nur fortschreiten.

Die Myers-Kommunikationen halten fest, daß die evolutionäre Schubkraft zu immer größerer Bewußtseinserweiterung permanent, kosmisch und ewig sei und infolgedessen nicht mit dem Tode aufhöre. Das Hauptziel der Schöpfung seien nicht physische, sondern geistige Formen, die sich mit Leichtigkeit von einer physischen Form zu lösen vermögen, um eine andere anzunehmen und in einem reicheren, tatkräftigeren Dasein zu leben.

Im irdischen Leben nehmen wir im Zuge unseres Bewußtseinswachstums verschiedene körperliche Formen an und legen sie wieder ab – die des Säuglings, des Kleinkindes, des Jugendlichen, des jungen Erwachsenen, reifen Erwachsenen usw. Im jenseitigen Leben setzt sich nicht allein der evolutionäre Drang nach Bewußtseinserweiterung fort, sondern er ist auch wieder begleitet von einer Folge von Verkörperungen. Diese jenseitigen Körper sind jedoch von leichterem, feinerem, mit hoher Energie gespeistem Material, dessen Gehalt an seelisch-geistiger Energie immer mehr zunimmt.

Nach zwanzig Jahren »jenseitiger Jenseitsforschung« konzipierte Myers die sieben Hauptstadien des Lebens nach dem Tode, jedes Stadium mit seiner eigenen Eintrittsphase, Periode der Entwicklung und Periode der Vorbereitung auf die nächsthöhere Stufe. Stufe Eins bezeichnete den Augenblick des Todes. Stufe Zwei ist der Zustand des Individuums unmittelbar nach dem Hinübergang. Myers bezeichnet diese Phase wechselweise als »Zwischenregion« und »Hades«. Diese Stufe ist kurz und wird durch den Eintritt in eine stabilere Welt, die »Region der Illusion« (Stufe Drei) abgelöst. Es folgt Stufe Vier, die »Region der Farbe« oder die »Welt des Eidos« genannt. Hochqualifizierte Seelen dürfen dann in die »Region der Flamme« oder die »Welt des Helios« (Stufe Fünf) aufsteigen. Die Stufen Sechs und Sieben, »Region des Lichts« und »Zeitlosigkeit«, sind von so vollendeter spiritueller Natur, so nahe dem Gipfel der göttlichen Kreativität, daß keine Worte sie zu beschreiben vermögen, sie infolgedessen irdischen Wesen nicht begreiflich gemacht werden können. Die Situation ist vielleicht mit der eines Arztes zu vergleichen, der versuchen würde, einem Säugling die Funktion der innersekretorischen Drüsen zu erklären.

Myers hat dieses Fortschreiten von Stufe zu Stufe an Hand von Fallbeschreibungen illustriert. Doch bevor ich mit dem Bericht über Myers fortfahre, ist vielleicht der Hinweis angebracht, daß zu der Zeit, als Myers sowohl auf Erden wie später vom Jenseits mittels Medien wirkte, die Reinkarnationstheorie von Psychologen und Parapsychologen noch nicht sonderlich beachtet wurde. Seither aber, und besonders angesichts der jüngsten Forschungsarbeiten von Ian Stevenson, Professor der Psychologie an der Universität von Virginia, wird die Möglichkeit der Reinkarnation sehr viel ernster genommen.[30] Auch in dieser Hinsicht, ebenso wie in der Bewußtseins-Evolutionstheorie, erwies sich Myers als seiner Zeit weit voraus.

Myers' erste Fallstudie beschäftigte sich mit »Walter«. Er war einer von vier Söhnen einer Familie der Mittelklasse, die von dem Einkommen, das die berufliche Tätigkeit des Vaters erbrachte, ausreichend leben konnte. Es war eine »familienbewußte« Familie, mit einer dominierenden Mutter, die die Erfüllung ihres Lebens darin sah, für ihre Kinder dazusein, auf die sie sehr stolz war. Man war selbstbewußt, stolz und reserviert, betrachtete sich als dem Durchschnitt der Menschheit überlegen und kümmerte sich kaum um Angelegenheiten außerhalb des Familienkreises.

Walter war der besondere Liebling der Eltern. Er heiratete, aber die Ehe war nur von kurzer Dauer. An die grenzenlose Bewunderung gewöhnt, mit der seine Mutter ihn überhäufte, konnte er sich nicht an eine Frau gewöhnen, die ihn realistischer einschätzte. Es kam zu heftigen Auseinandersetzungen und schließlich zur Scheidung. Walter kehrte nach Hause zu seiner Mutter zurück und widmete sich ganz dem Geldverdienen. Als geschickter Börsenspekulant hatte er große Erfolge. Nach dem Tode seiner Eltern lebte er in einem teuren City-Club und erfreute sich dort für den Rest seines Lebens jenes Nimbus, der im diesseitigen Leben Finanzgenies zu umgeben pflegt. Er starb und erreichte nach der schon beschriebenen Übergangsphase Stufe Zwei, die »Zwischenregion« oder den »Hades«.

Wenn ein Baby aus dem Fötusstadium des Bewußtseins zu sinnlichen Wahrnehmungen gelangt, so schläft, träumt und ruht es die meiste Zeit, während an das Erdenleben bereits Gewöhnte sich seiner Bedürfnisse annehmen, deren es sich erst nach und nach bewußt wird. Ebenso ist es, sagt Myers, beim Eintritt in Stufe Zwei. In der volkstümlichen Überlieferung heißt es, daß an einem Sterbenden im letzten Augenblick Erinnerungen an sein ganzes Leben wie ein blitzartig ablaufender Film vorüberziehen. Wenn das wahr ist, scheint es eine Vorschau auf Myers »Zwischenregion« oder »Hades« zu sein; denn während dieser Periode befand sich Walter, wenn er nicht fest schlief, in einem Zustand des Wachträumens: Ständig sah er Erinnerungsbilder seines vergangenen Lebens vor seinem geistigen Auge. Es ist offensichtlich das Stadium, das in der christlichen Überlieferung als »Hölle« bezeichnet wird. Ob es aber im überlieferten Sinne »höllisch« ist oder nicht, hängt vom Erinnerungsgehalt der jeweiligen Psyche ab. Handelt es sich um finstere Episoden und schreckliche Erfahrungen, werden freilich auch diese »repetiert« – aber nicht sie allein, sondern ebenso die angenehmeren Erinnerungen. Myers nennt dieses Zwischenspiel die »Reise durch die Bildergalerie«. Auch

Raymond Lodge hat von entsprechenden Erlebnissen in diesem Stadium berichtet.
Während Walters Reise den Erinnerungspfad hinab entdeckte er wieder seine alte Zuneigung zu seiner Mutter und das wohlige Gefühl der Bewunderung und Geborgenheit, das sie ihm vermittelt hatte. Als er kräftiger wurde, sein Vorstellungsvermögen zunahm, war er in der Lage, eine idealisierte Version seines Elternhauses und der Heimatstadt wiederzuschaffen und ganz glücklich und nach seiner Meinung unter idealen Bedingungen zu leben.
Auf Stufe Drei – der »Stufe der Illusion« oder »Welt gleich nach dem Tode« – war alles Gegenständliche für ihn so formbar, wie er es durch seine imaginative Kraft gerade zu gestalten vermochte. Die Gegenstände brauchen nicht wie die widerspenstigen irdischen Materialien durch die Hände von Handwerkern und Arbeitern zu gehen. Walter hatte jetzt keine Probleme außer einem Übermaß an Zeit. Da er immer das Spekulieren mit Aktien geliebt hatte, sah er sich nach »Gleichgesinnten« um. Natürlich fand er auch welche, und genauso wie auf Erden war er auch hier im Börsengeschäft sehr erfolgreich und häufte wieder eine Menge Kapital an. Doch brachte ihm das viele Geld in seiner neuen Umwelt nicht die gleiche Bewunderung und Macht ein, wie er es in seinem irdischen Leben gewohnt war. Da jedes Bedürfnis durch unmittelbare Imagination befriedigt werden konnte, wurde kein Geld benötigt, und nur wenige machten sich etwas daraus. Walter war enttäuscht und unbefriedigt.
Dieses Gefühl verstärkte sich noch, als er immer deutlicher erkannte, daß die Liebe seiner Mutter kindisch und besitzgierig war. Sie glich der eines kleinen Mädchens, das mit seiner Puppe spielt. Andererseits begriff er jetzt aber auch, warum sein Vater eines Tages nicht mehr so stolz auf seinen Sohn gewesen war wie zuvor. Der Vater gehörte zu denen, die keinen Sinn darin sahen, Geld zu scheffeln, wenn man es nicht unbedingt brauchte. Mehr und mehr mußte Walter erkennen, daß in geistiger Hinsicht tatsächlich nicht viel mit ihm los war. Er fühlte sich eingeengt zwischen seines Vaters Mißbilligung und der Affenliebe seiner Mutter, und er wünschte sich weit fort – aber wohin? Immer mehr sehnte er sich nach den »alten Zeiten« im Börsenhandel zurück, wo er als Finanzgenie gegolten und viele bewundernde Blicke auf sich gelenkt hatte. Er begann etwas zu spüren, was dort »die Erdanziehungskraft, der Geburtsdrang« genannt wird, und kehrte schließlich zu Stufe Zwei zurück, wo er noch einmal das Stadium der Rückschau durchmachte. Auch das nützte nichts. Es verlangte ihn immer mehr, zu Stufe Eins zurückzukehren, zur Erde.
Walter hatte einen Bruder namens Martin, der viele Jahre vor Walters Tod im Krieg gefallen war, und eine Schwester Mary, die ganz jung ge-

storben war. Mary und Martin besaßen einen weiteren Horizont als Walter und auch als die Eltern. In beiden war infolge irdischer Erlebnisse, die sie weit über die engstirnigen Voreingenommenheiten des Familienkreises hinausgeführt hatten, schließlich die Befähigung für ein verständnisvolles Interesse an ihren Mitmenschen erwacht.

Auch sie waren nach einer Periode in der Traumruhe von Stufe Zwei zu den imaginativ geschaffenen, alten heimatlichen Verhältnissen zurückgekehrt. Aber ihr Verweilen auf dieser Bewußtseinsebene war nur von kurzer Dauer. Sie erkannten die Begrenztheit der vertrauten Umwelt und der herkömmlichen Beschäftigungen; sie sehnten sich nicht wie Walter nach einer Rückkehr zum Erdenleben, sondern nach bewußtseinserweiternden Erfahrungen in neuen Dimensionen. Und so schritten sie zur Stufe Vier, der »Region der Farbe« oder »Welt des Eidos«.

Martin konnte später auch den Vater auf diese höhere Bewußtseinsebene führen. Der Mutter aber gelang es nicht, sich von ihrem abgöttisch geliebten Sohn zu entfernen, um ihn seinen Weg allein finden zu lassen. Auch sie blieb auf der Stufe Zwei.

Nicht alle Erfahrungen auf der dritten Stufe seien so trübe wie im Falle dieser eben beschriebenen Familie, sagt Myers. Statt im Familienkreis kann sich der Gruppentrieb in einem Spezialinteresse, einer Religion, einem Beruf, einer Kunst oder irgend etwas anderem manifestieren, das Menschen zusammenzubringen vermag. Da die Verständigung gedanklich erfolgt, spielen Sprachbarrieren keine Rolle und ebensowenig irdisches Zeitmaß. So ist es durchaus möglich, daß eine Seele sich zu einer Gruppe gezogen fühlt, deren Mitglieder fremden Völkern und längstvergangenen Jahrhunderten angehören.

Obwohl ein Individuum mehrere Generationen lang auf Stufe Drei verharren kann, muß schließlich ein Entschluß gefaßt werden: Das Individuum kehrt entweder zur vorigen Stufe zurück oder schreitet fort zur Stufe Vier. Doch zuvor können Seelen die Gelegenheit nutzen, eines der großen Wunder dieser Bewußtseinsebene zu erfahren: eine Reise durch einen Abschnitt der »Großen Erinnerung«. Ebenso wie man auf Erden zu einem Filmarchiv gehen kann, um sich Filme von bedeutenden irdischen Ereignissen seit Erfindung der Filmkamera anzusehen, kann man auf Stufe Drei Geschehnisse seit Beginn der Menschheitsgeschichte vor sich ablaufen sehen. Alles, was jemals geschah, ist vom kosmischen Gedächtnis festgehalten worden.

»Ich bin bisher nur bis zum Eidos, der Stufe Vier, gelangt«, schrieb Myers durch die Hand von Miß Cummins, »mein Wissen ist deshalb leider begrenzt.« Er ist auch hier, wie einst auf Erden, als Erforscher des Wesens der menschlichen Natur, des Menschenlebens und Universums und der

Beziehung zwischen beiden tätig. Es ist sein erklärtes Ziel, so weit wie möglich in das Geheimnis, das ihm nach und nach enthüllt wird, einzudringen und dann mit der Hilfe von dafür Empfänglichen dem »kollektiven Geist der Menschheit« Berichte über die neuen Erkenntnisse zu schicken. »Der Reisende, der das mühsame Unternehmen durchhält, die Reichweite seiner Sensitivität und seines Verständnisses auszudehnen, wird ein stetig größer werdendes Vermögen, immer neue Bereiche des schöpferischen Universums wahrzunehmen, bei sich feststellen ... Wer bis hierher gekommen ist, wird den Wunsch haben, auf der Bewußtseinsleiter weiter aufzusteigen. In den meisten Fällen wird die Sehnsucht nach einer körperlichen Erd-Existenz zu Asche verbrannt sein.«

Immer wieder betont Myers im Verlauf seiner langen Durchgabeserien, daß er über die tatsächliche *Erfahrung* anderer Daseinsweisen spricht und nicht nur darüber theoretisiert und spekuliert. »Hier auf Stufe Vier muß man alle starren intellektuellen Strukturen und Dogmen, gleich ob wissenschaftlich, religiös oder philosophisch, hinter sich lassen.« Diesen Punkt hebt Myers mit solcher Eindringlichkeit hervor, daß er die Stufe Vier auch die Phase der »Zerstörung des alten Weltbildes« nennt. In dieser hat Myers zum erstenmal Schwierigkeiten mit der Formulierung dessen, was er erlebt, in irdischer Ausdrucksweise. »Der Mensch hat leider nicht die Fähigkeit, sich einen nie gehörten neuen Laut, eine nie gesehene neue Farbe oder ein nie empfundenes neues Gefühl *vorzustellen.* Es ist daher unmöglich, ihm die unendliche Vielzahl neuer Töne, Farben und Gefühle, wie wir sie in der ›Region der Farbe‹ erfahren, zu beschreiben.«

Myers versuchte dennoch, wenigstens einige ihrer Eigenschaften mitzuteilen: »Es gibt hier Blumen in für irdische Wesen unvorstellbaren Formen und strahlenden Farben. Diese Farben und diese Strahlen, wie sie im irdischen Spektrum nicht enthalten sind, werden bei uns in Gedanken und nicht in Worten zum Ausdruck gebracht. Worte sind für uns nicht mehr von Bedeutung. Die Seele allein muß auf dieser Bewußtseinsstufe alles begreifen; sie kennt Sorgen, aber keine irdischer Art; sie kennt Ekstase, aber keine irdische Ekstase. Der Geist drückt sich auf direktere Weise aus: Wir können die Gedanken anderer Seelen vernehmen.«

Auf dieser Stufe ist laut Myers alles auf unvorstellbare Weise intensiver, energiegeladener. Diese neue Energie erfordert einen neuen Körper, um ihr Ausdruck zu geben, und so schafft sie ihn sich. Er hat Ähnlichkeit mit der alten irdischen Form, ist aber viel strahlender und schöner und besser für seine neue Existenzform geeignet. Das Bewußtsein ist kontinuierlich, es bedarf keines Schlafes mehr. Es gibt jedoch nicht nur Wahrheit, Liebe und Schönheit, sondern auch Feindschaft, Haß und Zorn. »Eine feindliche Mentalität ist imstande, einen Teil unseres aus Licht und Farben bestehenden Körpers mit einem mächtigen Gedankenstoß zu verletzen und zu zerstören. Man muß lernen, Schutzstrahlen auszusenden. Wenn irgend jemand auf Erden dein Feind war und man einander haßte, wird das alte Gefühl wieder aufwachen, wenn man sich hier begegnet.«

Was auf dieser Stufe in der Hauptsache angestrebt wird, ist, besser verstehen zu lernen, wie der Geist Energie und Lebenskraft, die Quellen aller äußerlichen Erscheinungen, steuert. Hier ist man frei von den schweren Beschränkungen des irdischen Daseinsmechanismus. »Ich brauche meine Gedanken nur für einen – bei euch sogenannten – Moment zu konzentrieren«, sagt Myers, »um eine Personifikation meiner selbst zu schaffen und diese quer durch die ungeheuren Weiten unserer Welt zu einem Freund zu schicken, zu jemand, der mit mir im Einklang ist. Sogleich erscheine ich vor diesem Freund, obwohl ich weit von ihm entfernt bin. Meine Personifikation unterhält sich – wohlgemerkt: in Gedanken, nicht in Worten – mit diesem Freund. Und die ganze Zeit lenke ich das Gespräch aus einer ungeheuren Entfernung, um schließlich, sobald es beendet ist, die aus Gedanken geschaffene Selbst-Personifikation wieder aufzuheben, so daß sie verschwindet.«

Da Myers zur Zeit seiner Mitteilungen an uns noch nicht über die Stufe Vier hinausgelangt war, sind seine Berichte über noch höhere Bewußtseinsstufen weniger detailliert und spekulativer. Doch scheint er immerhin vom »Hörensagen« genügend erfahren zu haben, um einigermaßen beschreiben zu können, wie es weitergeht.

Um von einer Stufe zur nächsthöheren fortschreiten zu können, sei so etwas wie Tod und Wiedergeburt erforderlich, sagt er. Es wird angenommen, daß auf der vierten Stufe dank der intensiven Erfahrung von »tiefster Verzweiflung und höchster Verzückung« die letzten Reste der kleinlichen Emotionen und Feindseligkeiten abgestreift werden und die Seele endgültig und völlig von ihrer Erdverbundenheit befreit wird. Der Geist ist nun in der Lage, kosmische Bereiche kennenzulernen. Auf Stufe Fünf erhält man eine Art Flammenkörper, der einen befähigt, Reisen durch das stellare Universum zu machen, ohne durch seine Temperaturen und Turbulenzen geschädigt zu werden. Die sechste Stufe ist die »Region des Lichts«. Es ist die Stufe derjenigen Geister, die alle Aspekte der gesamten Schöpfung kennen- und verstehengelernt haben. Myers bezeichnet diese Stufe des Lichts auch als die der »reinen Vernunft«. Die auf dieser Stufe befindlichen Seelen werden folgendermaßen beschrieben:

»Sie vermögen jetzt ohne Form zu leben, als weißes Licht in dem reinen Gedanken ihres Schöpfers. Sie sind in die Reihen der Unsterblichen eingegangen ... Sie haben das endgültige Ziel der Bewußtseinsevolution erreicht.«

Myers wußte, daß selbst die nur andeutende Beschreibung der Bewußtseinsebene in den oberen Regionen das Begriffsvermögen des durchschnittlichen Erdbewohners übersteigt – außer in Intuitionsblitzen. Daß er uns trotzdem Details mitzuteilen versuchte, geschah meiner Ansicht nach einfach, weil er uns wenigstens die Existenz solcher Welten wissen lassen wollte. Durch die Versicherung, daß es keinen endgültigen Tod gibt, sondern nur Veränderungen des Bewußtseins, wollte er ein für allemal jegliche Todesfurcht aus unseren Herzen verbannen.

Als Trancemedium habe ich hauptsächlich mit den Regionen zu tun gehabt, die Myers als Stufe Zwei und Drei bezeichnet. Ganz selten nur habe ich Wesen aus den hohen Regionen spiritueller Entwicklung erreicht. Die unteren Stufen sind eben diejenigen des jenseitigen Lebens, die sich dem Verständnis des durchschnittlichen Erdbewohners am schnellsten und besten erschließen. Wir müssen auch in Betracht ziehen, daß der größte Teil der Seelen, sagen wir ruhig: die »Durchschnittsseelen«, für sehr lange Zeit – manchmal Jahrhunderte – oder für immer auf der dritten Stufe bleiben, ohne sich um weiteres Fortschreiten zu bemühen, weil sie glauben, es sei schon der höchste Himmel.

Wenn man bedenkt, daß uns Myers' Berichte, festgehalten in den automatischen Schriften von Miß Cummins, in den frühen dreißiger Jahren erreichten, ist es erstaunlich, wie modern einiges von dem, was er uns zu sagen hat, sich anhört. Bevölkerungsexplosion, Umweltverschmutzung, zum Krieg treibende Komplotte von Industrie und Militär, die beängstigende Entwicklung der politischen Maschinerie zur Beherrschung des menschlichen Geistes, der übermäßige Materialismus, der unser Leben bestimmt – lauter »brennende« Themen der gegenwärtigen öffentlichen Diskussion –, waren schon vor einem Menschenalter Gegenstand ernster Warnungen Professor Myers'.

Es wird vielfach fälschlicherweise angenommen, daß diejenigen, die ins Jenseits hinübergegangen sind, »automatisch« die Fähigkeit erwerben, die Zukunft zu sehen. Nein, sie können, wie auch Raymond bestätigte, nicht die Zukunft sehen, sie können höchstens Zukunftstrends erkennen, und das ist etwas ganz anderes. »Niemand vermag das Geheimnis der Zukunft ganz zu erfahren«, schrieb Myers. »Aber die Seelen, die in Eidos weilen, vermögen nebelhaft die Richtung des menschlichen Denkens zu sehen und infolgedessen zukünftige Entwicklungen vorauszusagen.« Die eigenen diesbezüglichen Beobachtungen erregten seine große Besorgnis: »Ich bitte die heutigen Männer und Frauen inständig, das menschliche Wesen nicht als Maschine zu betrachten. In dem rastlosen Lärm all jener monströsen Räder und Rädchen, die unsere heutige Zivilisation unaufhörlich in Bewegung halten, bleibt wenig Muße und Ruhe für stille Be-

trachtung oder philosophische Meditation, aus denen alles wahre Wissen entspringt. Welch düsteres Geschick erwartet die Kinder der Zukunft, wenn sie jener seelenlosen Kreatur, der Maschine, dieser letzten, vollendeten Verkörperung des Gottes ›Materialismus‹, zum Opfer fallen!«
Myers machte auch auf die Gefahren des radikalen Nationalismus aufmerksam, der die Menschheit in sich gegenseitig hassende und fürchtende nationale Gruppen zersplittert. Dies verhindere die Erkenntnis, daß die ganze Menschheit eine Einheit ist und daß ihre Probleme nur gemeinsam gelöst werden können. »Entweder stürzen sich die Nationen ins Verderben durch immer neue Kriege, oder sie verelenden durch ständig steigenden Bevölkerungszuwachs.« Zum Umweltproblem äußert er sich: »Weder Schönheit noch Gesundheit können erhalten bleiben und gedeihen, wenn Nationen, Wirtschaftssysteme und Maschinen einander zerstören.« Maschinendenken gefährde die geistige Entwicklung des Menschen am meisten: »Ein seelenloser Mechanismus sollte Diener, nicht Meister des denkenden Menschenwesens sein. Die heutige Menschheit sollte das Ideal der Qualität, statt das der Quantität anstreben.«

Ich bin oft gefragt worden, ob ich wisse, wie es Selbstmördern im Jenseits ergeht. Myers' diesbezüglicher Standpunkt ist weniger moralisch als realistisch. Der extrem negative, depressive Geisteszustand des Selbstmörders zur Zeit seiner selbstzerstörerischen Tat begleitet ihn hinüber und behindert ihn außerordentlich bei der Anpassung an die neue Situation. Das geht oft so weit, daß er beim Erwachen zum neuen Bewußtsein gar nicht erkennt, daß er gestorben ist, und die Entdeckung, daß er seinen physischen Körper nicht mehr unter Kontrolle hat, kann ihn erneut in extreme Panik versetzen. Wenn er sich dann schließlich darüber klar ist, daß er sich ja selbst getötet hat, wird er möglicherweise – so wie im Falle des Sohnes von Bischof James Pike, von dem wir noch hören werden – seine Tat bitter bereuen.
»Die Stimmung, die den Selbstmörder zur Selbstvernichtung treibt«, ließ Myers durch Miß Cummins wissen, »umhüllt ihn auch hier noch wie eine Wolke, von der wir ihn unter Umständen lange Zeit nicht befreien können. Seine emotionale Verwirrung richtet eine Schranke um ihn auf, die nur durch seine eigenen Anstrengungen durchbrochen werden kann, vor allem durch den mit aller Kraft seiner Seele ausgesandten Hilferuf an erfahrenere Wesen.«
Plötzlicher Tod, wie er in unserer Zeit der Kriege und der Unfallkatastrophen alltäglich geschieht, ist ein weiteres Thema, das viele Fragen ausgelöst hat. Auch hier vertritt Myers einen praktischen Standpunkt. »Der Nachteil eines plötzlichen Todes besteht hauptsächlich darin, daß die Psy-

che keine Zeit hatte, sich umzustellen. Jemand, der plötzlich in jungen Jahren getötet wird, verweilt zuweilen noch eine ganze Zeitlang gedanklich in irdischen Regionen, bevor er sich über seine Situation im klaren ist. In seiner Geistesverfassung begreift er nur langsam, daß er der Hilfe anderer jenseitiger Wesen bedarf, um sich zurechtzufinden, und er zögert oft, ihre Hilfe anzunehmen.« In meiner eigenen Erfahrung als Medium habe ich allerdings auch viele Fälle kennengelernt, bei denen der plötzliche Tod allem Anschein nach keine besondere Abweichung vom normalen Hinübergang zur Folge gehabt hat. Die normale Transition, sagt Myers, ist ein friedliches Gleiten in einen angenehmen, ruhevollen, manchmal sogar seligen Schlaf. Hierbei löst sich der Astralleib – jenes strahlende »Double«, das unseren physischen Leib vom Embryonalstadium an begleitet und das den Medien, die die Fähigkeit besitzen, eine Aura wahrzunehmen, sichtbar ist.

Myers mißbilligt den Gebrauch von Drogen zur Erleichterung und Beschleunigung des Hinübergehens unheilbarer Kranker nicht, obwohl er meinte, daß dem Sterbenden ein paar Vorbereitungstage zugestanden werden sollten. »Unter diesen Bedingungen ist der barmherzige Arzt völlig gerechtfertigt in dem, was das Gesetz immer noch für Mord erklärt.« Man werde sehr viel mehr über eine Krankheit wissen, wenn die Ärzte den Zusammenhang zwischen Körper und Geist noch besser erkannt haben.

Welche Auswirkungen haben Hirnschäden oder fortgeschrittene Senilität auf das jenseitige Leben? Hier erinnert uns Myers wieder daran, daß das »Double« oder der Astralleib, der Träger der Persönlichkeit nach dem Tode, von der Empfängnis an bei uns ist. Alles, was der physische Körper erfährt, wohnt auch dem Astralleib inne. »Alters- oder Hirnschäden können das Individuum nur zeitweise daran hindern, seine Intelligenz zu bekunden ... Nach dem Tode steht der Seele ihr gesamtes fundamentales Erinnerungszentrum und geistiges Vermögen in ihrem Astralleib zur Verfügung.«

Es ist viel darüber gerätselt worden, wie sich der Astralkörper ohne Nahrung erhält. Myers erklärt: »Ätherisches Leben wird durch kosmische Strahlen gespeist, die unsere Umgebung mit wunderbarem Licht erhellen und – in irgendeiner mir unverständlichen Weise – das Leben unserer Körper erhalten.« Es gab und gibt Menschen – z. B. die stigmatisierte Therese Neumann aus Konnersreuth –, die diese Strahlen für die Ernährung ihres physischen Körpers nachweislich bereits auf Erden zu verwenden vermochten. Sie haben viele Jahre ohne irdische Nahrung gelebt. Wie sie das geschafft haben, darüber ist von Medizinern, Psychologen und Theologen unendlich viel gemutmaßt und geschrieben worden. Enträt-

seln ließ sich das Phänomen bisher nicht – jedenfalls nicht für unsere materialistisch-naturwissenschaftlich denkenden Wissenschaftler.
Myers äußerte die Ansicht, daß es auf anderen Planeten Leben gebe, das dem unseren ähnlich sei. Er glaubt nicht, daß das Unvermögen unserer Sinne und Instrumente, sie wahrzunehmen, als Gegenbeweis gewertet werden könne. Wie er sagt, senden und empfangen wir ja nur auf solchen Wellenlängen, auf die unsere gesamte »Instrumentation« abgestimmt ist. Ein Radio- oder Fernsehgerät, das über eine bestimmte Wellenskala verfügt, kann bekanntlich keine Sendungen von Stationen außerhalb dieser Skala übertragen, selbst wenn diese ganz in der Nähe liegen und von starken Sendern kommen würden. Unsere Unfähigkeit, irgend etwas anderes als irdische Phänomene wahrzunehmen, ändere nicht das geringste daran, daß überirdische, kosmische und spirituelle Aktivität von ungeahnter Intensität ständig um uns her wirksam sei.
Myers' Report ist sensationell, doch steht er glücklicherweise nicht allein und beispiellos da. Seine Aussagen decken sich weitgehend mit einer Reihe anderer Jenseitsberichte, und zwar auch mit entsprechenden Übermittlungen aus fremden Kulturbereichen (ich erinnere in diesem Zusammenhang nur an Yogananda). Freilich fallen auch Widersprüche zu anderen Darstellungen auf, nicht zuletzt im Vergleich mit Detailangaben von Myers und Raymond Lodge. So ist etwa die Möglichkeit einer Rückkehr ins Diesseits – durch Reinkarnation oder wie auch immer – dem jungen Raymond offenbar unbekannt, während Myers im »Fall Walter« als Lösung des Dilemmas eine »Wiedergeburt« auf Erden für solche, deren Anpassungsschwierigkeiten »drüben« unüberwindlich sind, für durchaus denkbar hält. Zweifellos gibt uns der ganze Reinkarnationskomplex im Rahmen der Jenseitsforschung nach wie vor die größten Rätsel auf.

Betty und Joan geben zu Protokoll

Niemand hat jemals ein Wesen in seiner Ganzheit gesehen. Wir sehen den physischen Körper und bestenfalls einige kinetische Effekte, die von ihm ausgehen, aber die eigentliche Persönlichkeit der Person ist unsichtbar. Wir empfinden sie wohl, jedoch nicht so sehr mittels unserer groben fünf Sinne, sondern vielmehr durch die viel feineren Wahrnehmungsmedien unseres Beta-Körpers. Ein Teil von uns ist also auf Erden bereits unsichtbar, und dieser Teil ist es, der den Tod überdauert und im Jenseits erst sichtbar wird.

Mit dieser Information meldete sich in den fünfziger Jahren eine Stimme, die Fletcher als Mrs. Ruth Finley vorstellte. Sie erklärte sich bereit, auf Fragen einer Séanceteilnehmerin zu antworten, die beharrlich nach der Beschaffenheit des Bewußtseins im Jenseits gefragt hatte. Im Verlauf von sieben Sitzungen übermittelte Mrs. Finley, was sie dazu sagen konnte, und eines Tages erhielten wir von ihr sogar einen offenbar sorgfältig vorbereiteten Bericht über den Mechanismus medialer Trance.

Wir müßten bedenken, so sagte sie, daß jedes Individuum ein Energiekomplex mit einem für uns sichtbaren physischen und einem im Diesseits normalerweise unsichtbaren geistig-seelischen Körper sei. Der physische Körper bestehe aus einer bestimmten Art Energie, die sich mit einer verhältnismäßig niedrigen Vibrationsrate bewege. Innerhalb der Modulationsbreite ihrer Frequenz besäßen die verschiedenen Organe – Herz, Leber, Hirn usw. – unterschiedliche Schwingungszahlen. Dieses Muster physischer Energien werde von einem geistig-seelischen Körper, der in völlig anderen Frequenzen vibriere und aus sehr viel »raffinierteren« Energien zusammengesetzt sei – er ist unter der Bezeichnung Beta- oder Astralkörper bekannt –, durchdrungen. Diese feineren Energien werden vom Tod nicht betroffen. Wenn die Vibrationen der physischen Stufe aufhören, löst sich der Beta-Körper – die Seele – vom Alpha-Körper und geht allmählich über in sein eigentliches Milieu im grenzenlosen Raum des Universums, wo sich die stärkeren Energien sammeln.

Die Welt ist voll von verschiedenen Energieformen, die nebeneinander oder miteinander existieren, zum Beispiel Hitze-Licht in einer Feuerstelle, Hitze-Licht-Elektrizität in einer Glühbirne und Elektrizität-Magnetismus-Triebkraft-Bewegung in einem Elektromotor. Auf Erden gilt als primäre Energie die Elektrizität. Im gesamten Universum ist die alles bewegende und beherrschende Energie das Bewußtsein. Obwohl alle Bewußtseinseinheiten feinere Schwingungen aussenden als von unseren groben fünf Sinnen wahrgenommen werden können, gibt es Variationen innerhalb dieser Einheiten. Alle Radiowellen haben eine von allen Wärmequellen verschiedene Frequenz, aber innerhalb der Radiofrequenz können individuelle Sendestationen identifiziert werden. In ähnlicher Weise besitzen die individuellen Beta-Körper charakteristische Vibrationen, was für das Verständnis des »Funktionierens« eines Mediums von größter Bedeutung ist. Mrs. Finley sagte durch Fletcher:

Im gewöhnlichen Erdenleben besteht unter normalen Bedingungen ein ständiger Austausch zwischen den geistig-seelischen und den physisch-zellularen Energien. Wenn also der geistig-seelische Körper des Mediums sich für eine beliebige Zeit loslösen möchte, muß eine andere geistig-seelische Einheit mit einem Energiemuster von etwa der gleichen Frequenz mit der Körperenergie des Mediums zusammenwirken, um dessen normalen Zustand aufrechtzuerhalten. Auf diese Weise wird die körperlose Person vorübergehend dadurch, daß sie einen lebenden menschlichen Körper – wenn auch nicht ganz – bewohnt, zu einem scheinbar körperlich lebenden Individuum. Auf diese Weise ist Ford in der Trance und auf die Dauer des Jenseitskontaktes gewissermaßen tot, währenddessen sein physischer Körper von Fletcher bewohnt wird. Aber selbst wenn Ford damit einverstanden sein sollte, könnte dieser Austausch nicht für immer sein.

Warum nicht? – Das vermochte Mrs. Finley nicht zu erklären. Leider kenne sie selbst auch noch nicht alle Zusammenhänge, bedauerte sie, da sie ja erst kurze Zeit »drüben« sei. (Sie war 1955 gestorben.)

Um diese Zusammenhänge im wörtlichsten Sinn, nämlich die des Energieaustauschs von Lebenden und Toten, hatte sich Ruth Finley schon auf Erden bemüht – wenn auch lange Zeit insgeheim. Sie war eine kluge, weltgewandte Frau, die mit beiden Beinen im Leben stand und doch trotz aller äußerlichen Nüchternheit und Geschäftigkeit eine außergewöhnlich starke sensitive Begabung hatte. Nach dem Studium an der Universität ihrer Heimatstadt Akron, Ohio, war sie um 1910 nach Cleveland gegangen, um sich in das Berufsleben zu stürzen. Sie begann unter ihrem Mädchennamen Ruth Ebright als Redakteurin der Frauenseite der *Cleveland Press*, heiratete den Rechtsanwalt und Journalisten Emmet Finley, war

in den nächsten Jahren Feuilletonchefin des *Washington Herald*, dann stellvertretende Chefredakteurin von *McClure's Magazine* und übernahm schließlich die Leitung einer Frauenzeitschrift. Nebenbei war sie im politischen Ausschuß der National Federation of Business, also des Nationalen Unternehmerverbandes, und des Professional Women's Club tätig. Sie schrieb zahllose Zeitungsartikel, zwei Bücher über inneramerikanische Probleme und eines mit dem Titel *Our Unseen Guest* (»Unser unsichtbarer Gast«). Es wurde ein Bestseller, aber niemand kannte den Autor, denn es war anonym erschienen. Ruth Finley wußte sehr wohl, daß ein Buch über außersinnliche Erlebnisse in der starr materialistisch orientierten Zeit der Weltwirtschaftskrise das Ende ihrer Karriere hätte bedeuten können. Nur wenigen Eingeweihten war bekannt, daß »Joan«, eines der begabtesten Trancemedien unseres Jahrhunderts, mit der erfolgreichen Journalistin Mrs. Finley identisch war.
Zu diesen Eingeweihten gehörten auch Stewart Edward White und seine Frau, Elizabeth (genannt Betty) Grant White, die ebenfalls eine – nach irdischen Maßstäben jedenfalls – unglaubliche Geschichte zu erzählen hatten. White war Naturforscher, Weltreisender und Autor von mehr als vierzig Büchern über seine Funde und Forschungen in allen Teilen der Erde. Er besaß die akademischen Grade eines Bachelor of Arts und Magister of Arts der Universität von Michigan und hatte außerdem ein juristisches Staatsexamen an der Columbia-Universität abgelegt. Wenn er nicht auf Reisen war, lebte er mit seiner Frau in Burlingame, Kalifornien. »Vor dem 17. März 1919«, schreibt White, »hatte ich mich wenig um paranormale Vorgänge gekümmert. Hätte man mich nach meinen Ansichten darüber befragt, würde ich wahrscheinlich eher eine skeptische Haltung eingenommen haben. Ich wußte, daß zahlreiche ›Geisterscheinungen‹ als Humbug entlarvt worden waren.«
An jenem 17. März 1919 kamen ein paar Freunde zu Besuch, die ein neues Spielzeug mitbrachten, das gerade groß in Mode war – ein Ouija-Brett[31]. »Wir waren zu Beginn des Spiels in ausgelassener Stimmung«, berichtet White. »Plötzlich aber änderte sich das auf ganz unerwartete Weise. Die Tafel wurde energisch, redete sozusagen Fraktur mit uns. ›Warum stellen Sie so alberne Fragen?‹ buchstabierte sie, was die Anwesenden schlagartig ernüchterte. Dann wiederholte sie mehrmals den Namen ›Betty‹.«
Mrs. White, die sich nur kurz und vergeblich an dem Brett versucht und es dann aufgegeben hatte, war überzeugt, daß es ein Trick der anderen war, sie noch einmal an das Ouija zu locken. Schließlich ließ sie sich dazu bewegen, wieder mitzumachen. Im selben Moment, wo ihre Finger das Brett berührten, reagierte dieses mit überraschender Intensität. »Nimm einen Bleistift«, forderte es wieder und wieder. Mehr »sagte« es indessen

nicht. Mrs. White hatte von automatischem Schreiben gehört, und ein paar Tage später nahm sie wirklich, »so zum Spaß«, einen Bleistift zur Hand, legte ein Blatt Papier vor sich auf den Tisch und ließ sich in eine Art Dämmerzustand versinken. Der Bleistift setzte sich in Bewegung, genauso wie der Ouija-Indikator sich bewegt hatte, und schrieb. Am Abend erzählte sie es ihrem Mann und zeigte ihm das Geschriebene.

Nun war Whites Interesse geweckt. Er assistierte seiner Frau, indem er während der nächsten automatischen Schreibvorgänge die vollbeschriebenen Blätter wegnahm und durch neue ersetzte, sich Notizen machte und ihr zwischendurch, wenn sie ermattete, gut zuredete. Betty war sich nicht im geringsten bewußt, was sie schrieb. Die Wörter kamen zuerst ganz langsam: Interpunktion, Absätze und Großbuchstaben fehlten, alles war ohne Trennung aneinandergereiht. Die Geschwindigkeit beschleunigte sich von Mal zu Mal. Der Diktierende oder Schreiber, wer auch immer er sein mochte, flößte White tiefen Respekt ein; nie war das Geschriebene sinnlos oder albern. Die zu Beginn angekündigte Absicht war, Bettys Bewußtsein für den Empfang und die Weitergabe wichtiger Informationen zu präparieren.

Fast sechs Monate nach Beginn des automatischen Schreibens informierte der Schreiber die Whites, daß er bald aufhören würde. Das geschah dann auch. Und nun, da der Text anscheinend vollständig war, mußte er irgendwie ausgewertet werden. White wußte, daß der Inhalt aus Bettys eigenem Unterbewußtsein gekommen, daß er aber ebensogut das Werk eines fremden Wesens sein konnte. Fest stand: Auf eine unbekannte Weise zapfte Betty eine normalerweise nicht zugängliche Wahrnehmungsquelle an. Die Beschäftigung mit dem so erlangten Material lohnte sich, wo immer es herstammen mochte.

Auf einer Geschäftsreise las White das Buch *Our Unseen Guest*, das von hochinteressanten Trance-Experimenten handelte. Betty und er beschlossen, die darin beschriebene Kommunikationsmethode zu versuchen. Betty fiel schnell in Trance. »Sie entglitt in eine Art befreites oder doppeltes Bewußtsein. Aus diesem Zustand heraus berichtete sie über verschiedene Erfahrungen. Ihre Sprechweise war anfangs stockend und stotternd, die Sätze blieben fragmentarisch, als ob sie große Schwierigkeiten mit der Formulierung hätte, was wahrscheinlich darauf zurückzuführen war, daß sie gleichzeitig zwei Bewußtseinszustände auf einen Nenner zu bringen hatte. Der normale, von dem aus sie sprach, war der untergeordnete, während sie die eigentliche Wahrnehmung in einem tieferen Bewußtseinszustand machte.

»Wir kamen äußerst langsam voran«, teilt White mit. »Wenige kurze Sätze erforderten manchmal eine ganze Stunde. Doch wie schon beim

Schreiben wurde auch hier die Geduld belohnt. Bettys Bericht aus dem ›tieferen Bewußtsein‹ wurde schließlich so flüssig, daß ich, obwohl ich ein flotter Stenograph bin, manchmal Mühe hatte, mitzukommen.«
Nach anderthalb Jahren hatte White vierhundert maschinengeschriebene Blätter mit Aufzeichnungen über die Tranceberichte seiner Frau gesammelt. Beide waren inzwischen völlig davon überzeugt, daß sie es mit klar denkenden, zielbewußten außerirdischen Intelligenzen zu tun hatten und von diesen zur Arbeit an einem wichtigen Projekt herangezogen worden waren. Die Whites nannten ihre Partner »Die Unsichtbaren«. Offenbar beabsichtigten diese Wesen mit Hilfe von Mrs. White einen Leitfaden für das Jenseits zu erstellen, der die im Diesseits Lebenden auf ihr Reiseziel und ihren Aufenthalt nach dem Tode vorbereiten sollte. White veröffentlichte diese Übermittlungen als Buch unter dem Titel *The Betty Book.*[32]
Auf ihre Fragen nach der Art von Welt, in der die Unsichtbaren lebten, hatten die Whites zunächst eine Abfuhr erfahren: »Um unsere Welt verstehen zu können, fehlen Ihnen noch die nötigen verstandesmäßigen Voraussetzungen.« Trotz dieses Dämpfers machte Betty schon während der »Probereise« ihres tieferen Bewußtseinszentrums in diese andere Dimension einige Beobachtungen. Einmal bemerkte sie, daß es ein »viel größerer, angenehmer Ort« sei, ein andermal, daß sie genauso behandelt wurde wie im Diesseits ein neugeborenes Baby. Inzwischen machte der Erwerb der »nötigen verstandesmäßigen Voraussetzungen« Fortschritte.
Die Tragödie des materialistischen Zeitalters wurde folgendermaßen umrissen: »Die Welt schämt sich des Geistes. Sie kasteit ihn genauso wie die alten Asketen den Körper kasteiten ... Akzeptiert die natürlichen menschlichen Instinkte und allen Lebensgenuß, aber laßt sie von der Lebenskraft des Geistes durchdrungen sein!« Fortschritt bedeutet Aktion: »Bloße intellektuelle Erkenntnis einer Wahrheit ist ohne Bedeutung ... Manifestiert sie in Handlungen! Der erste Schritt hat auf der irdischen Seite zu erfolgen; dann können wir das, was unbewußt in euch steckt, fördern und können unsererseits in Aktion treten.«
»Undeutlich spüre ich Leute um mich herum«, sagte Betty einmal, »so wie man Leute in einem verdunkelten Raum um sich spürt ... Die Sache mit der menschlichen Aura stimmt ... so wie man eine Aura der Wärme empfindet, wenn man sich einem Feuer nähert; bei Menschen ist sie ebenfalls nur in einem gewissen Radius wahrnehmbar.« Auf einer ihrer »Reisen ins Jenseits« steigerte sich ihre Neugier in bezug auf die Ernährung dort bis zu dem Punkt, wo sie selbst ein dringendes Bedürfnis spürte zu essen. »Ich brauche Nahrung! Es ist ein Instinkt, ein Bedürfnis nach Wachstumssubstanz. Eine merkwürdige Art Nahrung; man scheint sie

nicht einzunehmen und die Rückstände nicht wieder auszuscheiden. Es sind eher Atome von Kraft. Man fügt sie irgendwie der Gesamtheit seiner Substanz hinzu. Ich weiß einfach nicht, wie das vor sich geht.«
Hier unterbrach sie einer der Unsichtbaren: »Dieses Substanz-Ansammeln braucht eine gewisse Zeit. Eines Tages aber ist es beendet, und man ist in der Lage, seine Tätigkeit hier bei uns aufzunehmen.«
Die Frage, wie wir von den im Jenseits Lebenden gesehen werden können, wurde folgendermaßen beantwortet: »Unsere Linsen können euch nicht sehen, wie ihr euch selbst seht. Unsere Augen sind für die andere, dauerhafte Art Körper geschaffen. Sie nehmen jene ungreifbaren Eigenschaften wahr, die ihr die geistigen nennt. Nur mit größter Anstrengung vermögen wir Materie zu sehen.«
Im Jenseits kann man jederzeit ohne lästige Körperbewegung von einem Ort zum anderen wechseln, so wie in der Welt der Träume. »Nehmen wir an«, sagte einer der Unsichtbaren, »ihr könntet euch durch ein Super-Telefon tatsächlich an den entfernten Ort versetzen, mit dem ihr in Verbindung kommen wollt. Gibt euch das nicht eine ungefähre Vorstellung von den räumlichen Verhältnissen in einem weiteren Bewußtseinsfeld?«
Betty kommentierte: »Es scheint eine direkte, unbehinderte Kraft zu sein, die die gegenseitige Verständigung der im Jenseits Lebenden ermöglicht.«
Fletcher ergänzte später einmal diese Erklärung, als er gefragt wurde, woher denn »seine Leute« im voraus wüßten, wer bei welcher Séance anwesend sein würde. Er sagte:

Wir haben unsere eigene Form des Telefons. Irgendwie erfahren die Körperlosen – ich kann Ihnen leider ebensowenig sagen, wie das genau funktioniert, wie Sie mir werden erklären können, auf welche Weise »denken« oder »erfahren« funktioniert –, daß bei einer Séance ein irdischer Teilnehmer anwesend sein wird, für den sie sich interessieren. Man spürt meistens auch, ob der Zeitpunkt der Kontaktaufnahme günstig ist, aber da kann man sich so irren wie in eurer Sphäre mit der Wettervorhersage. Es wirken zu viele unwägbare Faktoren mit. Aber es ist so: Wenn einer der Körperlosen mit einem von euch in Verbindung treten möchte, dann versetzt er sich einfach zu mir oder zu irgendeinem anderen, dessen Aufgabe es ist, solche Kontakte zu vermitteln, und schon befindet er sich am gewünschten Ort. Ist die Séance zu Ende, verschwindet der Körperlose an meiner Seite so schnell, wie er gekommen ist. Ich weiß nicht, wohin er sich begibt und ob ich ihn jemals wieder neben mir wahrnehmen werde. Wenn er sich auf eine höhere Bewußtseinsstufe einstellt, kommen wir nicht mehr zusammen.

Fletcher konnte uns über das System der Bewußtseinsebenen wenig sagen. Es war nicht sein Metier, dies zu erforschen. Wir dürfen nicht vergessen, daß er, bei aller Charaktergröße und Sensibilität, ein Mann von durchschnittlicher Bildung war und nicht speziell an wissenschaftlichen oder gar systemanalytischen Fragen interessiert.
Was die verschiedenen Bewußtseinsstufen betrifft, so bestätigen Bettys Unsichtbare Myers' Angaben, obgleich sie sich nicht über Einzelheiten verbreiten wollten. »Ihr alle lebt ja auch auf verschiedenen Bewußtseinsstufen. Jede Stufe verschafft bestimmte Privilegien. Es ist wie beim Aufwärtssteigen. Jeder Schritt muß neuen sicheren Boden gewinnen, bevor der nächste getan werden kann. Ihr befindet euch jetzt auf der Ebene der dämmernden Erkenntnis.«
Ein großer Teil des Dreiergesprächs zwischen Betty, als Medium, den Unsichtbaren und White als »Interviewer« befaßte sich mit dem Problem des Dienstes an den Mitmenschen. Je weiter man im Studium der geistigen Prinzipien weiterschreite, sagten sie, desto mehr bekümmere einen das Handikap, das durch ungenügendes Bewußtsein verursacht wird. Dies führe dazu, daß man mit dem Geist des Helfenwollens erfüllt wird, mit dem Wunsch, die spirituellen Erkenntnisse, die zur Harmonie führen, anderen mitzuteilen. Da dies aber gleichbedeutend mit geistiger Beeinflussung ist, erregt es sofort Widerspruch und Opposition, so daß man schließlich Gefahr läuft, die gleiche Feindseligkeit, den gleichen Haß heraufzubeschwören, der ursprünglich und immer wieder den Verlust der geistigen Einsicht verursacht und der Welt Unheil gebracht hat. Es geht also darum, der Opposition mit Festigkeit gegenüberzutreten und sich nicht in den Wirbel destruktiver Emotionen hineinziehen zu lassen.
Mit diesem Problem befaßten sich die Unsichtbaren mit großem Eifer, da sie seine Lösung als einen der Grundpfeiler ihrer Mission betrachteten. »Ihr sollt euch nicht vor der Auseinandersetzung drücken; das würde Schwäche bedeuten. Ihr könnt auch nicht gleichgültig bleiben; das wäre Grausamkeit. Andererseits dürft ihr euch nicht in den Strudel erbitterter Meinungskämpfe ziehen lassen; es würde nur die Feuersbrunst verbreiten.«
Was soll man also tun? Der Rat der Unsichtbaren war, daß man zuerst die Stärkung seines eigenen geistigen Gleichgewichts im Auge behalten solle, indem man sich ganz auf das erweiterte Bewußtsein, das man erreicht hat, stütze. »Man kann seinen Freund nicht aus dem Sumpf ziehen, wenn man nicht selbst einen festen Stand hat.« Im Besitze des seelischen Gleichgewichts, mit einem auf höherer Stufe operierenden Bewußtsein, kann man dann mittels rein geistiger Projektionen versuchen, das gleiche Zentrum energetischen Potentials in seinem Gegenüber zu wecken, das

zuvor in einem selbst erweckt worden ist. Auf diese Weise, so sagten die Unsichtbaren, könne man die emotionalen Stürme der Konfrontation und Kontroverse bestehen.
So wurde Bettys Wunsch, mehr über das Leben nach dem Tode zu erfahren, durch den Auftrag, in ihrem unmittelbaren Erdenleben geistig effektiver zu werden, abgelenkt. Doch ignorierten die Unsichtbaren ihre Neugier nicht ganz. Nachdem sie ihr ihre Hauptaufgabe »eingehämmert« hatten, entsprachen sie Bettys Wunsch auf überraschende Weise.

Und hier begegnen wir wieder Ruth Finley, die später im Leben von Stewart und Betty White und noch später in meiner eigenen medialen Erfahrung eine so große Rolle spielen sollte. Es traf sich, daß 1922 acht ungewöhnliche Persönlichkeiten aus verschiedenen Gegenden der USA während des ganzen Monats Januar in New York waren. Es waren der Journalist Mr. Gaines und seine Frau, die mediale Fähigkeiten in Halbtrance besaß; der Geschäftsmann Mr. Cameron mit seiner Frau Margaret, deren aus ihrem automatischen Schreiben hervorgegangenes Buch *The Seven Purposes* (»Die sieben Ziele«)[33] ein Bestseller geworden war; die Finleys, deren telepathische Abenteuer als »Darby und Joan« zwei Jahre vorher unter dem Titel *Our Unseen Guest* erschienen waren – und die Whites. Diese acht, die sich gegenseitig vom Hörensagen kannten, veranstalteten eine Serie von elf Séancen. Das Ergebnis war eine Reihe von Phänomenen, die niemand von ihnen jemals vorher erlebt hatte.
Die besagten Manifestationen gehörten der »physikalischen« Kategorie an. Das war insofern schon überraschend, als alle Teilnehmer, so wie ich selbst, eigentlich den psychischen Medien zuzuordnen waren. Auf der ersten Sitzung dieser Reihe übernahmen Kontrollgeister die Führung und verkündeten durch die Medien Betty und Joan (alias Mrs. Finley) das Programm: nämlich den Beta-Körper vorzuführen.
Wenn dieser ätherische Körper, der bislang nur wenigen Sensitiven sichtbar war, tatsächlich dem gewöhnlichen Wahrnehmungsvermögen normaler Menschen erfahrbar gemacht werden konnte, würde das für die Parapsychologie von unschätzbarer Bedeutung sein. Es würde eine akzeptable Brücke bilden zwischen dem Diesseits und dem Jenseits. Natürlich hatte es solche Demonstrationen schon seit undenklichen Zeiten gegeben. Aber der Skeptizismus des 20. Jahrhunderts lehnt ja alles ab, was man nicht selbst gesehen, gefühlt und gemessen hat, und pflegt Berichte, die nicht mit den materialistischen Dogmen übereinstimmen, kurzerhand als betrügerisch oder zumindest als unglaubhaft zu bezeichnen. Hier ergab sich eine nahezu ideale Forschungssituation. Alle Teilnehmer waren durch Leistungen, die außerhalb des paranormalen Bereichs lagen, im

materialistischen System etabliert. Zudem hatten sie alle als Skeptiker angefangen und sich große Mühe gegeben, ihre außersinnlichen Fähigkeiten geheimzuhalten. Durch Betrug oder gefälschte Berichterstattung wäre also nichts zu gewinnen gewesen.

Indem ich hier die Voraussetzungen für physikalische Phänomene beschreibe, nehme ich für mich nicht mehr Glaubwürdigkeit in Anspruch als jeder andere Forscher auf diesem Gebiet. (Übrigens: Obgleich ich oft Zeuge solcher Erscheinungen war und, wie ich noch berichten werde, auf einem Tiefpunkt meines Lebens das Phänomen mit mir selbst geschehen sah, vermag ich sie doch nicht hervorzurufen.) Hier ist die inzwischen schon traditionelle Erklärung für Vorgänge dieser Art:

Wie wir schon gehört haben, deckt sich während seines irdischen Lebens der physische Alpha-Körper mit dem Beta-Körper. Obwohl dieser Beta-Körper in erster Linie geistiger, emotionaler und spritiueller Natur ist, verbleiben ihm während seines Verweilens auf den Stufen Zwei und Drei des Jenseits, wie sie Myers bezeichnet hat, gewisse physische Eigenschaften. Im Gegensatz zu dem physischen Körper aber, der »synthetisch« ist, das heißt, der aus Verbindungen besteht (ein Ohr oder Finger kann abgeschnitten werden und der Körper trotzdem weiterleben), ist der Beta-Körper gewissermaßen aus einem Stück und unteilbar. Auf Erden sowie auf der zweiten und dritten Stufe der höheren Bewußtseinsstruktur des Jenseits ist dieser Beta-Körper der Sitz der Seele, des »wahren Ich«. Unter gewissen besonderen Umständen kann der Beta-Körper den physischen Körper verlassen. Dieses Ereignis ist die Grundlage für außerkörperliche Erfahrungen, etwa der Fähigkeit, an zwei Orten gleichzeitig anwesend zu sein (Bilokation – ein Individuum wird deutlich gesehen, während sein physischer Körper sich in Wirklichkeit woanders befindet).

Der Beta-Körper vermag als Sitz der Seele, wenn er will, sich verschiedener Eigenschaften des physischen Körpers zu bedienen. In der parapsychologischen Forschung gilt es als Binsenwahrheit, daß geistig-seelische Energie den Vorrang vor körperlicher Substanz hat und sich ihrer bedient, wenn sie stark genug ist. Hierfür gibt es auf der Erde viele Beispiele und Parallelen, auf die ich schon einmal hingewiesen habe. Wir wissen, daß physisch nichts geschehen kann, wenn es nicht zuvor geistig vollzogen wurde. Bevor eine Brücke oder ein Haus gebaut, irgendein Produkt hergestellt wird, muß erst die geistige Konstruktion erstellt werden.

In ähnlicher Weise können physische Materialien auf Wunsch des Geistes umgearbeitet werden. Die zersprungene Bronzeglocke von gestern kann eingeschmolzen werden, um als Bronzestatue oder als neue Glocke wiederzuerstehen. Es gibt Aufzeichnungen über physische Phänomene, die darauf schließen lassen, daß Auflösung und Neuerstehung von Substanz direkt, das heißt, ohne die Dienste einer zwischengeschalteten Mechanik, erreicht werden können, wenn die Kraftquellen die nötige Stärke besitzen. Dies demonstriert der »Apport«, bei dem Gegenstände, die sich nachweislich ganz woanders befanden, aufgelöst, transportiert worden und in ihrer ursprünglichen Form wieder zusammengesetzt am Ort der Séance erschienen sind.

Die White-Gaines-Finley-Cameron-Sitzungen wurden völlig unter jenseitiger Leitung durchgeführt. Diese bestand aus Wesen, die sich »Doktor«, »Stephen«, »Anne« (oder »Lady Anne«, eine Dame aus dem 17. Jahrhundert, die von ihren Gefährten mit besonderem Respekt behandelt wurde) und »Joe«, der verstorbene Sohn der Gaines, nannten. Nachdem die gestellte Aufgabe theoretisch erörtert worden war, wurden waghalsig anmutende Phänomene demonstriert, die zunächst nicht auf dem Programm gestanden hatten. Der Beta-Körper von Ruth Finley trennte sich von ihrem physischen Körper und war für alle in vollem Tageslicht sichtbar, und später, als der Abend kam, in lavendelfarbenem Licht als lumineszierender Umriß. Die Experimentatoren aus dem Jenseits sagten, daß der Beta-Körper magnetisch aktiv sei und daß seine Anwesenheit ein Absinken der Temperatur im Raum verursachen würde. Sie gaben Anweisung, dies mit Meßinsrumenten nachzuprüfen. Die Behauptung wurde bestätigt.

In der reichhaltigen Literatur über außerkörperliche Erfahrungen befinden sich manchmal Erwähnungen eines »silbernen Bandes«, das den Alpha- mit dem Beta-Körper verbinde. Wenn im Erdenleben Beta sich vom physischen Leib trennt, bleiben angeblich die beiden Körper durch dieses Band miteinander verbunden. Es ist so elastisch, daß Beta das ganze Universum umrunden könnte, ohne von dem physischen Körper getrennt zu werden. Beim Tode des physischen Körpers löst sich dieses Band, und der Beta-Körper schreitet als Träger der Seele zu den Erfahrungen der zweiten, der dritten und der weiteren Bewußtseinsebenen fort. Bei der Loslösung von Ruth Finleys Beta von ihrem Körper war das silberne Band deutlich sichtbar und fühlbar. Es ist offenbar jenes Band, das durch das Wort Salomos »... ehe denn der silberne Strick wegkomme ...« (Prediger 12,6) bekannt ist.

Bei einer anderen Sitzung, auf der die Fähigkeit des Geistes, Materie aufzulösen und wieder zusammenzusetzen, demonstriert wurde, verschwand Mrs. Finleys physischer Körper mehrere Male für jeweils etwa dreißig Sekunden, um dann völlig unverändert an der Stelle, wo sie sich befunden hatte, wiederzuerscheinen. Porträts verschiedener verstorbener Personen manifestierten sich, das heißt, nicht Beta-Körper erschienen, sondern wie von Künstlerhand gemachte Porträtskizzen, die in einem

leuchtenden »Material« sichtbar wurden, das möglicherweise mit dem von verschiedenen Forschern Ektoplasma genannten Stoff identisch ist. Eines davon war eine Skizze von Mrs. Finleys Vater, ein weiteres das des Gaines-Sohnes. Beide waren deutlich zu erkennen.
Zum Abschluß der Experimente gaben die jenseitigen Experimentatoren eine Zusammenfassung ihrer Position gegenüber der dogmatischen Wissenschaft: Ein gewisser Fortschritt bei der Durchdringung der Mauer, die diese um sich errichtet habe, sei bereits gemacht worden. »Und doch sind wir für eine volle Konfrontation mit dem Skeptizismus noch nicht bereit.«
1937 veröffentlichte Stewart White einen Bericht über diese Begebenheiten in einem Anhang zum *Betty Book*. Im April 1939 starb Betty.

Stewart und Betty waren fünfunddreißig Jahre verheiratet gewesen. Nun hatte Stewart Ursache, sich einige der Offenbarungen ins Gedächtnis zurückzurufen, die das Leben nach dem Tode betrafen und die ihm während der elf New Yorker Sitzungen übermittelt worden waren. »Das Ich als Beta lebt fort«, hatte Joe Gaines gesagt. »Wir besitzen eine Form, Farbe, ein Gewicht und mehr Sinnesorgane als ihr.« Stewart war fest überzeugt, daß auch Betty so weiterexistiere. Bei unzähligen Gelegenheiten – die erste eine halbe Stunde nach ihrem Tode – hatte er deutlich ihre Gegenwart gespürt: »Das vertraute Gefühl des Beisammenseins, das man manchmal hat, wenn man sich im gleichen Raum befindet, vielleicht jeder mit einem Buch beschäftigt.« Es wurde kein Wort gewechselt, aber das Erlebnis des Beisammenseins war so stark, daß Worte nicht nötig waren. White erinnerte sich an die Äußerung Jenseitiger, daß die Verständigung in ihren Regionen unmittelbar, geistig und wortlos sei: Er nahm an, daß sich ihre Verbindung fortan auf diese Art dokumentieren würde und erwartete keine weitere Verständigung durch Worte.
Im September des gleichen Jahres flog White geschäftlich an die Ostküste. Emmet und Ruth (»Darby und Joan«) Finley lebten jetzt in Huntington, Long Island. Natürlich wurde eine Séance abgehalten. Es sollte die erste einer ganzen Reihe werden. Nach sechsmonatigem Schweigen hatte Betty nun einiges zu sagen – etwas Wichtiges, das sie ausführlich darlegen wollte, wofür sie aber allerhand Zeit benötigen würde. Stewart machte wie gewöhnlich sorgfältige Aufzeichnungen. Diese Aufzeichnungen wurden später in Erzählform umgegossen und 1940 unter dem Titel *Das uneingeschränkte Weltall* als Buch veröffentlicht.[34]
Betty war der Auffassung, daß sie als erstes über jeden Zweifel hinaus ihre Identität nachzuweisen habe, was sie dann auch tat. Durch die Vermittlung der in Trance befindlichen Joan begann sie »ganz ruhig und flie-

ßend mit sicherer und intimer Kenntnis unseres gemeinsamen Lebens« zu Stewart zu sprechen. Sie erwähnte dabei »nicht nur eines, sondern Dutzende« von Details aus dreißig Jahren des Zusammenlebens, die nur ihr selbst und Stewart – den sie mit dem nur von ihr selbst während ihres irdischen Lebens verwendeten Kosenamen »Stewt« anredete – bekannt sein konnten.

Nach ihrem minuziösen Identitätsnachweis stürzte sich Betty mit dem gleichen Eifer auf das, was sie als ihre Hauptaufgabe bei dieser Kommunikationsserie ansah: die Teilnehmer davon zu überzeugen, daß es nur *ein* Universum gibt. In einer langen Reihe von Séancen mit Joan als Medium schweifte sie nie von diesem Thema ab, außer gelegentlich, um Beispiele von illustrativem und sonstigem Dokumentationsmaterial zu nennen. Auf diese Weise wurde die erste abgerundete Folge von Berichten in der Ichform über das Leben nach dem Tode geschaffen, das seit den Offenbarungen von Frederic Myers ein Vierteljahrhundert früher der Öffentlichkeit zugänglich gemacht worden war. Zwar hatte Myers mit einer Erfahrung von zwanzig Jahren im Jenseits gesprochen, während Betty nur ein paar Monate Jenseits-Erfahrung besaß. Nichtsdestoweniger ist ihre Aussage von einzigartigem Wert. Das, was sie Myers voraus hatte, war, daß sie infolge ihrer medialen Begabung bereits vor ihrem Tod zwanzig Jahre lang in den jenseitigen Regionen »gereist« war. Die Genauigkeit, mit der sie das ihr sichtbare Gelände schildert, verleiht ihrem Bericht besondere Überzeugungskraft – obwohl ihre Erfahrung wahrscheinlich auf Stufe Zwei und Drei beschränkt war, während Myers die komplette Struktur aller Bewußtseinsebenen zu beschreiben versuchte. Immerhin hat sie aber sein Konzept unterstützt: »Manche Individuen«, meldete sie, »leben in entfernteren Räumen des Alls.«

In seinem Kommentar zu Bettys Ausführungen schreibt White:

Die Menschheit hatte seit eh und je die Vorstellung, es gebe zwei völlig verschiedene Seinszustände, die voneinander wie durch eine Mauer getrennt seien – die »Auf Erden«- und die »Im Himmel«-Vorstellung. Diese Aufteilung wurde natürlich in allen nur möglichen Terminologien ausgedrückt. Die Vorstellung aber bleibt immer dieselbe, in jedem Zeitalter, bei jedem Volk, in jedem Glaubensbekenntnis.

Betty nannte sie *eingeschränktes* und *uneingeschränktes* Universum, verneinte aber die Mauer dazwischen. Es war ihre Aufgabe, in diesen Ausführungen die Mauer niederzureißen. Um dies zu ermöglichen, wies sie zuerst darauf hin, daß es in Wirklichkeit gar nicht zwei Welten gibt, sondern einzig zwei Aspekte ein und desselben Universums. Wir leben hier im eingeschränkten Aspekt, eine Behauptung, die wahrscheinlich

keiner von uns leugnen wird. Setzt man dies voraus, so folgt logischerweise, daß Betty im anderen Aspekt, im uneingeschränkten, lebt. Dies aber, so versichert sie erstaunlicherweise, ist nicht der Fall. Im Gegenteil, sie lebt in beiden Aspekten, im gesamten Universum, sowohl im eingeschränkten Bereich – diesem kleinen Prozentsatz des Ganzen, den wir hier auf der Erde bewohnen – als auch im riesigen und geheimnisvollen uneingeschränkten Bereich, den wohl unsere Wissenschaft, wie sie versichert, erahnt, aber von dem wir bislang noch so gut wie nichts wissen. Für Betty gibt es ein einziges homogenes Universum, weil unsere Hindernisse für sie gar keine sind.
Also sind wir gezwungen, unser Erde-Himmel-Bild zu berichtigen. Wir selbst leben nur in einem winzigen Ausschnitt eines alleinigen Universums, und wir werden durch die Hindernisse in Schranken gehalten, die aber nur uns behindern. Diese Hindernisse haben mit Bettys Seinszustand nichts zu tun, sie sind uns angeboren und sind sogar teilweise unser eigenes Produkt. Überdies sind sie weit mehr, als wir bisher erkannt haben, durch uns selbst veränderbar – wenn wir nur wüßten, wie. Dies ist eines der Dinge, die uns Betty zu zeigen versuchte: in welchem Ausmaß und wie. Und damit berühren wir den praktischen Wert ihrer Ausführungen für uns, gerade jetzt, in der Gegenwart.

»Es gibt nur ein Universum.« Wann immer ich dieses Leitmotiv Bettys höre, muß ich an eine Episode denken, die ich in einer meiner eigenen Sitzungen erlebt hatte. Eine Frau, die gerade ihren Mann verloren hatte, besuchte mich in der Hoffnung, Kontakt mit ihrem verstorbenen Mann aufnehmen zu können. Die Verbindung kam zustande, sie und ihr Mann unterhielten sich, und sie sagte unter Tränen, wie verzweifelt sie sei, seit er »fortgegangen« sei. Prompt kam die Antwort: »Aber ich bin ja gar nicht fortgegangen.« Dies war im wesentlichen das gleiche, was Bettys Botschaft beinhaltete. Unsere verstorbenen Angehörigen sind nicht »fortgegangen«. Sie leben im gleichen Universum wie wir. Was ihr Leben von dem unsrigen hauptsächlich unterscheidet, ist, daß sie mehr Freiheit haben. In der Schilderung dieser Freiheit und der Sicherheit, die sie einem gibt, liegt die besondere Stärke von Bettys Bericht.
In Beantwortung einer Frage von Darby sagte Betty: »Ihr glaubt an Unsterblichkeit. Damit eines Tages der wissenschaftliche Beweis erbracht werden kann, müßt ihr fortfahren, die Grundlagen für solche Beweise zu legen. Ich möchte einen Kurs einschlagen, der später wissenschaftlich weiterverfolgt werden kann ... Ich möchte versuchen, die Möglichkeit, daß die beiden Welten ein und dasselbe sind, in Begriffen aus der Technik begreiflich zu machen.«

Dann kam der Vergleich mit dem Ventilator. Eine der Erscheinungen, die uns die Vorstellung von zwei verschiedenen oder getrennten Universen aufgezwungen haben, ist die *Frequenz*, sagte Betty. Wenn ein Ventilator in voller Stärke arbeitet, das heißt, wenn die Flügel sich mit hoher Geschwindigkeit drehen, können wir scheinbar durch sie hindurchsehen. Jedenfalls nehmen wir die Flügel selbst nicht mehr wahr. »Meine Koexistenz mit euch ist analog. Wenn ihr euch auf meine hohe Frequenz einstellen könntet, so würdet ihr mich sehen. Wie es jetzt ist, schaut ihr durch mich hindurch. Ich bin ›nicht da‹.«
Einer der Sitzungsteilnehmer fragte Betty einmal: »Ist es von eurer Seite aus gesehen nicht vielleicht so: Ihr könnt uns sehen, wie man Fische in einem Aquarium beobachtet. Wir bewohnen das gleiche Universum, aber wir können nicht mit ihnen zusammenleben.« Betty schien diesen Vergleich zu akzeptieren und ergänzte ihn durch die Fotografie-Parallele. Eine Schwarzweißfotografie registriert eine Realität. Eine Farbfotografie registriert die gleiche Realität, gibt sie aber viel genauer wieder als die Schwarzweißaufnahme. »Dies half uns zu begreifen«, schrieb White, »wieso gleiche Dinge verschieden gesehen werden können.« Betty betonte: »Wenn ihr die richtige Frequenz entdecken würdet, so könntet ihr das ganze Universum entschleiern. Das bedeutet zwar noch nicht, daß ihr es schon bewohnen könnt. Es würde bedeuten, daß ihr sicher wißt, daß ich darin weiterlebe.«
Als nächstes unternahm es Betty, ein Bild ihrer »jetzigen Existenz zu skizzieren«. Sie begann damit, daß sie Joans Séanceteilnehmer daran erinnerte, daß es viele Dinge gibt, die man mit unseren Sinnen nicht wahrzunehmen vermag, deren Existenz aber mit Hilfe von Instrumenten nachgewiesen werden kann. Der Unterschied zwischen den beiden Daseinsformen beruhe also hauptsächlich auf einem unterschiedlichen »Wahrnehmungsmechanismus« – die jenseitigen Instrumente oder Sinne seien eben sehr viel feiner gestimmt als die diesseitigen. »Wenn ich euch berühre, ist das für mich genauso wirklich wie früher. Wir können euch sehen ... Eure und meine Welt sind die gleiche, nur seid ihr euch der meinen nicht bewußt. Ich sehe beide ... Wir haben ziemlich viel Arbeit mit Menschen, die plötzlich zu uns herüberkommen und nicht wissen, was mit ihnen geschieht.« Sie sprach dann von dem großen Vorteil, den diejenigen besäßen, die schon etwas Bescheid wüßten und in der Lage wären, die andere Welt »ganz selbstverständlich und sicher« zu betreten. »Der Tod ist viel einfacher als die Geburt. Die Erde ist für die Individualisierung bestimmt.«
Immer wieder ist von Séanceteilnehmern nach der Bedeutung der Sexualität im Jenseits gefragt worden. Die Antworten weisen trotz großer Un-

terschiede in der Formulierung durchaus Übereinstimmung auf. Jesus antwortete ausweichend, daß es im Jenseits keine Ehen gebe, sondern daß man dort »den Engeln gleich« sei. Raymond Lodge berichtete: »Kinder werden hier nicht geboren.« Und Betty White bestätigte, daß die Erde und nicht das Jenseits die »Welt des Geborenwerdens« sei. Die höhere Bewußtseinssphäre setze logischerweise voraus, daß die Grundbedingung, nämlich die Entstehung eines Wesens mit einem Alpha- und einem Beta-Körper, bereits vollzogen sei.

In welcher Form Sexualität weiterbesteht, deutet ein Bericht an, der dem Schriftsteller Basil King durch automatisches Schreiben eines Mediums namens Jennifer durchgegeben wurde. Darin heißt es: »Die Geschlechtsunterschiede bleiben erhalten, da sie Teil der Individualität sind. Die Geschlechter kommen einander näher durch Sympathie, doch stärker als durch körperliche Merkmale unterscheiden sie sich durch charakteristische Begabungen ... Die Flamme ihres geistigen Kontakts ist schöpferische Leidenschaft, aus der nicht neue Wesen entstehen, sondern neue Kräfte sich entfalten.«[35]

Bei der Darstellung ihres Jenseitsbildes war Betty nicht allein auf sich selbst angewiesen. Oft sagte sie: »Ich weiß es nicht so recht ... Einen Moment, ich werde mich erkundigen.« Meistens fragte sie Lady Anne, die mehrere Jahrhunderte Erfahrung hatte und besonders drastische Vergleiche liebte. Einmal sagte sie: »Der Wahrnehmungsmechanismus einer Wanze verhält sich zu eurem Wahrnehmungsmechanismus etwa so wie der eure zu unserm.« Das irdische Bewußtsein, erklärte sie weiter, sei einem Universum angepaßt, in dem man mit unzählig vielen geistigen und stofflichen Strukturen kollidieren kann. »Ihr stoßt an eine Mauer. Ihr stoßt an Raumgrenzen. Entfernung behindert euch, und ihr müßt sie unter großen Anstrengungen überwinden. Ihr stoßt gegen Zeit. Wenn ihr sagt: ›Ich habe keine Zeit‹, meint ihr damit, daß die fixierte Dauer von einem Tag oder einem Jahr euch behindert. Ihr stoßt gegen Gedanken; anderer Leute Denken blockiert, behindert euch.«

In seiner Interpretation des Betty-Berichts sagt Emmet Finley:

In unserer Welt gibt es zum Beispiel etwas, das wir Elektrizität nennen. Wir kennen ihre Essenz nicht, alles, was wir von ihr wissen, ist die Art und Weise, in welcher sie im eingeschränkten Universum wirkt. Im uneingeschränkten Universum ist ihre Essenz bekannt, und sie wird verwendet. Und dies erklärt auch, warum Betty, als wir sie fragten, ob es in ihrer Welt Elektrizität, Sauerstoff, Ziegelsteine und Stöcke gebe, mit Ja antwortete ... Immer aber fügte sie hinzu, sie kenne und verwende diese Dinge nicht in deren eingeschränktem Aspekt, sondern in deren Essenz.

Dies sei leichter zu verstehen, fährt Finley fort, wenn man sich an das erinnere, was die Physiker uns seit vielen Jahren erklären: daß es solche materielle Substanz, wie wir sie in der Vergangenheit verstanden haben, nicht gebe. Es gebe nur Aggregatzustände der Energie. Und natürlich verschiedene Arten, diese Energie wahrzunehmen.

Man betritt ein dunkles Zimmer. Man stolpert herum und sieht nichts. Dies ist der eine Aspekt. Nun findet man den Lichtschalter und durchflutet das Zimmer mit Licht. Jetzt braucht man nicht mehr zu stolpern, man sieht die Möbel und Bilder, Farben und Formen. Dies ist der andere Aspekt. Und doch betreffen beide Aspekte dasselbe Zimmer. Und es ist dasselbe Zimmer, in welchem man sich die ganze Zeit aufgehalten hat. Man ist immer noch drin und wird weiterhin drin sein. Man nimmt den Raum in seinem eingeschränkten Aspekt wahr. Betty nimmt ihn in der Essenz wahr.
Wer hat schon einmal die beiden Seiten einer Münze zugleich gesehen? Das wäre nur mit Hilfe von Spiegeln möglich. Und doch wird niemand, der die eine Seite einer Münze ansieht, die Existenz der anderen Seite leugnen oder etwa abstreiten, daß beide Seiten zur selben Münze gehören.

Während einer der Sitzungen, in denen Joan durch Fletcher zu uns sprach, ließ sie sagen: »Mister Ford ist manchmal sogar in unserer Welt ... Er läßt sich von seinem eigenen Interesse an dem, was hier vorgeht, so fortreißen, daß er unversehens auf unsere Seite herüberkommt und jemand anders bei euch drüben die Stellung halten läßt. Wie ich schon erwähnte, können ›Körperlose‹, die ungefähr sein Energiemuster besitzen, also Fletcher zum Beispiel, sein Leben für kurze Zeit aufrechterhalten.«
Einer der Séanceteilnehmer wollte später von mir wissen, ob ich mich an irgendeinen dieser Ausflüge ins Jenseits erinnern könne. Ich mußte das verneinen. Welche Reisen ich auch in jene Region gemacht haben mochte, sie sind meiner bewußten Erinnerung völlig verschlossen. Für mich war jede Trance ein tiefer, traumloser Schlaf. Man hat mir Nadeln ins Fleisch gestochen, ich bin nicht aufgewacht. Doch erinnere ich mich, einen Trip nach drüben einmal unfreiwillig und sozusagen hinter Fletchers Rücken unternommen zu haben.

Wanderer zwischen zwei Sphären

Wir haben bisher fast ausschließlich von akustischen Verbindungen mit dem Jenseits gesprochen und die mindestens ebenso häufig bezeugten optischen Einblicke Lebender in diese Sphäre außer acht gelassen. Das geschah mit Absicht und aus drei Hauptgründen: Erstens habe ich schon darauf hingewiesen, daß ich persönlich körperliche oder auch nur bildliche Erscheinungen nicht hervorzubringen vermag. Zweitens ist die Literatur über die visuelle Manifestation von »Geistern« so umfangreich, daß man sich über diese Phänomene leicht an anderem Ort orientieren kann. Drittens geben Sprechkontakte mit Verstorbenen zweifellos besseren Aufschluß über das Leben nach dem Tode als optische Erscheinungen, die ja zumeist stumm sind, also nichts tatsächlich bezeugen bzw. berichten. Ich möchte hier jedoch – wie gesagt, mit allen Vorbehalten – ein eigenes Erlebnis berichten:

Vor einer Reihe von Jahren war ich sehr krank. Die Ärzte wußten, daß eigentlich keine Hoffnung mehr war, aber sie taten selbstverständlich weiterhin alles, was in ihrer Macht stand. Man brachte mich in eines der sogenannten Sterbezimmer des Krankenhauses von Coral Gables, Florida, und meinen Freunden wurde mitgeteilt, daß ich die Nacht wahrscheinlich nicht überleben werde. Wie aus weiter Entfernung, ohne etwas anderes als eine leichte Neugier zu empfinden, hörte ich einen der Ärzte einer Schwester zuflüstern: »Geben Sie ihm eine Spritze, warum soll er es nicht leichter haben!« Ich ahnte, was er mit »es« meinte, aber ich hatte keine Furcht. Ich überlegte nur, wie lange das Sterben wohl dauern würde.

Wenige Augenblicke später schwebte ich über meinem Bett. Ich konnte meinen Körper liegen sehen, aber er interessierte mich sowenig wie irgendein anderer Gegenstand im Zimmer. Ich empfand nichts als Frieden, ein Gefühl, daß nun alles gut sei. Dann fiel ich in eine zeitlose Leere. Als ich mein Bewußtsein wiedererlangt hatte, schwebte ich durch den Raum, schwerelos und körperlos. Und doch war ich »ich selbst« und befand mich in einem grünen, rings von Bergen umgebenen Tal, das in Licht und Farben von unbeschreiblicher Leuchtkraft getaucht war. Von überall her kamen Leute auf mich zu, Menschen, die ich gekannt und tot geglaubt hatte. An viele hatte ich seit Jahren nicht mehr gedacht, aber jeder, den ich einmal gern gehabt hatte, schien zu meiner Begrüßung gekommen zu sein. Alle waren mehr durch Persönlichkeitsmerkmale als durch ihr Äußeres wiederzuerkennen. Ihr Alter hatte sich verändert. Einige, die als ältere Menschen gestorben waren, erschienen jetzt jung, andere, die als Kinder dahingeschieden waren, begrüßten mich als Erwachsene.

Ich war schon oft in fremde Länder gereist und dort von Freunden in Empfang genommen worden, die es sich nicht nehmen ließen, mir die Sehenswürdigkeiten ihrer Heimat zu zeigen. Genauso war es jetzt. Doch nie zuvor war mir ein so überaus herzlicher Empfang bereitet worden. Alles, was mich, ihrer Meinung nach, interessieren konnte, wurde mir gezeigt, und meine Erinnerung an all das ist mir so deutlich geblieben wie meine Erinnerung an die schönsten irdischen Gegenden, die ich gesehen habe: Die Schönheit eines Sonnenaufgangs, von einem Gipfel der Schweizer Alpen betrachtet, die Blaue Grotte von Capri, die Heiligtümer Indiens sind meinem Gedächtnis nicht stärker eingeprägt worden als die spirituelle Welt, in der ich, wie ich wußte, nun weilte.

Etwas hat mich überrascht: Einige Leute, die ich zu sehen erwartet hätte, waren nicht da. Ich fragte nach ihnen. Doch im gleichen Augenblick schien sich ein dünner, durchsichtiger Film über meine Augen zu legen. Das Licht wurde schwächer, und die Farben verloren an Leuchtkraft. Diejenigen, mit denen ich gerade gesprochen hatte, konnte ich nicht mehr erkennen, aber wie durch einen Nebel sah ich jetzt die anderen, nach denen ich gefragt hatte. Auch sie waren wirklich, doch als ich sie anblickte, spürte ich, wie mein Körper schwerer wurde; irdische Gedanken gingen mir durch den Sinn. Mir war klar, daß ich eine niedrigere Sphäre vor mir sah. Ich rief die Freunde beim Namen; sie schienen mich auch zu hören, aber ich konnte nicht verstehen, was sie antworteten. Dann war alles vorbei. Ein sanftes Geschöpf, das wie ein Symbol ewiger Jugend aussah, aber Kraft und Intelligenz ausstrahlte, stand neben mir. »Mach dir keine Sorgen um sie«, sagte es. »Sie können hierherkommen, wann immer sie wollen, sofern sie es mehr als alles andere wünschen.«

Übrigens herrschte um mich herum große Geschäftigkeit. Alle waren unaufhörlich mit geheimnisvollen Besorgungen unterwegs und schienen sehr glücklich zu sein. Einige, mit denen ich früher durch enge Bande verbunden gewesen war, zeigten sich hier nicht sonderlich an mir interessiert. Dafür wurden andere, die ich nur flüchtig gekannt hatte, jetzt meine Gefährten. Ich erfuhr, daß dies richtig und natürlich sei. Hier bestimme das Gesetz der Geistesverwandtschaft unsere Beziehungen.

Irgendwann – ich hatte keinerlei Zeitgefühl mehr – fand ich mich vor einem blendend weißen Gebäude stehen. Als ich eingetreten war, bedeutete man mir, in dem riesigen Vorraum zu warten, bis über meinen Fall ent-

schieden worden sei. Durch große Türen konnte ich zwei lange Tische sehen, an denen Leute saßen und sprachen – sie sprachen über mich. Schuldbewußt begann ich mit einer Bestandsaufnahme meines Lebens. Sie ergab kein sehr erfreuliches Bild. Die Leute an den Tischen waren mit der gleichen Bilanz beschäftigt, aber das, was mir Kummer machte, schien für sie weniger gravierend zu sein. Die herkömmlichen Sünden, vor denen man mich als Kind gewarnt hatte, wurden kaum beachtet. Aber es gab ernste Besorgnisse wegen solcher »Delikte« wie Selbstsucht, Egoismus, Dummheit. Wiederholt fiel das Wort »Verschwendung« – nicht im Sinne von Ausschweifung und Liederlichkeit, sondern als Vergeudung von Energien, Talenten und Gelegenheiten. Auf der anderen Seite wurden lobend einige geringfügige Dinge erwähnt, die wir alle von Zeit zu Zeit tun, ohne ihnen irgendwelche Bedeutung beizumessen. Die »Richter« versuchten, die Grundzüge meines Lebens herauszufinden. Sie erwähnten, daß ich versäumt hätte, das zu erfüllen, »wovon er wußte, daß er es fertigzustellen haben würde«. Es schien, daß mir eine Aufgabe zugedacht gewesen war, die ich nicht erfüllt hatte. Es hatte offenbar einen Plan für mein Leben gegeben, den ich nicht begriffen hatte. »Sie schicken mich wieder zurück«, dachte ich voller Bedauern. Nie habe ich herausfinden können, wer diese Leute waren.
Als man mir sagte, daß ich in meinen Körper zurückkehren müsse, in diese gemarterte, kranke Hülle, die ich in dem Krankenhaus in Florida zurückgelassen hatte, wehrte ich mich heftig. Ich stand vor einer Tür. Ich wußte, wenn ich hindurchginge, würde ich wieder dort sein, wo ich hergekommen war. Ich beschloß, mich nicht von der Stelle zu bewegen. Wie ein bockiges Kind stemmte ich meine Füße gegen den Türrahmen und schlug wild um mich. Plötzlich fühlte ich, wie ich durch leeren Raum stürzte. Ich öffnete die Augen und blickte in das Gesicht einer Krankenschwester. Ich hatte mehr als zwei Wochen im Koma gelegen.

Man kann meinen Ausflug ins Jenseits natürlich rundweg als einen Traum erklären, intensiviert durch die Injektion eines bewußtseinsverändernden Medikaments. Merkwürdig wäre in diesem Fall allerdings, wie mich dann Verstorbene – z. B. Joan – bei dieser oder jener Gelegenheit im Jenseits angetroffen haben können. Weder ich noch irgendein anderer hatte der noch lebenden oder der unsichtbaren Ruth Finley von meiner »Traumreise« erzählt. Angenommen, sie hätte diesen einen Aufenthalt in jener Sphäre, der mir so gut erinnerlich ist, aus meinem Gedächtnis abgelesen, bliebe doch die Frage, aus welchen Quellen sie das Wissen über meine anderen Kurzvisiten bezogen haben könnte, von denen ich selbst nicht die geringste Ahnung hatte.

Interessanterweise stimmen meine Eindrücke von der Ankunft und dem freundlichen Empfang im Jenseits weitgehend mit denen überein, die im Jahre 1917 der Forscher Edward C. Randall durch das Medium Emily S. French erhielt:

Selbst der gelehrteste Wissenschaftler unter den Erdbewohnern hat nicht die geringste Vorstellung von den Eigenschaften des Stoffs, der Substanz, aus der das Universum – das sichtbare und das unsichtbare – besteht. Ich hatte sie jedenfalls nicht, als ich noch im Diesseits lebte, obwohl dies mein spezielles Forschungsgebiet war. Das, was wir sehen und berühren können, alles, was physisch oder greifbar ist, ist nur die niedrigste Form von Lebenskraft ... *Bei meiner Ankunft hier wurde ich von meinen Lieben begrüßt, die herbeigeeilt waren, um mich willkommen zu heißen, genauso selbstverständlich, wie jemand, der von einer langen Reise auf Erden nach Hause zurückkommt, begrüßt wird.* Ihre Körper waren nicht von gleicher Konsistenz, wie sie im Erdenleben gewesen waren, aber sie waren dem meinen ähnlich. Dann sagte man mir, daß mein Körper noch der gleiche sei wie auf Erden, nur ohne die fleischliche Hülle. Dies sei eine notwendige Voraussetzung für den Eintritt in das höhere Leben; unsere Körper besäßen Kontinuität. Ferner, daß ich jetzt auf einer Stufe angelangt wäre, auf der alles ätherisch sei – das heißt, aus einem Stoff bestünde, der sich in völliger Harmonie mit meinem Geist befinde. Alles schien sich völlig natürlich anzufühlen und anzusehen. Mein Geist war klar, die Alterserscheinungen waren verschwunden, ich war ein Mann im Vollbesitz seiner geistigen Fähigkeiten. Was mich nach dem Wiedersehen mit meinen Angehörigen am meisten beeindruckte, war die Wirklichkeit und Greifbarkeit von allem und jedem ... Es ist unser Bestreben, die Gesetzmäßigkeit des Fortlebens zu erklären und die Fakten so einfach zu schildern, daß es für alle verständlich ist ... Dadurch, daß man sich seiner physischen Hülle entledigt, nähme man, so heißt es, Unsterblichkeit an. Aber in Wirklichkeit ist man immer unsterblich gewesen ... Wir verständigen uns untereinander durch einfache Gedankenprojektion.[36]

In jeder Familie gibt es einen Angehörigen, der schon einmal an der Schwelle des Todes stand und der, von dort zurückgekehrt, von einer Dimension zu berichten wußte, die er den anderen, den Unerfahrenen, kaum zu beschreiben vermochte.
Ich weiß von einem Mann, der in seiner Jugend (jetzt ist er Kongreßmitglied) schwer erkrankt war und in tiefer Bewußtlosigkeit lag. Seine Mutter rief Freunde zusammen, und sie beteten gemeinsam um seine Genesung. Er wurde gesund – und bat seine Mutter, ihn nie wieder

»zurückzuholen«. Das Land, das er gesehen habe, sei viel herrlicher als das, in dem sie jetzt lebten.
In jedem Krieg kommt es zu solchen Erlebnissen außerhalb des Körpers. C. K. Jenkins, damals britischer Soldat, wurde 1917 in den Kämpfen bei Ypern verwundet. »Mein Körper«, berichtete er, »wurde so rasch von mir weggerissen, daß ich nicht einmal merkte, wie er stürzte. Ich ging ohne ihn weiter und fühlte mich durch und durch lebendig und frei.« Nach seiner Genesung sagte er, das Erlebnis habe ihn gelehrt, daß sein Körper nicht sein wahres Ich sei, sondern nur ein Mantel oder eine Haut, die er trage.
Sam Bourne, ein Londoner Feuerwehrmann, wurde während des Zweiten Weltkrieges bei einem deutschen Fliegerangriff schwer getroffen. »Ich hörte ein Heulen«, sagte er, »und dann hatte ich meinen Körper verlassen. Ich sah meine irdische Hülle unter einem schweren Balken liegen. Ich selbst befand mich etwa anderthalb Meter höher, war frei wie ein Vogel in der Luft und hatte keine Schmerzen. Ich war mir jeder Einzelheit im Raum bewußt und hatte auch eine Gestalt. Am Fenster saß eine Freundin, und ich dachte: Ich muß ihr helfen! Dann kehrte ich mit einem Schlag – ich kann es nur als Donnerschlag bezeichnen – in meinen Körper zurück, und Soldaten retteten uns. Nie werde ich das köstliche Gefühl der Freiheit und der Leichtigkeit vergessen, das ich empfand, als ich in meinem Astralleib lebte. Warum sich sorgen, wenn das der ›Tod‹ ist?«[37]

Der Psychologie des 20. Jahrhunderts ist es nie gelungen, solche Erlebnisse »wegzuanalysieren« oder sie auf die Ebene gewöhnlicher Träume herunterzuwiegeln. Erlebnisse außerhalb des Körpers weisen in der Regel bestimmte Eigentümlichkeiten auf, die für Träume nicht charakteristisch sind. Da ist zunächst das Gefühl, sich an einem tatsächlich existierenden Ort – nicht in einem nebulosen Traumland – zu bewegen und tatsächlich existierende Gegenstände in allen Einzelheiten zu sehen, den eigenen physischen Körper mit eingeschlossen. Da wird ferner häufig jenes leuchtende Silberband gesehen, das Körper und Seele verbindet, und man weiß plötzlich, daß die beiden Körper getrennt werden und der physische Körper stirbt, wenn die Schnur zerreißt. Diese und andere Umstände »sind unerklärlich«, schrieb der Psychologe Robert Crookall 1965, »wenn wir nicht von der Hypothese ausgehen, daß es tatsächlich einen ›Astral‹- oder ›Seelen‹-Körper gibt. Zwar sind viele der Doppelgängererscheinungen, von denen berichtet wird, zweifellos Halluzinationen, viele aber mit Bestimmtheit real.«[38]
Zahlreiche psychologische Forscher sind überzeugt, daß die so häufig beobachtete »Aura«, dieses Leuchten, das manchmal sogar mit Instrumen-

ten registriert werden kann, eine Ausstrahlung des Astralkörpers ist. Medial veranlagte Menschen vieler Jahrhunderte und Kulturen haben bestimmte aurale Farben bestimmten Gegebenheiten zugeordnet. Weiß um den Kopf herum, beispielsweise, zeigt eine in geistig-seelischer Beziehung hochstehende Natur an – daher die Heiligenscheine, die Künstler des Mittelalters den Heiligen um die Köpfe malten.

Die Gabe des Aurasehens muß aber auch heute verhältnismäßig häufig sein. Ich kann aus dem Stegreif mehr als dreißig Leute nennen, die sie besitzen. Aus der Zusammensetzung von Licht, Farbe und Intensität der Strahlung können sie die körperliche und seelische Gesundheit einer Person ablesen. Der begabteste geistige Heiler unserer Zeit, Edgar Cayce[39], stellte seine medizinische Diagnose, indem er die Aura seiner Patienten beobachtete. Hellseher, die die Aura sehen können, haben das Gefühl, es mit ihrer normalen Sehkraft zu tun. »Ich sehe sie, das ist alles. Sie ist einfach da.« Andererseits muß man die Interpretation der verschiedenartigen Auraerscheinungen üben wie das Lesen einer Röntgenaufnahme. Ein Freund beschrieb mir einmal seine ersten Erfahrungen auf diesem Gebiet folgendermaßen: »Man kann es mit der Abstimmung eines Radios oder eines Fernsehempfängers vergleichen. Als ich mich in Halbtrance auf die Aura einstimmte, wurde die Alltagserscheinung der Person verschwommen. Danach, als ich mich wieder auf das normale Sehen umstellte, konnte ich die Aura kaum mehr wahrnehmen.«

Es war Shafica Karagulla, Professorin an der New Yorker Staatsuniversität, eine hervorragende Medizinerin und Psychiaterin, die vor wenigen Jahren, gegen den Widerstand vieler ihrer Kolleginnen, der Auraforschung endlich wissenschaftlichen Respekt verschafft hat.[40] Frau Karagullas fähigste Aura-Deuterin, eine Geschäftsfrau mit dem Decknamen »Diane«, sieht die Aura in ungewöhnlichen Einzelheiten. Ihre Elemente stehen für sie sichtbar in unmittelbarer Beziehung mit den wichtigsten Organen des physischen Körpers, den Nervenzentren und den Drüsen. Einmal diagnostizierte sie einen Darmverschluß, von dem bis dahin weder Patient noch Arzt etwas wußten. Durch Röntgenaufnahmen wurde die aurale Diagnose bestätigt und der Verschluß durch chirurgischen Eingriff behoben. Ein andermal sagte Diane anderthalb Jahre vorher den Ausbruch einer schweren Erkrankung (der Parkinsonschen Krankheit) voraus. Das, betonte sie, habe nichts mit Präkognition zu tun, man müsse nur die Veränderungen in der auralen Struktur richtig zu deuten wissen. Drei bis vier Stunden brauchte sie für eine vollständige Deutung. Diane »erschaute« Gemütsstörungen und Stimmungsbeeinträchtigungen ebenso klar aus der Aura und sagte eines Tages der Ärztin auf den Kopf zu, daß sie über einen bestimmten Patienten sehr verärgert sei – es stimmte. Frau Dr. Karagulla hatte jedoch geglaubt, sie habe sich gut in der Hand und ließe sich nichts anmerken. Gefragt, woher sie das wisse, erklärte Diane, sie sähe im Ausstrahlungsbereich der Ärztin »kleine, rote Flecken, wie Masern«. Sie formen, sagte sie, ein etwa dreißig Zentimeter breites Oval um den Körper. Ein Kraftkörper durchdringe den physischen Leib, so sehe sie es, und bilde etwa zwei Zentimeter über unserer Haut eine zweite.

Daß der menschliche Körper eine Ausstrahlung hat, ist der Wissenschaft seit 1923 bekannt, als es dem Leningrader Wissenschaftler Alexander Gurwitsch gelang, sie zu messen.[41] George W. Crile bewies 1934, daß das Gehirngewebe in den sichtbaren infraroten und ultravioletten Bereichen eine Ausstrahlung hat. Die stärkste menschliche Ausstrahlung – von Dr. Otto Rahn von der Cornell-Universität beobachtet – geht von den Fingerspitzen der rechten Hand aus, eine Tatsache, die geistigen Heilern seit langem bekannt und von Nutzen ist. Einige medial veranlagte Menschen haben eine so starke Ausstrahlung, daß sie in keinem Unternehmen arbeiten können, in dem man mit unentwickelten Fotofilmen zu tun hat. Berühren sie diese, ja, nähern sie sich ihnen nur, werden die Filme sofort »belichtet«. Dieser Effekt hat zur Entdeckung und Weiterentwicklung neuer fotografischer Möglichkeiten und neuer Aufgaben der Fotografie im Dienst der Parapsychologie geführt. In der Sowjetunion hat in den letzten Jahren die Aurafotografie[42] gute Fortschritte gemacht und in den USA, wie schon erwähnt, Ted Serios fotografische Abbildungen von Gedankenprojektionen geliefert. Eine Vervollkommnung dieser Technik und ihre eines Tages hoffentlich von vielen erlernbare Anwendung könnte für die Erforschung der Jenseitskommunikation von allergrößtem Nutzen sein, etwa zur dokumentarischen Bestätigung des Phänomens gefühlsmäßiger Anwesenheit von Verstorbenen unter uns. (Ich komme darauf noch zurück.)

Vielleicht können die Medien in nicht allzu ferner Zukunft sogar damit rechnen, daß »Geisterfotografien«, genauer gesagt, Fotos von sichtbaren Manifestationen, nicht mehr von vornherein den Verdacht der Fotomontage oder der »getürkten« Aufnahme erwecken. Schuld daran sind nicht zuletzt unser Modebewußtsein und unsere Kriterien für Kitsch: Viele Menschen können und wollen sich nun einmal nicht damit abfinden, daß die Erscheinungen aus dem Jenseits tatsächlich in den wallenden weißen Gewändern der Märchenbuchgespenster auftreten. Daß dies jedoch nach wie vor so ist und sich auch die soeben Verstorbenen erst langsam an diese Kleidervorschrift gewöhnen müssen, bestätigte uns schon Raymond Lodge. Hier folgt ein Bericht aus jüngster Zeit, und zwar handelt es sich um einen der äußerst seltenen Fälle von gleichzeitig optischer und akustischer Wahrnehmung Jenseitiger – wenn auch leider keine Kommunikation stattfand. Berichterstatter, Augen- und Ohrenzeuge in einer Person ist der über den Verdacht der Phantasterei erhabene Wissenschaftler Professor Ralph Harlow vom Smith College, Cambridge, Massachusetts. In einer 1960 veröffentlichten Arbeit verfocht er die These, daß wir durch eine geringfügige Veränderung im Spielraum unseres Schwingungs-Wahrnehmungsvermögens in der Lage sein müßten, in der anderen Welt lebende Personen zu erkennen. Wir seien bereits nahe daran, und in seltenen Augenblicken hätten einzelne Menschen die Chance, sozusagen »den Himmel offen« zu sehen. Er erzählte von einem Erlebnis, das er und seine Frau hatten, als sie an einem Frühlingsmorgen in der Nähe von Ballardville, Massachusetts, spazierengingen.

Aus einiger Entfernung hinter uns hörten wir auf einmal das gedämpfte Gemurmel von Stimmen. Ich sagte zu Marion: »Wir haben Gesellschaft.« Marion nickte und blickte sich um. Wir sahen nichts, aber die Stimmen kamen näher, und zwar in einem schnelleren Tempo, als wir gingen. Es war also anzunehmen, daß die noch unsichtbaren Spaziergänger uns bald überholen würden. Plötzlich merkten wir, daß die Geräusche nicht nur hinter uns, sondern auch über uns waren, und wir blickten hinauf. Ungefähr drei Meter über uns, ein wenig zu unserer Linken, schwebte eine Gruppe strahlender Geschöpfe. Wir standen wie vom Donner gerührt und starrten hinauf. Es waren sechs junge Frauen, die in wallende, weiße Gewänder gekleidet und in ein ernsthaftes Gespräch vertieft waren. Nichts deutete darauf, daß sie uns bemerkt hatten. Ihre Gesichter waren ganz klar zu erkennen. Eine Frau, die ein wenig älter als die übrigen zu sein schien, war von besonderer Schönheit. Sie redete lebhaft auf eine jüngere Erscheinung ein, deren Rücken uns zugekehrt war und die zu der Redenden aufschaute. Weder Marion noch ich konnten verstehen, was sie sagten, obwohl ihre Stimmen deutlich zu hören waren. Sie schienen an uns vorbeizuschweben, und ihre anmutigen Bewegungen schienen ganz natürlich – so sanft und friedlich wie der Morgen selber. Im Vorüberschweben wurde ihre Unterhaltung leiser, bis die Gruppe schließlich ganz verschwunden war. Wir standen noch immer regungslos an der gleichen Stelle. Dann blickten wir einander an, jeder mit dem Gedanken, ob der andere wohl das gleiche gesehen hatte. »Komm«, sagte ich und führte meine Frau zu einer gefällten Birke. Wir setzten uns, und ich sagte: »Was hast du gesehen? Erzähl es mir ganz genau mit allen Einzelheiten. Auch, was du gehört hast.« Sie wußte, worauf ich hinauswollte, daß ich meinen Augen und Ohren nicht traute und daß ich feststellen wollte, ob ich Halluzinationen gehabt hatte. Ihre Antwort stimmt in jeder Hinsicht genau mit dem überein, was meine eigenen Sinne wahrgenommen hatten. »Für Sekunden«, sagte sie ruhig, »muß sich der Schleier zwischen unserer Welt und der der Toten gelüftet haben.«

So wunderbar solche Erscheinungen durch den Äther schwebender schöner Frauen auch sein mögen – sie erinnern uns, die wir davon nur lesen oder hören, unwillkürlich leider an altmodische Kitschpostkartenbilder, und sie sind auch für die Forschung nicht sonderlich aufschlußreich. Für den Psychologen viel interessanter ist ein weniger spektakuläres, ein buchstäblich unscheinbares Phänomen, das relativ häufig vorkommt, lange andauert und äußerst intensiv auftreten kann, obwohl nichts zu sehen und nichts zu hören ist: Ich meine die *gefühlsmäßige* Anwesenheit Verstorbener. Sie ist in der Literatur aller Zeiten und Völker immer wieder dokumentiert worden – unter anderem von Goethe[43] –, und sie bildet oft die Ausgangssituation für einen späteren akustischen oder psychokinetischen Kontakt mit dem Jenseitigen. So begann es beispielsweise auch mit Betty White. Ihr Mann berichtet:

Betty war für mich in der zufriedenstellendsten Art und Weise »zurückgekommen«. Auch stand ich mit dieser Erfahrung nicht allein. Ich erhielt aus dem ganzen Lande Zuschriften, die einen in verwundertem Ton, die andern von Leuten, die Betty nur zufällig und vor vielen Jahren gekannt hatten. Sie alle versuchten, mir ihr Gefühl für Bettys Gegenwart zu erklären: »Ich fühlte mich plötzlich glücklich und gehoben, ohne jeden äußeren Anlaß. Kein Stich durchs Herz – nur ein ausgelassener und frecher Rippenstoß.« – »Ich glaubte es nicht aushalten zu können. Aber den ganzen Abend hindurch hatte ich ein Gefühl von Betty und ein Gefühl des Friedens, das ich nie für möglich gehalten hätte.« – »Wenn ich an Betty denke, so kann ich mir unmöglich irgendein Gefühl der Verlassenheit *aufzwingen*. Sie ist einfach *hier*.« – »Es war eine erstaunliche Erfahrung von wunderbarer Gewalt ... Ich rief einfach nach ihr, und sie war augenblicklich gegenwärtig, und dies mit solcher Intensität, daß ich selbst völlig über den Haufen geworfen wurde.«[44]

Eine junge Frau erzählte mir einige Zeit nach dem Tod ihres Mannes folgendes: »Jetzt mußte ich die Kinder großziehen, und niemand half mir. Ich konnte meinen Kummer kaum ertragen und war wütend auf Gott, weil er mir so früh meinen James weggenommen hatte. Ich verstand nicht, wie man einen solchen Gott als gut bezeichnen konnte. Ich weiß nicht, wie es geschah – eines Tages war plötzlich mein Mann wieder bei mir, mutiger, stärker und ausgeglichener, als ich ihn je gesehen hatte.«

»Haben Sie ihn denn gesehen?« fragte ich.
»Aber nein – er ist doch kein dummes Gespenst!«
»Hören Sie ihn vielleicht?«
»Wie sollte ich ihn denn hören können, wenn ich ihn auch nicht sehe? Er ist einfach da, ich weiß nicht, ob Sie das verstehen, und hilft mir bei der Erziehung unserer Kinder.«

Was hier geschehen ist, läßt sich als kontinuierliches außersinnliches Erlebnis definieren: Die Frau hatte, ohne sich dessen bewußt zu sein, ihre medialen Eigenschaften eingesetzt. Ein Psychologe könnte, den Fall »verharmlosend«, sagen, daß hier eine Art Projektion vorliege. Ich meine, daß Projektion und mediale Befähigung nicht unvereinbar sind. Wie dem auch sei: Das Bezeichnende an dieser Geschichte ist die Selbstverständlichkeit, mit der viele Menschen – besonders jene sogenannten Durchschnittsmenschen, die von Medialität noch nie etwas gehört haben – ihre eigenen außersinnlichen Erfahrungen akzeptieren, wenn sie ihnen im Alltagsleben nützlich sind. Sie weisen jeden Verdacht, daß sie dem Okkultismus huldigen und der Geisterseherei verfallen seien, mit Entrüstung von sich, denn an ihren Erlebnissen ist ja nichts Mystisches, nichts Schauerliches. Sie leben nicht in einer Märchenbuchwelt, sondern in der Wirklichkeit wie alle andern auch.

Dergleichen habe ich gerade in den letzten Jahren so oft erlebt, daß ich davon überzeugt bin: Wir nähern uns einem Zeitpunkt, von dem an außersinnliche Wahrnehmungen nicht mehr als paranormal oder gar abnorm, sondern als eine »reelle Chance« betrachtet werden – etwa genauso reell wie die mögliche Ausbildung einer bestimmten künstlerischen Befähigung, für die eine gewisse Grundbegabung oder auch nur Lust und Liebe vorhanden sein müssen. Natürlich wird es für die Qualität der außersinnlichen Fähigkeit dann ebensolche mehr oder weniger verbindlichen Maßstäbe geben wie für jedes andere Talent, und die Gefahr, daß jeder, der seine telepathischen Kräfte so weit wie möglich aktiviert, sich gleich in öffentlichen Séancen produzieren will, dürfte genauso gering sein wie die, daß jeder, der Klavier- oder Geigespielen lernt, Konzertvirtuose werden möchte und auch wird. Die allgemeine Einsicht in die Tatsache aber, daß ein solches Bewußtseinstraining möglich und nutzbringend sein kann, würde die Menschheit einen großen Schritt weiter an die unerschlossenen Dimensionen heranbringen, die nach Meinung der Zukunftsforscher das 21. Jahrhundert uns eröffnen wird.

Einer der Pioniere des neuen Zeitalters, als dessen Geburtsstunde wir die erste Landung auf dem Mond ansetzen können, ist Captain Edgar D. Mitchell, der 1964 am berühmten Massachusetts Institute of Technology zum Doktor der Aeronautik und Astronautik promovierte und seit 1966

in Houston, unserem Zentrum der Weltraumfahrt, maßgeblich an der Vorbereitung der Mondexploration beteiligt ist. Er macht kein Hehl daraus, daß ihn im Zusammenhang mit der beginnenden Erschließung des Universums noch ganz andere Fragen interessieren als geologische, physikalische, physiologische usw. – Fragen, die für die NASA nicht nur uninteressant, sondern sogar tabu zu sein scheinen: die Bedingungen telepathischer Kommunikation zwischen Weltraum und Erde und ihre praktische Einsatzmöglichkeit für die Raumfahrt.
Als Mitchell mich eines Tages aufsuchte, hatte er bereits auf verschiedenen Gebieten der außersinnlichen Wahrnehmung persönliche Erfahrungen gesammelt. Er berichtete mir von Experimenten mit automatischem Schreiben, von »Präkognitionsblitzen« und hellseherischen Momenten. Aber es waren mehr oder weniger Zufallserlebnisse gewesen. Nun wollte er die Kräfte, die da in ihm am Werk waren, aktivieren, und er fragte mich, ob ich ihm dabei helfen könne.
Ich war überrascht und erfreut, einem Mann zu begegnen, der es wagte, aus dem Gefängnis der Technologie auszubrechen und im Weltraum gewissermaßen eigene Wege einschlagen zu wollen, selbst auf die Gefahr hin, als Außenseiter – wenn nicht gar als Verräter – der materialistischen Gesellschaft zu gelten. Er weihte mich in einen mutigen, großartigen Plan ein, und ich versprach, zur Verwirklichung dieses Unternehmens beizutragen, so gut ich es vermag. Wir kamen nun öfter zusammen. Mehr darüber kann ich zu diesem Zeitpunkt nicht sagen.[45]

Auf dem Prüfstand

Jedes verantwortungsbewußte Medium sieht ein, daß es erforderlich ist, die von ihm hervorgebrachten Phänomene objektiv und kritisch-wissenschaftlich zu untersuchen. Dabei muß es in Kauf nehmen, daß solche Untersuchungen strapaziös und langweilig sind und manchmal überflüssig erscheinen, etwa dann, wenn es sich um Manifestationen handelt, die bereits mehrfach geprüft und dokumentiert worden sind. Andererseits gibt es viele Fragen, auf die auch das beste Medium noch keine Antwort beibringen konnte, nicht einmal von den Mehr-Wissenden im Jenseits, und deren Klärung man sich weiterhin von der Wissenschaft erhofft. Es sollte daher selbstverständlich sein, daß man als »Hauptzeuge« den Untersuchungen nicht aus dem Wege geht, auch wenn sie einem bisweilen übertrieben inquisitorisch vorkommen mögen.

Ich meine, jeder gewissenhafte Arbeiter hat soviel von einem Perfektionisten an sich, daß er mit seiner Leistung nie ganz zufrieden ist. Mit Sicherheit kann ich das von den begabtesten unter den heute lebenden Medien sagen, die ich kenne. Wir sind uns unserer Unzulänglichkeit viel schmerzlicher bewußt als unsere Kritiker, denn wir kennen die Schwierigkeiten und Fehlerquellen aus erster Hand.

Ich habe in mehr als vierzig Jahren rund achttausend Séancen abgehalten, und die fähigsten und hartnäckigsten Wissenschaftler dreier Generationen haben mein Wirken und mich selbst unzählige Male unter die Lupe genommen. Sie haben Elektronengeräte eingesetzt und Detektive, sie haben mich nicht nur auf Herz und Nieren geprüft, sondern kaum ein Organ meines Körpers außer acht gelassen, sooft es darum ging, die physiologischen Veränderungen in der Trance und während der Kommunikation mit anderen Wesen festzustellen.

Sie haben getestet und analysiert, was es zu testen und zu analysieren gab und am Ende der Untersuchung das Faktum der aufgetretenen Phänomene bestätigt – geklärt und als realen Sachverhalt in unseren Wissenskatalog aufgenommen haben sie es noch nicht. Ich weiß nicht, wie viele Manifestationen über welche Zeiträume hinweg noch geprüft werden müssen, ehe man solche Vorgänge ad hoc akzeptiert wie irgendeine beliebige physikalische Erscheinung. Ich fürchte, ich werde diesen Tag nicht mehr erleben.

Ich bin, wie so viele sensible Menschen, kein optimistischer Prüfungskandidat. Die Erinnerung an einige besonders harte, man kann auch sagen, besonders hinterhältige Examen verursacht mir noch heute Herzklopfen, obwohl ich sie im Grunde stets unverhofft gut bestanden habe. Das ist ein Geschenk, das ich besonders zu schätzen weiß, denn es gibt eine große Zahl durchaus hochbegabter Medien und Sensitiver, die völlig versagen oder sogar unbewußt betrügen, sobald sie sich examiniert fühlen. Einige von ihnen wurden in den zwanziger Jahren das Opfer des Magiers Howard Thurston, der, wie der böse Geist des kurz zuvor verstorbenen Spiritistenschrecks Houdini, durch die Staaten reiste und seine Vorführungen von Zaubertricks mit diffamierenden Äußerungen über betrügerische Medien würzte.

Eines Tages las ich in der *New York World*, Thurston habe bereits dreihundert falsche Medien entlarvt, und der Glaube an außersinnliche Wahrnehmungen habe in den USA seiner Meinung nach mehr Familien zerrüttet als der Alkohol. Ich setzte eine Gegendarstellung auf, aber die Zeitung war nicht daran interessiert, sie abzudrucken. »Unsere Leser wollen keine trockenen Argumente, sondern eine Story«, erklärte mir der Redakteur, und ein Freund, dem ich davon erzählte, hatte sogleich eine kühne Idee. Die Story dazu sollte natürlich ich liefern.

Es war bekannt, daß Thurston vor der Vorführung seiner Hauptnummer jedermann zehntausend Dollar bar auf die Hand versprach, der den nun folgenden Trick nachzumachen imstande wäre. Es folgte eine, zugegeben, ganz geschickte Parodie auf das Hellsehen, wobei eine aufblasbare Gummipuppe als »Medium« fungierte, oder eine taschenspielerische Nachahmung von psychokinetischen und ähnlichen Phänomenen. Danach kam der obligate Vortrag darüber, daß alle »Übersinnlichen« mit Tricks arbeiteten – nur nicht so geschickt wie er, Thurston.

Mein Freund schlug mir vor, den Magier mit seinen eigenen Methoden anzugreifen und ihm zehntausend Dollar anzubieten, für den Fall, daß es ihm gelänge, meine Übermittlungen in der Trance zu wiederholen oder als Betrug zu entlarven. Vor der Herausforderung, sagte ich, sei mir nicht bange, aber woher sollte ich das Geld nehmen? Vielleicht war ich insgeheim jedoch ganz froh, daß das Experiment schon aus finanziellen Gründen nicht durchführbar war, denn als man mir die Summe einige Tage später zur Verfügung stellte, verließ mich der Mut. Mein Freund hatte einen Mäzen aufgetrieben, Mr. John Bowman, den Präsidenten eines Hotelkonzerns, der möglicherweise weniger an meine Fähigkeiten als an den Publicity-Effekt eines solchen Matches glaubte. Den Austragungsort bestimmte natürlich er, und für ihn kam nur die Carnegie Hall in Frage. Thurston nahm die Herausforderung an; ich konnte nicht mehr zurück.

Der Reklamerummel war bereits angelaufen. Man versprach dem Publikum eine »übernatürliche Sensation«, ein Duell zweier Geisterbeschwörer, eine Art Stierkampf. Mir war nicht wohl bei diesem Vergleich. Wer von uns beiden mochte von der Öffentlichkeit für die Rolle des Stiers vorgesehen sein? Ich trainierte ein bißchen die Trance, bereitete mich im übrigen aber nicht weiter vor – was hätte ich tun können, da ich doch kein Trickbetrüger war? –, sondern verließ mich auf den treuen Beistand Fletchers.

Die Carnegie Hall war an jenem Abend bis auf den letzten Platz gefüllt. Ich hatte den Eindruck, daß alle Magier, Medien, Journalisten, Showbusiness-Manager und sensationslüsternen Leute der USA versammelt waren. Als Herausforderer betrat ich die Bühne als erster und verlangte von dem in der ersten Reihe sitzenden Thurston zunächst nur, daß er mir nicht dreihundert, sondern nur fünfundzwanzig Medien mit Namen nennen solle, die er als Betrüger entlarvt habe. Thurston erhob sich und nannte drei, von denen keines mehr lebte. Meine Antwort lautete: »Ich könnte Ihnen mehr nennen, Mr. Thurston!« und bekam den ersten Applaus. Dann forderte ich ihn auf, wenigstens einige Familien zu nennen, denen die Beschäftigung mit außersinnlichen Phänomenen Unglück gebracht habe. Er antwortete, daß er auf diese Frage nicht vorbereitet sei und keine Namen parat habe. Ich hätte leicht einige nennen können, denn natürlich gibt es immer und überall Menschen, die unter gefährlichen religiösen oder anderen Wahnvorstellungen leiden.

Meine dritte Forderung: Thurstons angeblich allen Medien überlegene Gummipuppe sollte mir den Namen meines Großvaters nennen. Wahrlich ein Kinderspiel für jeden echten Gedankenleser. Thurston erklärte, daß er seine Gummipuppe nicht mitgebracht habe und daher nicht auftreten könne.

Die weitere Veranstaltung fand ohne ihn statt. Es wurde eine meiner erfolgreichsten Massen-Séancen. Fletcher war hervorragend in Form. Die Presse schrieb: »Ford siegt durch k. o. in der zweiten Runde.« Thurston behauptete gegenüber Reportern, sein Agent habe ihn in diese Situation hineingetrieben, er selbst wäre immer gegen die Houdini-»Masche« gewesen. Ich hoffte nur, daß er sie nun fallenlassen würde.

Vier Jahre später war ich für ein paar Tage in Detroit und konnte es mir nicht versagen, Thurston wiederzusehen, der in dem größten Varieté der Stadt auftrat. Er war nun auf dem Höhepunkt seines Ruhms. Das Publikum schien den Reinfall in der Carnegie Hall vergessen zu haben, nicht aber der Magier selbst. Mit Erstaunen las ich im Programmheft: »Geistertrick. – Diese Nummer will keineswegs religiöse Gefühle verletzen.« Nachdem er diesen Trick gezeigt hatte, rief er den Beleuchtern zu, sie

sollten den Scheinwerfer, der bis dahin ihn angestrahlt hatte, auf eine bestimmte Person im Saal richten. Er zeigte in die Richtung, in der ich saß. Gleich darauf hatte mich der Lichtkegel gefunden. Irgend jemand mußte Thurston von meiner Anwesenheit informiert haben. Jetzt wird er sich rächen, dachte ich und war auf alles gefaßt, nur darauf nicht: Thurston trat an die Rampe und sagte, indem er den Arm nach mir ausstreckte, als könne er mich von dort aus auf die Bühne geleiten: »Meine Damen und Herren, was ich Ihnen eben vorgeführt habe, war nichts als ein Trick. Aber unter Ihnen ist ein Mann, der Ihnen tatsächlich ein Gespräch mit einem Ihrer Lieben, der nicht mehr unter den Lebenden weilt, vermitteln kann. Es ist Arthur Ford.« Dann bat er mich, zu ihm zu kommen.
Wir saßen an diesem Abend noch lange zusammen und wurden Freunde. »Damals in New York«, gestand er mir, »hatte ich keine Ahnung, über was ich mich lustig machte. Erst durch Sie ging mir ein Licht auf. Seitdem kenne ich die Grenzen der Magie – und ich habe selbst einige Male außersinnliche Erlebnisse gehabt, die mich vollkommen überzeugten. Ich bin jetzt sogar Mitglied der Amerikanischen Gesellschaft für parapsychologische Forschung.«

In einer aufsehenerregenden Vorlesung, die Professor Curt Ducasse 1951 im Swarthmore-College gehalten hat, erörterte er eine Anzahl der Schwierigkeiten bei der richtigen Beurteilung dessen, was während der Trance geschieht oder geschehen kann. Diese Möglichkeiten umfassen beabsichtigten Betrug, unbeabsichtigten oder unbewußten Betrug, Beeinflussung des Mediums durch ein fremdes Bewußtsein, echte Kommunikation mit anwesenden oder abwesenden lebenden Personen oder Verstorbenen und eine Kombination mehrerer dieser Faktoren. Ducasse belegte an Beispielen die Gründlichkeit, mit der die Forscher bei ihrer Untersuchung des Mediums zu Werke zu gehen pflegen.
Laienhafte Skeptiker behaupten immer wieder, daß Medien sich entweder direkt oder durch Mittelsleute rechtzeitig alle erdenklichen Informationen über die Verwandten oder Bekannten der Personen, deren Erscheinen auf einer Séance geplant ist, besorgen. Um im Falle von Mrs. Lenore Piper, dem von William James entdeckten Medium, die Betrugshypothese auszuschalten, wurden sowohl Mrs. Piper als auch ihr Ehemann vor einer wichtigen Séance mehrere Monate lang Tag und Nacht durch Detektive überwacht, um herauszufinden, ob sie sich nach Lebensumständen oder Familiengeschichten von Leuten erkundigten, mit deren spiritueller oder körperlicher Anwesenheit bei der kommenden Sitzung zu rechnen war. »Nichts auch nur im geringsten Verdächtiges wurde gefunden.« Übrigens wurden die Séanceteilnehmer stets unter fiktiven Namen eingeführt.

Manchmal waren sie noch nicht im Raum, als das Medium in Trance fiel, und wenn sie dann hereinkamen, setzten sie sich so, daß das Medium sie nicht hätte sehen können, selbst wenn es seine Augen offen gehabt hätte. Auf Reisen übernachteten die Pipers in Quartieren, die von ihren Betreuern ausgesucht worden waren, und sie wurden selbstverständlich auch dort von ihnen überwacht. Ihre gesamte Post wurde geöffnet und gelesen.
Trotzdem erbrachten Lenore Pipers Séancen immer wieder überzeugende Beweise von Jenseitskontakten. Viele der Informationen, die sie weitergab, hätten nicht einmal von Geheimagenten ausgekundschaftet werden können, selbst wenn man ihnen beliebig viel Zeit dafür gegeben hätte. Dennoch kamen die Forscher aus Vorsicht erst, nachdem sie das Medium, ihre Angehörigen und Freunde und ihren ganzen Lebenswandel mehrere Jahre lang unter genauer Beobachtung gehabt hatten, zu dem Schluß, daß die Chance, sich spezielle und intime Informationen über so viele anonyme Sitzungsteilnehmer aus allen Teilen der Welt und deren verstorbene Angehörige zu beschaffen, gleich Null gewesen sei: »Es bleibt also nur die Erklärung«, sagte Ducasse, »daß diese Informationen paranormalen Ursprungs waren.«
Als nächstes wurde die Möglichkeit einer anderen Informationsquelle untersucht, die vor allem von Anhängern der animistischen Richtung bekannt wird. Sie behaupten, daß ein Medium sehr wohl in der Lage sei, auf telepathischem Wege Erinnerungen, Gefühle, Absichten und Erfahrungen, die im Gedächtnis und Unterbewußtsein irgendwo auf der Welt lebender Menschen gespeichert seien, zu empfangen. Aber zur Aufdekkung des tatsächlichen Geschehens während der Séance hätte man noch mehr voraussetzen müssen. Diese sekundären Personen müßten in der Lage sein, »automatisch oder absichtlich, und zwar mit außergewöhnlichem Talent zur Imitation«, die jenseitigen Angehörigen der verschiedenen Sitzungsteilnehmer wesensmäßig oder gar stimmlich zu kopieren.
Wie Ducasse betont, ist hypnotische Trance nicht das gleiche wie mediale Trance, obgleich die beiden Zustände leicht verwechselt werden können. »Die hypnotisierte Person vermag mit erstaunlicher Überzeugungskraft die Rolle irgendeiner anderen zu spielen, die sie als Ergebnis der Suggestion zu sein glaubt.« Bei zahlreichen Gelegenheiten wurden den in hypnotischer Trance Befindlichen wahllos Namen irgendwelcher Persönlichkeiten suggeriert mit dem Resultat höchst lebendiger Interpretation. Da in Trance Befindliche oft hellseherische, präkognitive und telepathische Kräfte auf einmal entwickeln, würde jede streng wissenschaftliche Analyse medialer Vorgänge sämtliche Möglichkeiten, die in einer einzigen Séance durcheinandergemischt sein können, in Betracht zu ziehen haben.

Der »Reinheits«- oder »Qualitätsgrad« der Arbeit eines Mediums ist sehr unterschiedlich. Doch kann man einen hohen Prozentsatz aller untersuchten Fälle von Kommunikation mit Jenseitigen als »rein« oder »hoch qualifiziert« bezeichnen. Im Fall von Mrs. Piper sind erfahrene Forscher, wie Professor Hyslop, zu dem Ergebnis gekommen, daß irgendwelche anderen Schlüsse als der, daß der Teilnehmer durch das Medium tatsächlich mit seinen toten Angehörigen gesprochen habe, »zu viele neue Unwahrscheinlichkeiten ins Spiel bringen würde«.[46] Auch dafür noch ein Beispiel:
Am 19. März 1917 hatte Mrs. Hugh Talbot, eine Witwe, eine Séance mit dem Medium Mrs. Gladys Leonard. Es waren verschiedene Zeugen anwesend. Mrs. Talbots Bericht lautet:

Mrs. Leonards Kontrollgeist Feda gab eine sehr genaue Beschreibung der äußeren Erscheinung meines Mannes; anschließend sprach mein Mann selbst. Er versuchte mir seine Identität zu beweisen, und allmählich war ich davon überzeugt, daß er es tatsächlich war. Alles, was er sagte, oder was Feda für ihn sagte, war klar und einleuchtend. Es wurde von vergangenen Begebenheiten, die nur ihm und mir bekannt waren, gesprochen; Gegenstände, die ihm gehörten und die an sich keinerlei Wert besaßen, für ihn aber, wie ich wußte, von besonderem Interesse waren, wurden genau und korrekt beschrieben, und er wollte wissen, ob ich sie noch besaß ... Er versicherte mir, daß der Tod kein wirkliches Ende sei, daß das Leben ähnlich wie das irdische weiterginge und daß er sich überhaupt nicht verändert fühle ... Plötzlich begann Feda mit der ermüdenden Beschreibung eines Buches. Sie sagte, es sei aus Leder und von dunkler Farbe. Sie versuchte mir die ungefähre Größe anzugeben ... »Genaugenommen ist es kein Buch, es ist nicht gedruckt. Man würde es nicht als ein Buch bezeichnen, da es Handschriftliches enthält.« Es dauerte eine Weile, bis ich mit dieser Beschreibung überhaupt etwas anfangen konnte, aber schließlich fiel mir ein in rotes Leder gebundenes Notizbuch meines Mannes ein, das er, glaube ich, sein »Logbuch« genannt hatte ... Ich fragte: »Ist es ein rotes Buch?« Hier entstand eine Pause. Feda und mein Mann waren sich offenbar unschlüssig. Sie hielten das für möglich, doch glaubte er, daß es dunkler sei. Dann sagte Feda: »Er weiß nicht sicher, ob es Seite 12 oder 13 ist, es ist so dick, aber er möchte, daß Sie danach suchen und nachsehen. Es würde ihn interessieren, ob ein gewisser Textauszug darinsteht.«
Ich war von alledem nicht sonderlich erbaut. Es schien alles so vage und so bedeutungslos. An das Buch erinnerte ich mich gut, da ich oft hineingesehen und mich gefragt hatte, ob es Zweck hätte, es aufzubewahren.

Außer allem möglichen, was mit Schiffen zu tun hatte und mit der Arbeit meines Mannes, enthielt es, wie ich mich deutlich erinnerte, noch ein paar private Aufzeichnungen und Verse. Aber der Hauptgrund, weshalb ich von diesem Thema abzukommen wünschte, war meine Überzeugung, daß das Buch nicht mehr zu finden sein würde. Entweder hatte ich es weggeworfen, oder es war mit einer Menge anderer Dinge in einem Abstellraum ein paar Häuser weiter gelandet ... Feda aber wurde immer beharrlicher: »Er ist sich nicht sicher, wegen der Farbe. Es gibt zwei einander ähnliche Bücher; er meint jenes, in dem sich vorn eine Sprachenübersicht befindet ... Wollen Sie bitte auf Seite 12 oder 13 nachsehen? Es würde ihn so sehr interessieren. Er besteht darauf, er bittet Sie, es ihm zu versprechen.« Am gleichen Tag nach dem Abendessen bat mich meine Nichte, die die Sache viel ernster nahm als meine Schwester und ich selbst, nach dem Buch zu suchen ... Ich ging zum Bücherregal und fand schließlich ganz hinten auf dem obersten Brett zwei verstaubte Notizbücher, die meinem Mann gehörten und in die ich noch nie hineingesehen hatte. Das eine, in abgegriffenes schwarzes Leder gebunden, entsprach in der Größe etwa der Beschreibung, und ich öffnete es geistesabwesend, immer noch überlegend, ob ich jenes rote, das ich eigentlich suchte, wohl vernichtet oder nur weggepackt hatte. Da fiel zu meinem größten Erstaunen mein Blick auf eine »Übersicht über semitische und arabische Sprachen«! Es war die erwähnte Sprachenübersicht!

Mrs. Talbot schlug dann die Seite 13 auf und fand dort in der Handschrift ihres Mannes folgenden Auszug aus einem Buch mit dem Titel *Post Mortem*, verfaßt von einem anonymen Autor:

»Durch ein gewisses Geflüster, von dem man wohl annahm, daß ich es nicht mehr hören konnte, und aus gewissen neugierigen oder mitleidigen Blicken, die, wie man glaubte, ich ebenfalls nicht mehr wahrzunehmen in der Lage war, merkte ich, daß ich dem Tode nahe war ... Im gleichen Augenblick begann meine Seele nicht nur über die zukünftige Glückseligkeit zu sinnen, sondern über die Glückseligkeit, die ich bereits empfand. Ich sah längstvergessene Gegenstände, Schulfreunde, Gefährten meiner Jugend, meines Alters, die mich anlächelten. Sie lächelten nicht traurig, denn zu Mitleid bestand keine Veranlassung, sondern sie zeigten das Lächeln der Zuneigung, das Menschen miteinander wechseln, die glücklich sind. Ich sah meine Mutter, meinen Vater, meine Schwestern, die ich alle überlebt hatte. Sie sprachen nicht, aber sie teilten mir wortlos ihre unveränderte Liebe mit. Zu dem Zeitpunkt, als sie alle erschienen, versuchte ich mir über meine körperliche Situation klarzuwerden ... das heißt, ich versuchte, meine Seele mit dem Körper, der auf meinem Bett in meinem Haus lag, in Verbindung zu bringen ... vergeblich. Ich war tot.«

Mr. Talbot hatte sich diesen Text vermutlich lange vor seinem Tod notiert, und er hatte nie mit seiner Frau darüber gesprochen. Sie wiederum hatte nie zuvor in das Notizbuch hineingeschaut. Hätte sie jedoch Buch und Text gekannt und das Medium diese Kenntnis »ganz einfach« aus Mrs. Talbots Gedächtnis bezogen, so hätte der Kontrollgeist Feda nicht so vage Angaben gemacht und den Sender selbst, Mrs. Talbot, auf eine falsche Spur (zu einem ganz anderen Notizbuch) führen können. Es ist auch höchst unwahrscheinlich, daß irgendein anderer Lebender von diesen Aufzeichnungen wußte und sie dem Medium irgendwie übertragen hat.

Das Risiko, daß keiner der Beteiligten mit diesen ebenso komplizierten wie dürftigen Angaben etwas anfangen konnte, war zu groß, um einen Schwindel »lohnenswert« erscheinen zu lassen. Hier traf also in besonderem Maße zu, was Hyslop in Zusammenhang mit seinen eigenen Erfahrungen formuliert hatte: Die Annahme eines Betruges oder einer Gedankenübertragung hätte den Fall unwahrscheinlicher gemacht als die Annahme, daß es sich um einen echten Jenseitskontakt handelt.

Man sollte meinen, daß notorische Skeptiker, die sich auf ihr besonders ausgeprägtes *rationales* Denkvermögen berufen, auch ausgesprochen *rationell* denken. Das trifft jedoch nicht immer zu. Viele lassen die aufwendigsten und umständlichsten Erklärungsversuche für das, was in einer Séance geschieht, eher gelten als wesentlich einfachere und logischere. Daß ein Medium ein weltweites Informationsnetz unterhält, das heißt, über Informanten und andere gut bezahlte – oder gar »ehrenamtliche« – Helfershelfer in allen Kontinenten und in jedem Dorf verfügt, daß es ferner entweder eine Datenverarbeitungsanlage für sich arbeiten läßt oder ein monströses Gedächtnis besitzt, das selbst wie ein Computer funktioniert – so etwas akzeptieren manche Argwöhnische lieber als die Annahme eines bei allen Menschen latent vorhandenen, jedoch bei den allermeisten (noch) unterentwickelten sechsten Sinnes mit allen Folgerungen, die sich daraus ergeben können.

Unzählige Male habe ich mir nach einer Séance – vor allem nach einer sehr erfolgreichen – sagen lassen müssen, es sei nicht auszuschließen, daß ich mir die Angaben, die Fletcher gemacht habe, vorher »besorgt« haben könnte. In sehr vielen Fällen lautet dann meine Gegenfrage: »Wie aber hätte ich wissen können, daß Sie heute hier erscheinen und mir bzw. Flet-

cher diese und jene Frage stellen werden?« Und oft kann ich noch hinzufügen: »... da ich doch nicht einmal Ihren wirklichen Namen kenne!« Wenn ich es mit jemandem zu tun habe, der wenigstens die Möglichkeit des Gedankenlesens anerkennt – worüber ich stets schon sehr froh bin –, kommt nun gewiß der Einwand, ich hätte die Botschaften aus seinem eigenen Hirn abgelesen. Frage ich nun, ob ihm denn alles, was ich gesagt habe, in Erinnerung gewesen oder zumindest in seinem Unterbewußtsein »abgelagert« sei, kommt als Antwort höchst selten ein klares Ja. In den meisten Fällen müssen einzelne Angaben erst überprüft werden, durch Nachfragen in der Verwandtschaft, Nachlesen in alten Büchern usw. Anderes bezieht sich auf die Zukunft, ist also zur Zeit noch gar nicht verifizierbar, und einige Aussagen lassen sich ziemlich eindeutig als Irrtümer identifizieren – meist handelt es sich hier um genaue Namensformen, exakte Daten, Formeln und ähnliches. Hätte ich in diesen Fällen etwa im Bewußtsein des anderen falsche Auskünfte gefunden, da er sie doch, wie sich durch seine Korrektur herausstellt, richtig weiß? Das scheint ausgeschlossen. Wahrscheinlicher ist, daß ich mich beim Gedankenlesen »verlesen« habe, zum Beispiel, weil der Text im Bewußtsein des anderen »verwischt« oder mein Empfang durch andere Einflüsse unzureichend war. Allerdings könnte sich das nur auf solches Wissen beziehen, das ich im Bewußtsein eines anderen Lebenden überhaupt zu finden vermag. Mindestens fünfzig Prozent aller Botschaften, die Fletcher und ich vermittelt haben, waren jedoch nachweislich nicht auf diesem Wege zu erhalten. Das läßt sich nicht wegdiskutieren oder durch irgendeine Hypothese, sei es die Betrugshypothese oder die animistische Telepathie-Hypothese, erklären. Ich selbst weiß für alle diese Botschaften – ob sie nun leicht kontrollierbar sind oder nicht, ob sie Fehler enthalten oder hundertprozentig zutreffen – nur eine Erklärung, und das ist eben die: Die Kommunikation mit den Jenseitigen ist weit davon entfernt, perfekt zu sein und von vielen noch undefinierten und unbeeinflußbaren Imponderabilien abhängig.[47]
Wir brauchen uns nur an den Stand der Nachrichtentechnik vor nicht einmal fünfzig Jahren zu erinnern und an die Handikaps, die es auf diesem Gebiet zu überwinden gab – und noch immer zu überwinden gibt. Es überlege sich ein jeder nur einen Augenblick lang, wie viele Telegramme auch heute noch verstümmelt ankommen, wie viele Telefongespräche mittendrin unterbrochen werden, ganz zu schweigen von den häufigen Bild- und Tonstörungen im Fernsehen und von dem oft verhängnisvollen Ausfall von Funkverbindungen. Für alle diese Pannen, die zu jeder Stunde vorkommen, gibt es *irgendwelche* Erklärungen, nämlich unzählige verschiedene Möglichkeiten, von schlichtem »menschlichem Versagen« bis zu atmosphärischen Störungen, was schon wieder in beiden Fällen sehr

vage ausgedrückt ist, und dennoch ist der Laie, sind wir alle, mit solchen Begründungen zufrieden. Tolerant lassen wir als Entschuldigung die »Tücke des Objekts« gelten – überall: nur nicht bei außersinnlicher Wahrnehmung! Da bestehen wir auf »alles oder nichts«.

Natürlich haben auch wir – Fletcher und ich – uns zu perfektionieren versucht, und wir werden inzwischen selbst mit der größten Schwierigkeit, der schon mehrmals beschriebenen Problematik bei der Durchgabe von Eigennamen, sehr viel besser fertig, und Fehler kommen nur noch in Ausnahmefällen vor. Aber auch das hat zu neuen, verstärkten Verdachtsmomenten geführt.

Im Jahre 1955 war ich zu Gast bei Dr. Melvin L. Sutley, dem Direktor des Wills Eye Hospitals in Philadelphia, und es fanden sich nach dem Dinner, »wie zufällig«, immer mehr Gäste ein, Kollegen des Hausherrn aus der Klinik und von der Universität wie auch Nachbarn und Bekannte der Hausfrau. Es war unmöglich, alle zu begrüßen und sich die Namen zu merken – falls sie überhaupt Namen nannten. Wie zu erwarten, bat man mich um eine Séance, und wie ebenfalls zu erwarten, sagte danach, als man die Ergebnisse diskutierte, ein Herr mit spöttischem Lächeln zu mir: »Ich bin überrascht, was Sie sich alles gemerkt haben. Sie haben ja das ganze *Who's Who* auswendig gelernt.«

»Wieso?« fragte ich. »Stehen Sie denn im *Who's Who*?«

»Ich nicht, aber mein Großvater. Ich fand in Sutleys Bibliothek einen alten Band und konnte Ihre Angaben nachprüfen.«

Ich weiß nicht genau, ob der Herr, dessen Namen ich nicht kannte, nur Spaß machte, oder ob er tatsächlich annahm, ich hätte mir die Namen der Gäste vorher besorgt und mich im *Who's Who* und in wer weiß welchen anderen Nachschlagewerken über die Lebensdaten ihrer Verwandten und Bekannten informiert. Allein der Gedanke an eine solche Sisyphusarbeit sollte, meine ich, jeden Vernünftigen zu der Einsicht bringen, daß ein solcher Aufwand absurd wäre. Immerhin bestätigte mir der Zweifler, daß Fletcher alle Namen, Daten und Adressen, die der Verstorbene zu seiner Identifizierung übermittelt hatte, fehlerfrei durchgegeben hatte. Wir hatten also dazugelernt! Dafür noch ein zweites Beispiel von der gleichen Séance.

Anwesend war auch der bereits in einem früheren Kapitel zitierte Dr. William Francis Swann vom Franklin-Institut in Swarthmore, Pennsylvania, und aus dem Jenseits meldete sich seine Frau Mabel. Nach dem üblichen Abtausch von Identifizierungsfragen sagte sie voraus, daß Swann in Kürze eine ehrenvolle Einladung des englischen Colleges erhalten werde, an dem er früher studiert habe. Der Rektor des College, Sir R. H., sei sehr stolz auf die wissenschaftlichen Erfolge seines ehemaligen

Schülers. Swann war der Name dieses Rektors unbekannt, er fand ihn aber sogleich in einem Nachschlagewerk. Demnach leitete R. H. das College bereits seit 1948.

Ein paar Monate später erhielt Swann ein Schreiben, in dem es hieß, der Vorstand des Colleges habe ihn zum Ehrenmitglied ernannt und lade ihn ein, anläßlich des bevorstehenden Jubiläumstages des Instituts den Festvortrag zu halten. Swann erinnerte sich an die Vorhersage seiner Frau, wunderte sich aber, daß der Brief nicht von jenem Sir R. H., den sie genannt hatte, unterschrieben war, sondern von einem Rektor namens R. P. L. Er erzählte mir davon, und ich mußte zugeben, daß hier keine Übereinstimmung vorlag. Sollte sich Fletcher geirrt haben? Swann bedankte sich für die Einladung und erkundigte sich nach Sir R. H. Er erfuhr, daß dieser vor einigen Monaten gestorben war – wie wir feststellten, ein paar Tage vor der Séance im Hause Dr. Sutleys. Er hatte die Vorbereitungen für die Jubiläumsfeierlichkeiten noch eingeleitet und Dr. Swann als Festredner vorgeschlagen.

Alle diese Zusammenhänge hatte am Tag der Séance kein Irdischer wissen, ahnen oder sich ausdenken können – und auch fleißiges Lesen im *Who's Who* hätte mir nicht weitergeholfen.

Ist es nicht menschlich, daß man auf solche unbewußt erzielten, aber bewußt, also mit Geisteskraft, trainierten Ergebnisse ein wenig stolz ist? Auch ein Medium braucht diesen Ansporn, er gibt ihm neue Energie zu abermals erhöhter Konzentration.

Freilich darf man den Effekt der Konzentration und aller »Techniken«, die man zwangsläufig entwickelt, um sich für die nächsten Séancen »fit« zu machen, nicht überschätzen. Nicht der Aufbietung aller geistigen – und natürlich auch körperlichen – Kräfte verdankt man oft im entscheidenden, nicht bewußt erlebten Moment ein eklatantes Ergebnis, sondern ganz einfach der Tatsache, daß der Mensch, gemäß einer alten Binsenwahrheit, mit seinen Aufgaben wächst. So kann man sagen, daß ich manche spezielle mediale Fähigkeit in mir möglicherweise gar nicht entdeckt hätte, wenn ich nicht in der Trance spontan mit dem mir noch unbekannten Problem konfrontiert worden wäre. Anders ausgedrückt: Einen Teil meines Erfolges verdanke ich den Teilnehmern an meinen Séancen. Hätte mir dieser oder jener vor Beginn der Sitzung gesagt, daß er beabsichtige, mich auf einem Gebiet der außersinnlichen Wahrnehmung auf die Probe zu stellen, auf dem ich mich bis dahin noch nicht oder ohne Erfolg versucht hatte, so hätte ich sicherlich bedauernd die Achseln gezuckt. Buchstäblich ohne zu wissen, wie mir geschah, von einer Frage überrumpelt, habe ich in der Trance dennoch Probleme gelöst, die eigentlich nicht auf meinem Programm standen, zum Beispiel psychometrische Aufgaben.

Die Psychometrie, kurz definiert: das Hellsehen durch Betasten von Gegenständen, ist ein seit Urzeiten nachgewiesenes Phänomen, das bis heute noch nicht zufriedenstellend erklärt werden konnte. Es scheint, daß Gegenstände ihre Vergangenheit mit sich herumtragen wie Menschen ihre Erinnerungen und daß bestimmte Personen unter bestimmten Bedingungen diese Vergangenheit wahrnehmen können.

Die Sitzung, auf der ich mich unverhofft als Psychometer erwies, fand am 10. März 1967 in Philadelphia statt. Das im folgenden zitierte Protokoll wurde von der Teilnehmerin Mrs. Roth angefertigt:

Ich nahm zum erstenmal an einer Séance teil. Dr. W. G. Roll von der Psychical Research Foundation in Durham hatte mich an Mr. Ford verwiesen.

Ich gab Fletcher durch Mr. Ford einen Fingerhut, der, wie ich sicher war, meiner verstorbenen Großmutter gehört hatte. Fletcher erzählte mir etwas über die Herkunft des Ringes und nannte den Anfangsbuchstaben der ersten Besitzerin – es stimmte meiner Ansicht nach nichts davon. (Meine Mutter sagte mir später, daß sie den Fingerhut nicht von meiner Großmutter, sondern von einer inzwischen verstorbenen Freundin meiner Großmutter bekommen hatte. Meine Eltern bestätigten mir, daß alles, was Fletcher gesagt hatte, eindeutig auf diese Frau zutraf.)

Dann gab ich Fletcher, wieder durch Mr. Ford, einen Gegenstand, der meinem Onkel gehört hatte. Fletcher bezeichnete zutreffend unseren Verwandtschaftsgrad, den Wohnort und die Todesursache meines Onkels. Plötzlich sprach durch Mr. Ford eine Stimme, die in Akzent und Modulation der meines Onkels glich, und mir stockte der Atem: Was die Stimme sagte, war ein feststehendes Scherzwort zwischen uns gewesen, das nur für ihn und mich Bedeutung hatte.

»Nun, ist es James?« fragte Fletcher. Ich stutzte, denn ich hatte meinen Onkel stets »Jim« genannt. Aber dann fiel mir ein, daß sein Taufname natürlich »James« gewesen sein muß. Hätte Fletcher bzw. Mr. Ford den Namen meines Onkels meinem Gedächtnis »entnommen«, hätte er »Jim« sagen müssen; da er ihn aber von meinem Onkel selbst hatte, nannte er ihn »James«. Ich gab mich jedoch noch nicht zufrieden und bat Fletcher, mir zu beweisen, daß er tatsächlich meinen Onkel Jim bei sich hatte. Darauf fragte mich Fletcher, ob der Name »Raymond« im Zusammenhang mit Rundfunk oder Fernsehen eine bestimmte Bedeutung für mich hätte. Ich konnte damit nichts anfangen, und der Kontakt mit Onkel Jim brach ab. (Später bestätigten mir fünf Personen unabhängig voneinander, daß Onkel Jim einmal in der Raymond Avenue gewohnt und bei der Rundfunkgesellschaft RCA gearbeitet hatte.)

Ruth Montgomery berichtet in ihrem Buch *A Search for the Truth* (»Auf der Suche nach der Wahrheit«) einen ähnlichen Fall:

Obwohl Ford hauptsächlich ein Trancemedium und weniger Psychometer ist, gab ich ihm einmal eine Taschenuhr und fragte ihn, ob er mir etwas über den Besitzer sagen könne. Er hielt sie ein paar Minuten lang zwischen den Handtellern und begann sich dann die Arme zu massieren, als ob sie ihn schmerzten. »Die Uhr gehörte Ihrem Vater«, sagte er. »Er litt an Schmerzen, die sich von den Schultern bis in die Hände zogen. Ich spüre seinen Schmerz.« Es war so, wie er sagte: Als mein Vater älter wurde, stand er oft nachts auf und ließ sich heißes Wasser über die Arme laufen, um die schrecklichen Schmerzen zu lindern, die die Ärzte nicht heilen konnten. Da dies nur im engsten Familienkreis bekannt war, konnte Ford es nicht auf gewöhnlichem Weg erfahren haben.

Unverhofft zugefallen wie die Fähigkeit zur Psychometrie ist mir eines Tages auch die zum automatischen Zeichnen. Auch hier war es beinahe so, als habe der Séanceteilnehmer sie mir mitgebracht – und am Schluß der Sitzung leider wieder mitgenommen.
Vor einigen Jahren kam ein Japaner mit seinem Dolmetscher zu mir. Er stellte sich als Dozent an der Technologischen Fakultät der Universität Tokio vor und bat mich zu versuchen, die Verbindung mit einem verstorbenen Kollegen herzustellen, den er um eine dringende Auskunft ersuchen wolle. Er hatte eine Kamera mitgebracht, aber nicht in erster Linie deswegen, um mich im Trancezustand zu fotografieren, sondern weil sich seine Fragen an den jenseitigen Kollegen an den Apparat knüpften. Also gut, ich wollte mich nach Kräften bemühen, dem weitgereisten Techniker zu helfen.
Ich fiel in Trance, und alles Weitere erfuhr ich erst nach dem Erwachen. Man übergab mir nicht nur, wie üblich, das Protokoll, sondern auch ein Blatt mit einer Zeichnung, die wie die Skizze irgendeiner technischen Vorrichtung aussah, mir aber nicht das geringste besagte. Dem Report entnahm ich mit Erstaunen folgendes: Fletcher hatte ziemlich schnell den gewünschten Kollegen des Japaners ausfindig gemacht und ihn über jene »Telefonleitung des Geistes«, von der schon mehrfach die Rede war, zu sich gerufen. Nun gab es aber nicht nur sprachliche Verständigungsprobleme, sondern vor allem technische. Fletcher wußte nicht, wie er die Botschaft, also die Antwort auf die Frage meines Besuchers in Worte fassen sollte. Die fachlichen Begriffe fehlten ihm oder schienen ihm unübertragbar. Deshalb sagte er: »Der Mann hier will die Sache aufzeichnen. Vielleicht geht es so. Geben Sie Mr. Ford bitte Papier und Bleistift.« Man

legte einen Schreibblock vor mich auf den Tisch, drückte mir einen Bleistift zwischen Zeigefinger und Mittelfinger der rechten Hand, und ich richtete mich etwas auf, wie jemand, der über seiner Arbeit am Schreibtisch eingenickt war und nun wieder weitermachen will. Dann begann ich langsam und so, als überlege ich mir jeden Strich, etwas zu zeichnen – selbstverständlich mit geschlossenen Augen.
Was dabei herauskam, war die Skizze irgendeines Details an einer Kamera. Ich konnte wenig damit anfangen, doch der Japaner war hocherfreut. Es sei wohl keine ausgefeilte Darstellung, aber sie genüge vollkommen, denn sie liefere ihm genau die Antwort auf seine Frage. Nun könne er wieder weiterarbeiten. Glücklich lächelnd ging er fort ... Seitdem habe ich nie wieder automatisch zeichnen dürfen, schade!
Woher aber kam diese Zeichnung einer offensichtlich abhanden gekommenen oder durch den Tod des japanischen Spezialisten nicht ausgeführten Erfindung? Es ist wohl überflüssig, darauf hinzuweisen, daß ich sie mir nicht selbst ausgedacht haben kann. Aus dem Bewußtsein meines Gastes, des japanischen Kamerakonstrukteurs, kann ich sie auch nicht entnommen haben, denn in dessen Gehirn steckte diese Kenntnis ja noch gar nicht drin. Also könnte ich sie, nach der animistischen Hypothese, nur aus dem Bewußtsein eines anderen lebenden Erfinders »geklaut« haben. Von welchem aber? Es hat sich meines Wissens später keiner gemeldet, der meinen japanischen Besucher des Plagiats oder Diebstahls bezichtigt hätte. Indessen stand fest, daß der ehemalige Kollege, mit dem Fletcher ihn in Verbindung brachte, tatsächlich nicht mehr unter den Lebenden weilte.
Ducasse hat in der schon zitierten grundlegenden Vorlesung ausdrücklich betont, daß sein genaues Studium von Hunderten von Protokollniederschriften die sogenannte Depersonalitionshypothese, also jene Annahme, daß das Medium seine Kenntnisse oder Botschaften von einer »sekundären Person« beziehe, habe unwahrscheinlich erscheinen lassen. »Einige der schärfsten Denker, die mit größter Skepsis an diese Dinge herangegangen sind und sie jahrelang äußerst kritisch untersucht haben, sind schließlich zu dem Ergebnis gelangt, daß wenigstens in einer ganzen Reihe von Fällen allein die Hypothese des Fortlebens nach dem Tode plausibel sei«, sagte Ducasse.
Hyslop war der Meinung, daß die allgemeine Abneigung der Wissenschaftler, die Fortlebenshypothese zu akzeptieren, hauptsächlich auf Furcht beruhe. Es gäbe keine theoretischen Schwierigkeiten, die dem vorbehaltlosen Glauben an ein Leben nach dem Tode im Wege stünden. Doch würde es für die Wissenschaft einen völlig neuen Start bedeuten. »Die umwälzenden Folgen – philosophisch, moralisch, religiös und politisch –

eines wissenschaftlichen Beweises für das Fortleben im Jenseits lassen ein vorsichtiges Verhalten in einer so wichtigen Sache geboten erscheinen.« Ducasse resümierte: »Die Annahme, daß individuelles bewußtes Leben in irgendeiner Form nach dem Tode weiterexistiert, kann als entweder durch die Naturwissenschaften oder die Philosophie bestätigt betrachtet werden. Denn es gibt den empirischen Nachweis, daß der Geist nach dem Tode weiterlebt und daß er gelegentlich eine Verbindung mit den Lebenden zustande zu bringen vermag.«

Als Ducasse dies 1951 den Studenten von Swarthmore vortrug, entstand allgemeines Geraune. Einerseits imponierte den Studenten der Mut, mit dem ein angesehener Professor in dem soeben angebrochenen Atomzeitalter über ein rein metaphysisch-spiritistisches Thema sprach; andererseits waren viele von ihnen der Ansicht, daß dieser Mut sozusagen verschwendet sei, und sie schienen recht zu haben. Seine Ausführungen waren zu jenem Zeitpunkt als wissenschaftliches und öffentliches Diskussionsthema einfach undenkbar – noch weniger denkbar als ein halbes Jahrhundert zuvor zu Lebzeiten von William James, Myers und Lodge oder zweihundert Jahre früher, als Swedenborg seine Visionen vom Jenseits publizierte.

Die Zeit war noch immer nicht reif. Die breite Öffentlichkeit erfuhr von paranormalen Erscheinungen bestenfalls aus der Boulevardpresse, als billige Sensationsmeldung oder als Schauermärchen aufgebauscht – und der »Mann auf der Straße« wußte im allgemeinen, was er davon zu halten hatte: nämlich gar nichts. Vielleicht wurde der eine oder andere nachdenklicher oder hellhöriger durch das persönliche Leid, das der Koreakrieg über viele Amerikaner brachte. Aber immer noch galt die Möglichkeit außersinnlicher Wahrnehmung durch Sensitive und Medien als ein obskurer Geheimtip, und noch wurden sie vorwiegend mit Jahrmarktsgauklern und Kartenlegern in einen Topf geworfen, wie eine Umfrage ergab. Das änderte sich erst in den sechziger Jahren allmählich, und einen wesentlichen Beitrag zu vernünftiger, vorurteilsloser Aufklärung auf diesem Gebiet leisteten einige amerikanische Fernsehstationen. Erkenntnisse der Parapsychologie und die Unsterblichkeitshypothese, die auf der Jenseitskommunikation basiert, wurden, wenn auch noch nicht allgemein akzeptiert, so doch wenigstens zu einem diskutablen Thema. Das *Massenmedium* Television nahm sich der *Psychomedien* an und ließ unter anderen auch mich zu Wort kommen.

Das Fernsehen mit seiner irritierend grell leuchtenden und lautstarken Technik war ein neuer, raffinierter Test für meine mediale Arbeit. Wieder einmal hatte ich keine Ahnung, ob die Sache in dieser für mich – und erst

recht für Fletcher – völlig fremden Umwelt funktionieren würde, und wieder einmal blieb mir nichts anderes übrig, als die Dinge fatalistisch auf mich zukommen zu lassen.
Es war im Jahre 1967. Allen Spraggett, Redakteur für religiöse Angelegenheiten beim *Toronto Star*, hatte ein Buch über spiritistische Phänomene geschrieben, und James A. Pike, der als Verfechter fortschrittlicher Ansichten über alltägliche Fragen des christlichen Glaubens bekannt gewordene Bischof der Episkopalkirche von Kalifornien, und ich waren eingeladen worden, Spraggetts Buch im Fernsehen zu diskutieren. Vor dem Gebäude der Canadian Broadcasting Corporation in Toronto traf ich mit Bischof Pike zusammen, und bevor wir noch über das Thema sprachen, über das wir uns sogleich vor Hunderttausenden von Fernsehzuschauern äußern sollten, bat er mich um eine private Séance. Etwas leichtsinnig, und ohne genau zu wissen, um was es Pike eigentlich ging, schlug ich vor: »Wie wäre es, wenn wir die Séance vor der Fernsehkamera abhielten – jetzt gleich?«
Bischof Pike stimmte zu, die verantwortlichen Herren des Kanadischen Fernsehens waren einverstanden, und so boten wir, statt eines theoretischen Gesprächs über das Unsterblichkeitsproblem ein Live-Interview mit verschiedenen Jenseitigen, die uns Fletcher, erstmals in der Rolle als »Moderator«, heranbrachte.
Es meldeten sich mehrere Personen, die Pike gekannt hatte – und schließlich sein Sohn, James Pike junior, genannt Jim. Er war es, mit dem der Bischof vor allem in Verbindung zu kommen wünschte.
Um keine verdächtige Sentimentalität zu erwecken, möchte ich das Bewegende an dieser Zwiesprache zwischen Vater und Sohn nicht eingehender schildern, sondern mich auf die Fakten beschränken, die zutage traten. Sie waren erschütternd genug; Kanada und weite Teile der USA wurden Zeuge eines Bekenntnisses, das man nicht anders als typisch für unsere Zeit und zugleich für die Ewigkeit des Jenseits bezeichnen kann.
Im Februar 1966 hatte sich der einundzwanzigjährige Student Jim Pike in einem kleinen Hotelzimmer in New York erschossen. Der Entschluß des Sohnes, aus dem Leben zu gehen, war für die Eltern völlig unbegreiflich, zumal er kein erklärendes Abschiedswort hinterlassen hatte. Eine Krankheit, berufliche Schwierigkeiten oder Mißhelligkeiten mit den Angehörigen schieden aus. Das Verhältnis zwischen dem Sohn und den Eltern war bis zuletzt sogar außergewöhnlich harmonisch gewesen.
Ungefähr zwei Wochen nach Jims Beerdigung traten in der Wohnung des Bischofs, der zu Gastvorlesungen im englischen Cambridge weilte, merkwürdige Phänomene auf, die an Poltergeister erinnerten. Sie wurden außer von Pike selbst von seinem Sekretär und einem Geistlichen, Mr.

David Barr, beobachtet. Eines morgens blieben alle Uhren in der Wohnung Punkt acht Uhr neunzehn stehen. Genau um diese Stunde – übertragen auf die Westeuropäische Zeit – hatte Jim sich in New York das Leben genommen. Dann tauchten plötzlich überall in den Räumen auseinandergebogene Sicherheitsnadeln und Büroklammern auf, deren Spitzen Uhrzeigern glichen, die ebenfalls diese Zeit anzeigten. Bücher, die irgendeine Beziehung zu Jim hatten, lagen nicht mehr auf ihrem ursprünglichen Platz. Gesang- und Gebetbücher fand Pike an Stellen aufgeschlagen, die vom ewigen Leben handelten. Einmal rumorte es, während Pike, Barr und der Sekretär im Arbeitszimmer zusammen waren, in einem Schrank. Pike öffnete rasch die Tür und fand die darin aufbewahrten Kleider am Boden liegen und durcheinandergewühlt. Ein Gast, dem der Bischof von diesen Erscheinungen berichtete, meinte: »Wenn sich so etwas doch einmal in meiner Gegenwart ereignen würde!« Und sofort löste sich, in Anwesenheit von drei weiteren Zeugen, der Rasierspiegel, den Jim einige Monate zuvor während seines Besuchs in Cambridge benutzt hatte, vom Kommodenaufsatz und segelte sanft auf den Boden.

Als Mervyn Stockwood, der Bischof von Southwark, der sich mit Fragen der Parapsychologie und des Spiritismus beschäftigte, von diesen Vorgängen hörte, vermutete er, daß Jim Pike verzweifelt versuchte, mit seinem Vater in Kontakt zu kommen. Er brachte daher seinen Kollegen Pike mit einem Medium, Mrs. Edna Twigg, zusammen. Sie wußte nicht, wer ihr Séancepartner war, übermittelte Pike jedoch Botschaften, die nur von seinem verstorbenen Sohn stammen konnten. Der Geistliche Mr. John Pierce-Higgins, der Pike als Zeuge begleitete, erklärte später aufgrund seines Protokolls, Jim habe seinem Vater durch das Medium mitgeteilt, daß er seinen Selbstmord aufs tiefste bedauere, er habe seinen Eltern nicht weh tun wollen und wünschte, er könnte seine unbedachte Tat ungeschehen machen. Er habe unter dem Druck von Examensangst gehandelt, »aber er sagte auch etwas über Drogen« und daß er »einfach durchgedreht« habe. Als er sich auf dem Londoner Flughafen von seinem Vater verabschiedete, um nach New York zurückzufliegen, habe er geahnt, daß etwas Schreckliches mit ihm geschehen würde.

Mehr als diese Andeutung über den Grund des Selbstmordes hatte Jim offenbar nicht gemacht. Nun, ein Jahr später, in der Séance vor den surrenden Fernsehkameras, fragte Pike seinen Sohn nach Einzelheiten über seinen Tod. Jim antwortete:

»Ich kann dir nur sagen: Es begann mit einem gewissen Halverston –.« Fletcher korrigierte den Namen gleich darauf: »Er heißt wohl Halverson. Er ist jetzt auch hier. Muß kurz nach dem Jungen rübergekommen sein. Kennen Sie einen Mann dieses Namens?«

»Es kann sein«, sagte Bischof Pike zögernd. »Ich erinnere mich, den Namen gehört zu haben. Aber persönlich kenne ich ihn wohl nicht.«
»Denken Sie in Ruhe nach«, schlug Fletcher vor. »Er heißt Marvin mit Vornamen und hatte etwas mit moderner Musik und Kunst zu tun.«
»Jetzt erinnere ich mich«, sagte Pike. »Dieser Marvin Halverson war, glaube ich, für den National Council of Churches tätig. Soviel ich weiß, arbeitete er für den Nationalen Kirchenrat über das Verhältnis der Glaubensgemeinschaft zur modernen Musik und Kunst. Wir hatten vor Jahren eine Fernsehdiskussion zusammen. Danach habe ich nichts mehr von ihm gehört.«
Was Bischof Pike nun von seinem Sohn erfuhr, war nicht nur für ihn ein schwerer Schock, sondern gleichsam ein Menetekel für die gesamte junge Generation der Vereinigten Staaten. Jim gestand, durch diesen Halverson während seiner Collegezeit in Berkeley, Kalifornien, zum Genuß von Drogen verleitet worden zu sein. Er nannte vor allem eine Droge – LSD. Er habe sich von diesem Zwang befreien wollen, indem er den Studienort wechselte und nach New York ging, doch habe er dort einige seiner Collegekameraden wiedergetroffen und unter ihrem Einfluß wieder Drogen genommen. Sein Selbstmord sei die Folge eines Horrortrips gewesen. Auf einmal wäre ihm das Leben nicht mehr lebenswert vorgekommen.
Sogleich nach der Séance, noch während der Fernsehsendung, telefonierten wir mit Leuten in Los Angeles und in London, die uns bestätigen konnten, was Jim und was andere Jenseitige gesagt hatten. Jims Angaben wurden bis ins kleinste Detail bestätigt. Natürlich hatte es keinen Sinn, Fragen zu stellen, die den Befragten diskriminieren konnten.
Fletcher hatte übrigens auch von einem alten Mann slawisch-jüdischer Abstammung gesprochen, der Jim geholfen habe, sich dort einzugewöhnen.
»Das kann nur Jims Großvater mütterlicherseits sein. Er war ein russischer Jude«, sagte Pike.
»Hier ist auch ein Mann namens Louis Pitt. Er sagt, er kenne Sie, war Universitätsgeistlicher«, meldete Fletcher.
»Stimmt«, bestätigte Pike. »Pitt war mein Vorgänger an der Columbia-Universität. Bei der Wahl zum Bischof hatte er mehrmals Pech. Er war sozusagen immer Brautjungfer, nie Braut.«
»Und hier spricht Mrs. Carol Rede, mit der Sie gut bekannt waren, als Sie Pfarrer waren an der Kirche St. John the Divine in New York. Sie hat eine persönliche Bitte an Sie ...«
»Ich erinnere mich noch sehr gut an sie«, sagte Bischof Pike, »aber ich wußte nicht, daß sie gestorben ist.«

Alle Botschaften, die in dieser Séance durchkamen, waren allein für Pike bestimmt und zum Teil sehr privater Art. Für den Außenstehenden war, vom Inhalt der Nachricht her, nur das Gespräch mit seinem Sohn bewegend, und dennoch war das Echo auf diese Sendung überwältigend. Alle Zeitungen berichteten darüber und zitierten, ohne an der Lauterkeit dieser Feststellung zu zweifeln, Bischof Pikes abschließende Worte:
»Es stimmte alles, doch vieles konnte in seiner vollen Bedeutung leider nur ich verstehen. Die Details der Botschaften gingen weit über das hinaus, was ich bewußt, und, wie ich vermute, auch unbewußt, in meinem Gedächtnis gespeichert haben kann.«
Wir verabredeten weitere gemeinsame Séancen, und wir freuten uns auf eine lange fruchtbare Zusammenarbeit. Doch es sollte anders kommen. Schon im nächsten Jahr kam Bischof Pike auf tragische Weise ums Leben. Die ganze Welt nahm an seinem Schicksal und der fehlgeschlagenen Rettungsaktion Anteil. Auf eigene Faust und ohne genügende Kenntnisse von den Tücken der Wüste hatte er eine Fahrt mit einem Kleinwagen durch die Wüste Negev zu den Fundstätten der Schriftrollen vom Toten Meer unternommen. Auf der unwegsamen Wüstenpiste hatte er eine Panne und entschloß sich verhängnisvollerweise, sich zu Fuß bis zur nächsten Siedlung durchzuschlagen. Er verlor die Orientierung, und das Suchkommando, das seine Frau alarmiert hatte, forschte vergebens nach ihm.
Zu dieser Zeit fuhr ich gerade mit Jerome Ellison im Auto durch Connecticut. Er fragte mich etwas und bemerkte, daß ich abwesend war. Es vergingen einige Minuten, ehe ich wieder »zurück« war und mich bei Ellison entschuldigte: »Sorry, ich versuchte eben, Pike zu finden. Er ist irgendwo in der israelischen Wüste.« Ich hatte ganz klar Pikes Situation erfaßt, seine Empfindungen in seinen letzten Stunden. Aber ich vermochte ihm nicht zu helfen. Ich kann nur hoffen, daß er in diesen Augenblicken meine Anwesenheit so deutlich gespürt hat wie ich die seine.
Ein paar Tage später meldete die Presse, daß man ihn gefunden hatte. Er war in der Gluthitze der Wüste, weitab von jeder Piste, verschmachtet. Ob Fletcher uns noch einmal zusammenbringt?[48]

Eine reelle Chance

Die Fernsehsendung mit Bischof Pike und mir löste in der Öffentlichkeit eine Welle des Interesses und der Einsicht aus. Die Anteilnahme an meiner Arbeit war aufmunternd und rührend, manchmal auch schon beängstigend. Ich bekam bergeweise Post von Menschen, die plötzlich bei sich selbst außersinnliche Wahrnehmungen entdeckt haben wollten, mir ihre Erlebnisse berichteten und mich um Begutachtung ihrer »Manifestationen« baten. Andere brannten darauf, mediale Talente zu entwickeln, und wollten bei mir »Mediumistik« studieren. Man kann sich denken, daß eine gewissenhafte Beantwortung dieser Zuschriften außerordentlich schwierig war. Schließlich ist mediales Training kein Ausgleichssport für jedermann, obwohl die Grundübungen niemandem schaden könnten – im Gegenteil. Und viele wollen nicht warten, bis diese Erkenntnis Allgemeingut geworden ist.
Noch muß man mit Verständnislosigkeit rechnen, wie sie mir ein junger Mann beschrieb. Timothy Freejoy, kaufmännischer Angestellter in einer Maschinenfabrik, kam an einem Montagmorgen fünf Minuten zu spät ins Büro und begrüßte seinen Chef arglos mit den Worten: »Guten Morgen, Boß. Wie geht es Ihrer unsterblichen Seele heute früh?«
Der Boß runzelte nur die Stirn und sah demonstrativ und mißbilligend auf seine Armbanduhr.
»Tut mir leid, daß ich zu spät gekommen bin«, meinte Timothy und fing an, auf seinem Schreibtisch herumzukramen, »aber meine Meditation hat heute früh etwas länger gedauert. Ich fiel in Trance, und schon ging es los, wie mir mein Bruder hinterher erzählt hat. War hochinteressant. Sie können sich nicht vorstellen, wie das ist, aber sie sollten es selbst einmal probieren.«
Der Boß stellte keine weiteren Fragen, denn selbstverständlich hatte er erkannt, daß Freejoy ein Spinner ist. Im Geiste strich er ihn von der Liste derjenigen, die für eine Gehaltserhöhung vorgesehen waren. Beförderungen haben nur solche verdient, die ihren »gesunden Menschenverstand« unter Beweis stellen. Und was gesund ist, das weiß der Boß.

Ich will weder einer neuen Weltanschauung noch einer neuen Mode Vorschub leisten oder gar Ratschläge zur Verwirklichung von fixen Ideen er-

teilen. Eine fixe Idee ist es aber auch, daß das Thema »Außersinnliche Wahrnehmungen als reelle Chance für alle« nicht – oder heute noch nicht – nüchtern zu erörtern sei. Ich habe ja bereits nachgewiesen, daß solche Wahrnehmungen keineswegs stets mit religiösen oder einfach schwärmerischen Vorstellungen zu tun haben. Selbst im Altertum traten solche Erscheinungen nicht nur unter religiösen Vorzeichen auf, wie man aufgrund der überlieferten, vorwiegend sakralen Literatur vermutet hat. (Denken wir doch nur an den Mann, der Julius Caesar vor den Iden des März warnte!) Auch mit »Askese« hat die Freilegung neuer Wahrnehmungskanäle, meiner Erfahrung nach, nichts zu tun.
Die Vorstellung, daß höhere Einsichten zu haben, das Privileg frommer, weltabgewandter Einsiedler sei, ist merkwürdigerweise noch immer sehr lebendig. Viele medial Begabte, die den rechten Weg suchten, so auch ich, haben die Erfahrung des heiligen Hieronymus nachvollzogen: Um zu einem kontemplativen Leben zu gelangen, suchte er in einem Kloster Zuflucht. Die Leere und Weltfremdheit der mönchischen Lebensweise und die Unzulänglichkeit der berufsmäßigen Einsiedler zerrten jedoch an seinen Nerven und beeinträchtigten seinen Verstand. Er versuchte es redlich und kehrte dann in den »normalen Alltag« zurück.
Es gibt natürlich leuchtende Ausnahmen, doch im allgemeinen hat sich asketisches Leben nicht als erfolgreicher Weg zu geistiger Höherentwicklung erwiesen. Ich habe verhältnismäßig viel Zeit in westlichen Klöstern und östlichen Ashrams zugebracht. Von geistigem Fortschritt war kaum etwas zu merken, dafür aber die geistige Verkümmerung nur allzu offensichtlich. Ich stieß auf kaum verschleierte Genußsucht, neurotische Sexualität, wie zum Beispiel spontane Ejakulationen während der Andacht. In dem Bestreben, völlig normale biologische Prozesse zu sublimieren und zu eliminieren, kann gerade das, was ein Mensch abtöten möchte, zur Besessenheit werden. Ich habe innerhalb der Klostermauern Heuchelei, Eifersucht, Streit und hochgradige Psychopathen gefunden.
Ich fand jedoch nirgends eine Rechtfertigung für Askese; weder in der eigenen Erfahrung noch durch Beobachtung, weder in der Literatur noch in den religiösen Geboten. Jesus folgte einem Rhythmus, den Arnold Toynbee treffend als »Zurückgezogenheit und Wiederkehr« bezeichnet hat. Manchmal, so heißt es, »zog er sich in sich selbst zurück« und meditierte. Dann wieder ging er, nach seinen eigenen Worten, unter die Menschen »und trank und aß«. Es gibt keine Angaben darüber, daß er verheiratet war, doch zahlreiche Beweise dafür, daß er nicht kontaktarm und weltfremd war.
Andererseits ist es unmöglich, ein Leben geistigen Wachstums zu führen und sich gleichzeitig triebhaften Ausschweifungen hinzugeben. Das ha-

ben mich meine Erfahrungen mit Drogen und mit Alkohol ein für allemal gelehrt. Wem es gelungen ist, nicht in die Fallstricke der Süchte zu stolpern oder sich wieder aus ihnen zu befreien, dem wird es nicht schwer, die natürlichen Triebe in die geregelte Ordnung seines Lebens einzugliedern. Die Welt ist unser Kloster. Das Bestreben, geistigen Grundsätzen die ihnen gebührende Geltung zu verschaffen, ist unsere mönchische Übung.

Es gibt ein Sprichwort, daß schlammiges Wasser klar werde, wenn es eine Zeitlang stillsteht. Dasselbe geschieht mit der Psyche. Die Unruhe setzt sich, wenn man wartet, alles Ablenkende ausschaltet und lauscht. Diese geistige Sammlung muß nicht unbedingt »Meditation« im Sinne des großen Yogananda sein oder als christliches Exerzitium betrieben werden. Ihr Sinn ist nicht Flucht aus dem Alltag, sondern seine Bewältigung und das gesteigerte Erkennen der alltäglichen Gegebenheiten des Daseins. Viele Menschen sind der völlig unrealistischen Auffassung, daß Meditation – wenn sie gelingt – geradewegs zu wunderbaren übernatürlichen Erlebnissen führt, und um mit Erfolg zu meditieren, müsse man den Körper absolut unter Kontrolle haben – und dazu sehr viel Zeit! Doch wir, die wir in der westlichen Welt leben, haben nicht die Muße und sind gewöhnlich auch nicht willens, uns in lange Perioden der Meditation zu versenken oder uns den strengen Regeln der Yogis und der mittelalterlichen christlichen Mystiker zu unterwerfen. Wir haben eher das Bedürfnis, die Zeit, die uns zur Verfügung steht, auf die aktivste Weise zu nutzen.

Man hat mich oft gefragt, welche Konzentrationstechnik ich bevorzuge, wieviel Zeit ich für die geistige Einstimmung auf meine mediale Aufgabe verwende, welchen diesbezüglichen Rat ich anderen geben könne. Genaugenommen habe ich kein Rezept, es sei denn, daß man »Ungezwungenheit« als ein solches anerkennt. Es muß alles wie ein natürlicher Ablauf vor sich gehen. Manchmal finde ich auf diese Weise erst vor dem Einschlafen die Zeit, mich in die Ruhe hineinzumeditieren, die ich brauche, um die Dinge aus der inneren Schau zu betrachten. Manchmal schlafe ich sogar ein, während mein Geist sich, völlig losgelöst, mit einem Problem beschäftigt, das an mich herangetragen wurde. Das Unterbewußtsein beginnt zu arbeiten, und am nächsten Morgen wache ich oft mit der Lösung auf. Auf diese Weise konnte ich schon vielen Menschen helfen.

Jeder Anfänger sollte sich einen Platz suchen, an dem es in dieser von Lärm erfüllten Welt so ruhig wie möglich ist. Er sollte soviel Licht ausschließen wie nur möglich und sich so bequem und entspannt hinsetzen, wie er kann. Als ich mit Yogananda studierte, saßen wir immer auf dem Boden, wie es im Osten Tradition ist, wo Stühle bis vor kurzem verhältnismäßig selten waren. Die meisten von uns sind nicht gewandt genug, um die typischen Positionen – »Asanas« – der Yogis einnehmen zu können. Die Hockstellung hat gewisse Vorteile, denn sie entspannt den ganzen Körper. Wichtig ist, daß man die Wirbelsäule ganz gerade hält, und das kann man am besten, wenn man sich flach auf den Boden legt. Konzentration ist die erste Lektion und wesentlich für weitere Fortschritte. Sich konzentrieren heißt, den Geist auf einen Punkt richten. Dazu braucht man einen Gegenstand, auf den man sich konzentrieren kann. Es gibt Menschen, die es anfangs schwierig oder unmöglich finden, sich auf einen abstrakten Begriff zu konzentrieren. Sie können das gleiche erreichen, indem sie einen Gegenstand wählen, der ihnen etwas bedeutet: einen Ring, eine Rose, eine Vase. Ich kenne einen Mann, der sich auf einen einsamen See zu konzentrieren pflegte, den er einst in einem von Bergen umschlossenen Tal gesehen hatte. Es ist gleichgültig, worüber man meditiert, wichtig ist, sich nicht ablenken zu lassen, bis man sich tief, vielleicht sogar völlig eingefühlt hat und sich mit dem Gegenstand seiner Meditation in vollkommenem Einklang befindet.

Ein wichtiges, ja, unerläßliches Hilfsmittel ist eine gute Atemtechnik. Weil darüber schon soviel hochtrabender Unsinn geschrieben worden ist, verzichte ich auf die Fachbegriffe in Sanskrit und Hindi. Es ist unnötig, sich mit mystischen und okkulten Ausdrücken zu belasten. Es gibt Schwierigkeiten genug; man braucht keine zusätzlichen zu schaffen. Das Entscheidende beim Atmen ist ein bestimmter Rhythmus; er erleichtert es einem, sich loszulösen. Man wird nach kurzer Zeit feststellen, daß der Begriff, der Gegenstand oder der Mensch, den man sich vergegenwärtigen will, beim Einatmen näherzukommen scheint und sich entfernt, wenn man durch den Mund ausatmet. Das ist eine Übung, um die geistigen Organe, die ihre Kraft verloren haben, wieder anzuregen. Die Armmuskeln würden genauso erschlaffen, wenn man den Arm wochenlang stillegte. Hat man einmal seinen Atemrhythmus gefunden, kann man ihn allmählich bis zur halben Anfangsgeschwindigkeit reduzieren. Hält man den Atem eine oder zwei Sekunden lang – nicht länger – an, hört auch der Geist auf zu arbeiten. Man wird schließlich jenen Schwebezustand erreichen, der anzeigt, daß es gelungen ist, sich völlig zu konzentrieren. Es ist allerdings unsinnig, sich diesem Zeitpunkt durch magische Beschwörungsformeln nähern zu wollen oder Techniken und Riten fremder Kulturen, vor allem der orientalischen, ohne umfassendes Studium der geistigen Welt, aus der sie hervorgegangen sind, zu imitieren. Nachahmung führt leicht zu Selbsttäuschung und diese auf gefährliche Bahnen. Daß dies in weitaus stärkerem Maße noch für die Benutzung von Drogen gilt, versteht sich von selbst. Und nun der wichtigste Rat: Fürchten Sie sich nicht, wenn Sie das Gefühl haben, sich von Ihrem Körper zu lösen.

Das kann zu einem unüberwindlichen Hindernis werden, so wie etwa beim Schwimmen die Angst, keinen Grund mehr zu haben. So wenig wie die Fertigkeit des Schwimmens von Nutzen ist, wenn man sich nicht ins tiefe Wasser wagt, so wenig fruchtet die Bemühung um Meditation, wenn man sich vor ihrem Zielpunkt ängstigt. Meditation bedeutet keinen Verlust der Kontrolle über sich selbst, sondern das Gegenteil: Erringung der höchsten Kontrolle. Wer das weiß, der wird die Angst vor tiefer Versenkung verlieren, und eine neue Wahrnehmungsebene wird sich für ihn auftun.

Ich kann mich noch gut an den Tag erinnern, an dem mir meine medialen Fähigkeiten nicht mehr beunruhigend erschienen. Ich möchte den Vergleich anstellen, daß ich mir wie ein Pferd vorkam, dem plötzlich die Scheuklappen abgenommen worden sind. Ich fühlte mich nicht mehr eingeengt; die Welt hatte für mich größere Dimensionen angenommen. Vor allem aber hatte das Leben einen neuen, erweiterten Sinn erhalten, denn offensichtlich stellte der Tod kein Ende des menschlichen Wirkens dar. Wäre man bereit, die Tatsachen anzuerkennen, die jetzt – fast ein halbes Jahrhundert später – unverrückbar feststehen, bedeutete dies das plötzliche Ende der materiellen Kausalität in der Wissenschaft und des Positivismus in der Philosophie. Die Ideologien müßten revidiert werden und geistig-seelische Qualitäten und Vorgänge, die man heute noch nicht anerkennt, in den Mittelpunkt unserer Lebensanschauung treten. Glaubensfragen, von vielen als unwesentlich beiseite geschoben, müßten den ihnen zukommenden Vorrang erhalten. Das Leben eines jeden Individuums müßte neu geplant werden, zugeschnitten auf eine Lebensdauer über den biologischen Tod hinaus. Juristen und Soziologen müßten neue gesellschaftliche Werte setzen, die einer in die Unendlichkeit verlängerten menschlichen Existenz entsprächen.
Diese Entwicklung wird durch Furcht gehemmt. Das Leben kann sich nicht frei und ungehindert entfalten, wenn es täglich von der Furcht vor der Auslöschung überschattet wird. Daher ist die großartigste Gabe, die einem das Leben schenken kann, die Lösung von der Todesfurcht. Dies ist die Überzeugung aller, die mit echten medialen Fähigkeiten ausgestattet sind. Den Menschen über Todesangst und die Trauer um einen Verstorbenen hinwegzuhelfen, habe ich stets als eine meiner Hauptaufgaben betrachtet. Mein höheres Ziel indessen ist es, überzeugend zu lehren und zu beweisen, daß es ein Weiterleben gibt – nicht um Neurosen zu züchten, sondern um Tatsachen festzustellen. Der Mensch hat das Recht zu erfahren, welcher Art das Universum ist, in dem er lebt. Was ihm hilft, ist die Wahrheit. Es gilt, den Tod als eine unserem Dasein zugehörige vorüber-

gehende Erschütterung zu akzeptieren, als den notwendigen Verwandlungsakt einer Metamorphose.
Ich bin keineswegs sicher, daß diejenigen unbedingt das Richtige tun, die in Séancen die vertraute Gemeinschaft verstorbener geliebter Menschen wiedergewinnen wollen. Hier, so will mir scheinen, gelten die üblichen irdischen Grundsätze. Extreme Abhängigkeit, gleich welcher Art, übt im allgemeinen einen hemmenden Einfluß auf die Entwicklung des Charakters aus. Es gibt auch im physischen Leben einen Zeitpunkt, zu dem der einzelne sich aus alten Abhängigkeiten lösen und auf sich selbst gestellt weiterleben muß. Die Erfahrung, daß die Jenseitigen – mit Ausnahme der gewissermaßen professionellen Kontrollgeister wie Fletcher – nur noch eine bestimmte, relativ kurze Zeit nach ihrem Tod Verbindung mit den Lebenden suchen und dann ihre Teilnahme an persönlichen und irdischen Problemen mehr und mehr nachläßt, deutet auf eine weise Maßnahme von höherer Instanz hin, eine lebenslange emotionale Abhängigkeit zwischen den Bewohnern der diesseitigen und der jenseitigen Sphäre möglichst zu unterbinden.

Dieses Buch[49] habe ich mit der Gewißheit begonnen, daß es mein letztes sein wird. Ich habe so viele Herzattacken hinter mir, daß ich schon ziemlich verbohrt sein müßte, nicht zu sehen, daß die allerletzte nicht mehr lange auf sich warten lassen wird. Ich verabscheue es, krank zu sein. Aber sterben? – das ist etwas anderes. Ich habe es einmal »ausprobiert« und fand, daß es eine der ganz großen, unvergeßlichen, ekstatischen Erfahrungen meines Daseins war. Ich kann nicht einsehen, warum der wahre Tod weniger erhebend sein sollte als der vorausempfundene. Und doch werde ich in meiner letzten Stunde nicht ohne Beklemmung sein. Sri Yukteswar, der Guru meines Lehrers Yogananda, erklärte seine Schwäche im Angesicht des Todes mit einem wunderbaren, einleuchtenden Vergleich: »Ein lange seiner Freiheit beraubter Vogel zögert, sein gewohntes Gefängnis zu verlassen, wenn die Tür plötzlich offensteht.«
Ich hoffe, daß ich, wenn meine Zeit gekommen ist, die Aufgabe, die mir in der Erdensphäre zugedacht war, erfüllt haben werde: die besonderen Gaben, die mir ganz ohne mein Verdienst verliehen wurden, dafür zu nutzen, irdische Gemüter von der Furcht vor dem Tode als dem endgültigen Ende zu befreien und den Offenbarungen des Lebens eine neue Dimension hinzuzufügen, indem ich ein wenig den Vorhang hob für einen Blick in die jenseitige Region, die uns alle erwartet.
Gewiß sind viele Fragen noch ungeklärt. Aber gibt es denn Wissen auf irgendeinem Gebiet ohne offene Fragen? Nicht hier jedenfalls und nicht heute.

Am 4. Januar 1971 ist Arthur Ford im Alter von fast vierundsiebzig Jahren gestorben. Die letzten seiner rund achttausend Séancen hielt er für zwei Mediziner, einen US-Senator und einen Astronauten ab.
Nach dem Tode von Ford haben viele gefragt: »Was wird Fletcher jetzt tun? Wird er seinem Freund, dessen guter Geist er fünfundvierzig Jahre lang war, nun im Jenseits zur Seite stehen? Wird er sich ein anderes Medium suchen, um das Gespräch mit den Lebenden fortzusetzen? Oder wird er für immer verstummen?«
Bis heute hat sich Fletcher nicht wieder gemeldet. Es heißt, dies sei ein Zeichen dafür, daß er zu einer höheren Bewußtseinsebene aufgestiegen ist und damit dem Diesseits fernergerückt.

Anmerkungen

Die Zusammensetzung des vorliegenden Buches aus zwei Werken Arthur Fords und der Tod des Autors machten die Erweiterung der von ihm besorgten Anmerkungen notwendig. Die folgenden dokumentarischen Erläuterungen und Quellenangaben stammen also teils vom Verfasser und teils vom Verlag.

[1] Jerome Ellison unterscheidet »psychische« Medien, die Botschaften lebender oder verstorbener Personen übermitteln, ohne daß diese sichtbar werden, und »physikalische« Medien, die psychokinetische Erscheinungen hervorrufen, z. B. durch Einwirkung geistiger Kräfte allein Gegenstände zu bewegen vermögen, Lichter (Aura) oder »Geister« sehen lassen können.

[2] Wernher von Braun: »Immortality«, in *This Week*, 24. 1. 1967.

[3] Paramahansa Yogananda: *Autobiographie eines Yogi*, München 1957.

[4] Zitiert nach American Association for the Advancement of Science, Section L, 28. 12. 1954, Berkeley, Kalifornien.

[5] Stellungnahmen von Nobelpreisträgern der naturwissenschaftlichen Disziplinen zu Fragen der Parapsychologie siehe auch in Arthur Koestler, *Die Wurzeln des Zufalls*, Scherz Verlag, Bern/München/Wien 1972, S. 53ff., u. ö.

[6] Über die Ergebnisse der parapsychologischen Forschung in der UdSSR berichtet ausführlich das Buch von Sheila Ostrander und Lynn Schröder, *Psi. Die wissenschaftliche Erforschung und praktische Nutzung übersinnlicher Kräfte des Geistes und der Seele im Ostblock*, Scherz Verlag, Bern/München/Wien 1971.

[7] Aniela Jaffé (Hrsg.): *Erinnerungen, Träume, Gedanken von C. G. Jung*, Zürich/Stuttgart 1963, S. 159f.

[8] Jaffé, a.a.O., S. 373. – Sandor Ferenczi (1873–1933), ungarischer Psychologe und Nervenarzt, war einer der ersten Anhänger Freuds. Daß Freud trotz seiner ablehnenden Haltung gegenüber paranormalen Vorgängen und ihrer Erforschung im Jahre 1909 bereits persönliche Erlebnisse außersinnlicher Wahrnehmungen gehabt hatte, berichtet Hans Bender in *Parapsychologie. Entwicklung, Ergebnisse, Probleme*, Darmstadt 1966. Dort heißt es:
»Es war im Jahre 1906, als die kleine Gruppe der Getreuen Freud zu seinem fünfzigsten Geburtstag eine Medaille schenkte, die auf der Vorderseite des Meisters

Profil im Basrelief und auf der Rückseite eine griechische Zeichnung des Königs Ödipus vor der Sphinx zeigt. Umrahmt ist die Zeichnung von einem Vers aus *König Ödipus* von Sophokles:

Der das berühmte Rätsel löste
und ein gar mächtiger Mann war.

›Bei der Überreichung dieser Medaille‹ – so berichtet Jones im zweiten Band seiner Freud-Biographie – ›ereignete sich ein merkwürdiger Zwischenfall. Als Freud die Inschrift las, wurde er blaß, unruhig und fragte mit erstickter Stimme, wer diese Idee gehabt habe. Er benahm sich wie ein Mensch, dem ein Geist erschienen ist...‹ Als Federn ihm gesagt hatte, dies sei seine Idee gewesen, berichtete Freud: Als junger Student habe er unter den Arkaden der Wiener Universität die Büsten früherer, berühmter Professoren betrachtet. Damals habe er sich in der Phantasie ausgemalt, daß dort künftig seine Büste stände und darunter gerade diese Worte aus dem Ödipus des Sophokles graviert seien, die er jetzt auf der Medaille vor sich sehe.
Am 4. Februar 1955 fand unter den Arkaden der Wiener Universität die feierliche Enthüllung der Büste Freuds – von dem Bildhauer Königsberger 1921 geschaffen – statt. Auf ihrem Sockel ist die Zeile aus dem *König Ödipus* von Sophokles eingraviert.«

[9] Ernest Jones: *Sigmund Freud. Leben und Werk*, Frankfurt/M 1969, S. 389.

[10] Dorothy Bomar Bradley u. Robert A. Bradley: *Psychic Phenomena. Revelations and Experiences*, West Nyack 1967.

[11] Zitiert nach John Kobler: »ESP«, in *Saturday Evening Post*, 9. 3. 1968. – Vgl. auch Ostrander/Schröder, a.a.O., S. 210f., sowie Cleve Backster: »Evidence of a Primary Perception in Plant Life«, in *International Journal of Parapsychology*, Vol. 10, Nr. 4, New York 1968.

[12] Vgl. dazu Hans Bender: *Unser sechster Sinn. Telepathie, Hellsehen und Psychokinese in der parapsychologischen Forschung*, Stuttgart 1971.

[13] Stewart E. White: *Das uneingeschränkte Weltall. Eine »Alphysik« des universalen Bewußtseins*, Vorwort von C. G. Jung, Zürich 1963, S. 12.

[14] Walter Yeeling Evans-Wentz (Hrsg.): *Das tibetanische Totenbuch, oder Nach-Tod-Erfahrung auf der Bardo-Stufe*, hrsg. nach der englischen Fassung des Lama Kazi Dawa-Samdup, kommentiert von C. G. Jung, Zürich 1960 u. ö. – Hieraus auch die folgenden Zitate.

[15] Richard Maurice Bucke: *Cosmic Consciousness*, New York 1901.

[16] Von Eileen Garrett liegen folgende Bücher in Nachkriegsausgaben vor: *Adventures in the Supernormal*, New York 1959, und *Awareness*, New York 1968.

[17] John Lamond: *Sir Arthur Conan Doyle*, Nachwort von Lady Conan Doyle, London 1931.

[18] Zitiert nach der Dokumentation in *Tomorrow*, Herbst 1957. – Den gleichen Ablauf des Luftschiffunglücks schilderten die *Münchner Neuesten Nachrichten* vom 6. 10. 1930. Die Zeitung brachte ein Extrablatt heraus mit der Schlagzeile: »Katastrophe der englischen Luftfahrt.« Weiter hieß es: »Das englische Riesenluftschiff ›R 101‹, das Samstag abend auf dem Londoner Flugplatz Cardington zu einer Indienfahrt gestartet war, ist Sonntag früh, kurz nach 2 Uhr, bei Beauvais, 60 km nordwestlich von Paris, verunglückt. Von den 54 Insassen sind 46 verbrannt, 8 Personen haben zum Teil lebensgefährliche Verletzungen davongetragen.« – Technische Einzelheiten über die Ursache des Absturzes brachte die Zeitung in ihrer Ausgabe vom 8. 10. 1930. Die Angaben stimmen weitgehend mit dem Inhalt der Botschaft überein, die Uvani von Kapitän Irvin übermittelte.

[19] Louis K. Anspacher: *The Challenge of the Unknown*, New York 1947.

[20] Ruth Montgomery: *A Search for the Truth*, New York 1967.

[21] Bücher von Ruth Montgomery über parapsychologische Themen: *The Psychic World and You*, New York 1963; *Ich sehe die Zukunft. Die Voraussagen der Jeane Dixon*, Hamburg 1965; *A Search for the Truth*, New York 1967; *Here and Hereafter*, New York 1968.

[22] Rosemary Brown: *Musik aus dem Jenseits*, Wien/Hamburg 1971. – Obwohl die Jenseitskontakte von Mrs. Brown mit Persönlichkeiten früherer Jahrhunderte den Erfahrungen von Raymond Lodge, Frederic Myers und vor allem Arthur Fords widersprechen, seien hier Stellungnahmen von namhaften Zeitgenossen angeführt, die die außergewöhnlichen musikalischen Phänomene miterlebt und geprüft haben.
Der Bischof von Southwark, Mervyn Stockwood, schreibt im Vorwort zu *Musik aus dem Jenseits:*
»Rosemary Brown wohnt auf der anderen Seite des Tooting Bec Common, etwa eine Viertelstunde vom bischöflichen Amtssitz entfernt. Obwohl ich schon vor elf Jahren in diesen Sprengel kam, lernte ich sie erst im Frühjahr 1970 anläßlich eines Dinners kennen, das von der Zeitschrift *Psychic News* gegeben wurde. Es waren einige hundert Personen geladen, und eine der Programmnummern waren Musikstücke, dargeboten von Rosemary Brown. Ihre bemerkenswerte Leistung ließ das Publikum aufhorchen, erweckte lebhaftes Interesse und zog Diskussionen nach sich. Ich glaube unvoreingenommen feststellen zu können, daß keiner der Anwesenden an ihrer Integrität zweifelte, wie immer man das Phänomen Rosemary Brown auch erklären mag. Sie ist überzeugt, mit Liszt und anderen großen Komponisten in Verbindung zu stehen. Sie sieht sie, sie spricht mit ihnen und wird zur Übermittlerin ihrer ›neuesten‹ Werke. Es steht mir nicht zu, die technische Qualität der Musik zu beurteilen, aber manche Leute, die mehr davon verstehen als ich, sind der Ansicht, daß die Kompositionen stilgerecht geschrieben sind, mit einem

Wort, daß sie ›echt klingen‹. Wenn Rosemary Brown ihr Leben der Musik gewidmet hätte und eine hervorragende Pianistin wäre, gäbe es dafür möglicherweise eine einfache Erklärung. Aber das ist nicht der Fall. Rosemary Brown wuchs in verhältnismäßig bescheidenen Verhältnissen auf und hatte weder Geld noch Zeit für eine musikalische Ausbildung. In den letzten Jahren lebte sie als fleißige Hausfrau und Mutter in ihrem Heim in Balham. Nach den Worten Sir George Trevelyans hatte sie keine musikalische Vorbildung, kein angeborenes Talent, fast keine Ausbildung; sie war es nicht gewohnt, Schallplatten zu spielen, in Konzerte zu gehen oder Radio zu hören. Als Witwe mußte sie in erster Linie trachten, ihr mageres Einkommen aufzubessern, indem sie täglich fünf Stunden lang für die Schulausspeisung arbeitete.

Meiner Meinung nach liegt die Erklärung dieses Phänomens im Übersinnlichen. Sie ist in Rosemary Browns medialen Fähigkeiten begründet. Leider hat das Wort ›Medium‹ fatale Untertöne; genaugenommen bedeutet es nicht mehr als ›Vermittler‹, es bezeichnet jemanden, der als Zwischenträger wirkt. Im Fall Rosemary Brown hat es den Anschein, als wollte eine Gruppe von Musikern unter der Leitung Liszts und Chopins zur Freude der Menschheit weitere Werke schaffen. Sie erwählten Rosemary Brown als Vermittlerin.

Natürlich wird diese Erklärung allen jenen absurd erscheinen, die den Gedanken an ein Leben nach dem Tod ablehnen, und sie werden zweifellos auf die alten Argumente wie ›Telepathie‹ und ›Intuition‹ zurückgreifen, ohne zu definieren, was sie darunter verstehen. Aber diese Erklärung ist nicht absurd für Menschen, die den Tod für ein verhältnismäßig unwichtiges Ereignis in der Entwicklung der Persönlichkeit halten. Da ich mich seit Jahren für Seelenforschung interessiere, halte ich die Annahme für vertretbar, daß wir, jenseits des Grabes, Leben in einer anderen Dimension mit gesteigerten Fähigkeiten vorfinden werden. Wenn es so ist, kann man auch annehmen, daß dort Künstler ihre besonderen Gaben weiter entwickeln werden. Es wäre in der Tat eine seltsame Auffassung vom Jenseits, wenn jene, die in diesem Leben schöpferisch nach Ausdruck rangen, im anderen Leben nicht die Möglichkeit erhalten sollten, ihr Können weiter auszuüben.

Warum Liszt und diese Gruppe von Komponisten Rosemary Brown anstatt eines berühmten Pianisten oder Komponisten erwählten, können wir nicht sagen. Vielleicht kommt hier neuerlich die biblische Methode zu Wort, die Wahrheit durch die Bescheidenen und Demütigen enthüllen zu lassen. Die Helden des Alten und des Neuen Testaments zeichneten sich durch Rechtschaffenheit aus, nicht durch Geburt und Besitz.

In einer Zeit, in der der Geist der Menschen vom Materialismus ihrer Umwelt in Schranken gehalten wird, und die Kirche Schwierigkeiten hat, an ein höheres Dasein zu erinnern, bedeuten die Erlebnisse der Rosemary Brown für alle Einsichtigen eine Herausforderung und einen Hinweis. Es gibt eine Welt jenseits der unseren, und wir sollten uns vor Augen halten, daß wir unser Leben im Schatten der Ewigkeit leben.«

Der Musikhistoriker Sir George Trevelyan bezeugt:

»Ich saß mit Mrs. Brown zusammen am Klavier, und sie beschrieb mir, was geschah. ›Chopin ist hier‹, sagte sie. Diese Sitzung hatte weder gespenstische noch spukhafte Züge. Chopin übermittelte ihr ein Stück, das sie Abschnitt für Abschnitt direkt am Klavier ausarbeitete, und nach zwanzig Minuten hatte sie es auswendig gelernt. Musiker werden ermessen können, was diese Leistung bedeutet. Mrs. Browns Zusammenarbeit mit Komponisten aus einer anderen Welt, die bei vollem Bewußtsein erfolgt, ist etwas nie Dagewesenes, Einmaliges. Alle, die sich für Musik interessieren und für die Möglichkeiten, mit geistigen Mächten Gedankenaustausch zu pflegen, sollten sich ernsthaft und vorurteilsfrei mit diesem Phänomen beschäftigen.«

Gutachten der Musikdozentin Mrs. Mary Firth:

»Ich testete Mrs. Browns Gehör und ihr Spiel vom Blatt. Zu meiner großen Überraschung stellte ich fest, daß sie nicht einmal jene grundlegenden musikalischen Fähigkeiten besitzt, die ich von jedem Musikstudenten erwarten muß – schon gar von einem Studenten, der komponiert.«

Gutachten des Komponisten Richard Rodney Bennett, dessen Opern auch an deutschen Bühnen gespielt werden (z. B. »Napoleon kommt«, Bayerische Staatsoper, München 1968):

»Viele Musiker sind imstande zu improvisieren, aber sie können keine Musik wie die vorliegende erfinden, ohne viele Jahre entsprechend geübt zu haben. Ich selbst hätte einige der Rosemary-Brown-Beethoven-Stücke nicht erfinden können.«

Übrigens interessierte sich auch der Schlager- und Chansonsänger Udo Jürgens für die musikalischen Manifestationen von Mrs. Brown. Die Zeitschrift *Hör Zu* berichtete darüber im Januar 1972 unter der Überschrift: »Mein neuer Hit kommt aus dem Jenseits«:

»Hätte Udo bei seiner Ankunft am Londoner Flughafen die Wahrheit gesagt, man hätte ihn sicher als armen Irren oder albernen Witzbold eingestuft. Denn wem hätte er schon – auf die übliche Frage: ›Was werden Sie hier tun?‹ – begreiflich machen können, daß er von einem 174jährigen, dazu noch von Altmeister Franz Schubert, erwartet werde?

Udo Jürgens war zum Tee eingeladen worden bei Mrs. Rosemary Brown, einem international bekannten Medium.

Begleitet vom ZDF-Team unter Führung von Regisseur Peter Behle (›Wünsch dir was‹), traf Udo Jürgens in dem baufälligen Reihenhäuschen im Londoner Vorort Balham bei Witwe Brown ein. Meister Schubert hatte der Endvierzigerin mitgeteilt, daß es ›fabelhaft wäre, für einen Sänger wie Jürgens ein Lied zu komponieren‹.

So harrten alle in dem winzigen Zimmer mit den zersprungenen Fensterscheiben in dem kleinen, von Unkraut umwucherten Haus dessen, was da aus dem Jenseits kommen sollte.

Und es kam auch. Ganz ohne Kristallkugel, brennende Kerzen, ohne Simsalabim-Sprüche. Ganz schlicht, einfach und bescheiden. So als ob es die selbstverständlichste Sache der Welt sei, war er plötzlich da: der Kontakt zwischen Dies- und Jenseits via Mrs. Brown.

Doch um ein Haar wäre die ganze ›Kompositions-Aktion‹ ins Jenseits-Wasser gefallen, denn Schubert verlangte einen Dolmetscher. Er spricht nämlich nur Deutsch, Rosemary Brown nur Englisch.

Was tun? Die Betroffenen waren ratlos. Und es wären wohl nie mehr als ein paar geradebrechte Brocken geworden, wenn ...

Ja, wenn nicht Franz Liszt (gestorben 1886) da rasch geholfen hätte. Nach Anfrage durch Rosemary Brown war er bereit. Er konnte übersetzen.
Jedenfalls begann das kleine Schauspiel pünktlich. So wie man es in England liebt. Als das TV-Team drehfertig war, muß er gekommen sein, der Herr Schubert. Gesehen oder gar gehört hat ihn freilich niemand. Doch plötzlich war er da und ließ die Dame Brown flugs zum Klavier eilen, auf dem ein Bild des Meisters teilnahmslos aus dem Rahmen blickte.
Während die Fernseh-Scheinwerfer das Zimmer in subtropisches Klima tauchten und die Kameras liefen, griff Rosemary Brown eifrig und virtuos in die Tasten. Das also war sie – die Musik aus dem Jenseits.
›Ganz im Stile Schuberts‹, wie Udo Jürgens verwundert versicherte. Summte zuerst und sang dann mit:

Sanft fällt der Schnee im Winter –
Rauh weht der Wind ...

und weiter:

Können Blumen blühen?
Kann der Frühling folgen?
Wirst du morgen im Himmel erwachen ...

Udo Jürgens jedenfalls erwachte wieder, als der letzte Ton verklungen war. Im Diesseits. Kaum wieder auf dem Boden der Realität, fragte er: ›War Schubert jetzt hier?‹
Rosemary Brown: ›Ja, er war hier, hatte die Hand auf meiner Schulter. Auf Ihrer übrigens auch, Mr. Jürgens. Denn sonst wäre der Kontakt gar nicht möglich gewesen.‹
Vielleicht aber sollte man doch nicht über diese Begegnung mit einem mitleidigen Lächeln hinweggehen. Britische Musikwissenschaftler und die englische Fernseh-Gesellschaft BBC haben sich ernsthaft mit Rosemary Brown beschäftigt.
›Sie ist als Musik-Medium ernst zu nehmen‹, sagte Sir George Trevelyan, ein führender Musikwissenschaftler. ›Ich bin von ihrer Ernsthaftigkeit und Aufrichtigkeit überzeugt.‹
Mrs. Brown, die nachweislich nie eine nennenswerte musikalische Ausbildung genossen hat, schrieb in den letzten sechs Jahren 400 Musikwerke berühmter verstorbener Komponisten auf, die musikwissenschaftlichen Untersuchungen standhielten. Vor einem Jahr erschien sogar eine Langspielplatte mit ›Jenseits-Musik‹ von acht verstorbenen Komponisten.
Kann man von Scharlatanerie sprechen? Kaum. Psychologen bescheinigen ihr einen gesunden, ausgeglichenen Geisteszustand, der fernab jeglicher Geltungssucht ist. Auch fällt sie bei ihrer Kontaktaufnahme mit dem Jenseits nicht in Trance und benötigt auch keinerlei okkultistische Hilfsmittel ...

(Gottfried Binder)

23 Ausführlicher hat Ford die Dechiffrierung des Houdini-Codes in seinem Buch *Nothing so Strange*, New York 1958, S. 67–75, dargestellt. – Houdinis Aversion gegen Medien und seinen Entlarvungsfeldzug schildert – freilich aus der Sicht des

Magiers – Harold Kellock in *Houdini. His Life Story*, London 1928. Die Übermittlung des Codetextes durch Fletcher/Ford fand wenige Monate nach Erscheinen des Buches statt.

24 William James: *Die religiöse Erfahrung in ihrer Mannigfaltigkeit*, Leipzig 1914, S. 37f.

25 William James: *Unsterblichkeit*, Berlin 1926, S. 12ff. – In diesem Vortrag, den William James 1893 an der Harvard-Universität hielt, ging er auch auf eine Frage ein, die sich unwillkürlich jedem stellt, der sich eine »optische Vorstellung« vom Leben nach dem Tode macht und dabei auf das Problem einer »notgedrungen heillosen Überbevölkerung des Jenseits« stößt. Da sich Ford zu dieser naheliegenden heiklen Frage nicht geäußert hat, seien hier die Ausführungen des großen William James zu diesem Thema zitiert. Seine Argumentation kann als klassisch und noch heute gültig angesehen werden.
»Ist es nicht eine unglaublich und unerträglich große Zahl von Wesen, denen nach unserer modernen Auffassung Unsterblichkeit zugeschrieben werden muß? Ich möchte vermuten, daß für viele unter meinen Zuhörern hier ein Stein des Anstoßes liegt, den ich gern beseitigen möchte.
Die Veränderung unserer Größenbegriffe, die modernen wissenschaftlichen Theorien und das durch sie veränderte sittliche Bewußtsein haben für unser Problem neue Schwierigkeiten geschaffen.
Für unsere Vorfahren war diese Welt klein und – mit unseren modernen Vorstellungen verglichen – eine gemütliche Angelegenheit. Sie bestand seit höchstens sechstausend Jahren. In ihrer Geschichte nahmen ein paar Helden der Menschheit, Könige, Kirchenväter und Heilige den ganzen Vordergrund ein; mit ihrer Bedeutung und ihren Verdiensten nahmen sie die Aufmerksamkeit so gefangen, daß nicht nur sie, sondern auch alle, die ihnen nahestanden, von einem Glanz umflossen schienen, den, ihrer Meinung nach, auch die Allmacht selbst anerkennen und respektieren mußte. Diese hervorragenden Persönlichkeiten und ihr Anhang bildeten den Kern in der Schar der Unsterblichen; die minderen Helden und die Heiligen zweiter Ordnung kamen danach, und die Leute ohne besondere Auszeichnung füllten die Lücken und den Hintergrund aus. Die ganze Szenerie der Ewigkeit wirkte auf die Phantasie der Gläubigen nie als eine überwältigend große oder unbehaglich überfüllte Bühne (wenigstens soweit der Himmel und nicht die Hölle in Frage kam). Man könnte das eine aristokratische Unsterblichkeitsvorstellung nennen; die Unsterblichen (ich spreche, wohlgemerkt, nur vom Himmel, die Unsterblichkeit in der Qual braucht uns hier nicht zu beschäftigen) waren immer eine Elite, eine auserwählte und leicht zu übersehende Anzahl.
Aber mit unserer Generation sind ganz andere Größenvorstellungen über unsere abendländische Welt gekommen. Die Entwicklungslehre verlangt von uns ganz andere Maßstäbe für Raum, Zeit und Zahl im kosmischen Prozeß, als unsere Voreltern es sich träumen ließen. Die Geschichte der Menschheit wächst allmählich aus der Tierwelt heraus und geht in ihren Anfängen vielleicht bis auf die Tertiärepoche zurück. Daraus hat sich allmählich anstatt der alten aristokratischen eine demokratische Vorstellung von der Unsterblichkeit entwickelt. Denn mag auf der

einen Seite unser Denken ein wenig zynisch geworden sein, so hat doch auf der anderen Seite durch die Weitsicht der Entwicklungslehre unser Mitgefühl an Weite gewonnen. Bein von unserm Bein und Fleisch von unserm Fleisch sind diese unsere halbtierischen vorgeschichtlichen Brüder. Gleich uns umschlossen von dem ungeheuren Dunkel dieses geheimnisvollen Weltalls wurden sie geboren und starben, litten und kämpften sie ... Wie unwesentlich muß in den Augen Gottes unser kleines Mehr an individueller Leistung sein, das doch weggeschwemmt wird von dem weiten Ozean der Leistung der Menschheit im Ganzen, die stumm und unentwegt ihre höchste Pflicht erfüllt in einem heroischen Lebenslauf! ... Eine Unsterblichkeit, von der diese Billionen von Mitstreitern ausgeschlossen sein sollten, wird ein widersinniger Gedanke für uns.
Daß Gaben persönlicher Kultur oder höhere religiöse Vorstellungen zwischen uns und unseren Genossen beim Festmahl des Lebens einen so tiefgehenden Unterschied begründen sollten, der uns ein ewiges Leben sicherte und jenen nur Mühe und Leiden hienieden und zuletzt einen sinnlosen Tod bescherte – dieser Gedanke ist zu absurd, als daß wir ihn ernst nehmen könnten ... Und können wir denn den Trennungsstrich selbst beim Menschen ziehen? Wenn einige Geschöpfe weiterleben, warum nicht alle? Warum nicht die stummen Tiere? So verlangt der Glaube an Unsterblichkeit, wenn wir uns ihm hingeben, heute von uns die Ausdehnung auf so ungeheuer viele Wesen, daß unsere Phantasie Schwindel überfällt und unser persönliches Empfinden davor zurückschreckt, sich zur Höhe dieses Gedankens zu erheben. Die Annahme, zu der wir getrieben werden, ist zu ungeheuerlich, und ehe wir diese Folgerung zugeben, sind wir geneigt, die Voraussetzung selbst fallen zu lassen. Lieber geben wir unsere eigene Unsterblichkeit auf, als daß wir uns zu dem Glauben an eine Unsterblichkeit bekennen, die wir mit allen Kreaturen, die je waren und je sein werden, sollten teilen müssen. Gewiß, das Leben ist ein hohes Gut – aber doch nur, wenn seine Fülle nicht alles überflutet. Wir meinen, der Himmel selbst und die kosmischen Räume und Zeiten müßten sich vor dem Gedanken entsetzen, eine solche immerfort anschwellende Masse in alle Ewigkeit aufnehmen zu sollen.
Ich habe das sichere Gefühl, daß viele, vielleicht die meisten von Ihnen, die hier als Hörer vor mir sitzen, in diesen Dingen ebenso empfinden, wie ich es als Schüler der wissenschaftlichen Kultur unserer Tage tue. Ich bin aber auch zu der Einsicht gelangt, daß in diesem Empfinden eine furchtbare Täuschung steckt, und da die Erkenntnis dieser Täuschung meinen eigenen Geist wieder frei gemacht hat, so fühlte ich, daß ich Ihnen, meinen Hörern, einen Dienst erweisen würde, wenn ich Ihnen zeige, wo der Fehler liegt.
Es ist eine offenkundige Täuschung, und das Wunderbare ist nur, daß nicht alle Welt sie durchschaut. Sie ist nur das Ergebnis einer unbesiegbaren Blindheit, an der wir leiden, einem Unverständnis für den inneren Wert fremden Lebens und einer Eitelkeit, die unsere eigene Unfähigkeit in den weiten Kosmos hineinprojiziert und den Willen des Absoluten an unseren eigenen kleinen Bedürfnissen mißt. Unsere christlichen Vorfahren wurden mit dem Problem leichter fertig als wir. Wir leiden an einem Mangel an Mitgefühl, an Sympathie für diese uns fremden Wesen; sie aber hatten einen ausgesprochenen Widerwillen, eine Verachtung für alle jene Kreaturen und legten naiverweise der Gottheit denselben Widerwillen bei. Sie wa-

ren eben in Bausch und Bogen ›Heiden‹, und darum empfanden unsere Vorfahren eine große Freude bei dem Gedanken, daß der Schöpfer sie alle zum Heizmaterial für das Höllenfeuer bestimmt hatte.
Unsere Kultur hat uns in diesem Punkte etwas menschlicher gemacht; aber als unsere Kameraden in den Gefilden des Himmels können wir sie uns immer noch nicht vorstellen. Wir haben gewissermaßen keine Verwendung für sie, und der Gedanke an ihr Weiterleben bedrückt uns. Nehmen Sie als Beispiel all die Millionen von Chinesen. Wer von Ihnen empfindet die Berechtigung ihrer Fortdauer in unverminderter Zahl? Sicherlich nicht einer. Höchstens werden Sie ein paar ausgewählte Exemplare am Leben zu erhalten wünschen, als Repräsentanten einer interessanten und merkwürdigen Menschengattung; was aber den Rest angeht, der in so übergroßen Massen daherkommt und den Sie sich überhaupt nur in dieser abstrakt summarischen Weise als eine große Masse vorstellen können, so sind Sie sicher, daß die einzelnen keinen persönlichen Wert besitzen. Gott selbst, meinen Sie, könne sie nicht gebrauchen. Die Unsterblichkeit jedes einzelnen müßte für ihn und das Universum eine ebenso unerträgliche Last sein wie für Sie. So enden Sie in bezug auf die ganze Frage in einem geistigen Schiffbruch und lassen sich treiben; erst zweifeln Sie an der Unsterblichkeit der Masse, dann verlieren Sie jede Sicherheit hinsichtlich der Fortexistenz der eigenen Person, so sehr Sie doch das unzerstörbar Wertvolle in ihr empfinden. Ich bin sicher, damit die Geisteshaltung vieler von Ihnen bezeichnet zu haben.
Aber ist eine solche Haltung nicht die Folge einer mangelnden und dürren Phantasie? Sie nehmen diese Schwärme fremder Menschenbrüder nur als das, was sie *für Sie* sind: ein verworrenes Gewimmel, das sich auf Ihrer Netzhaut abmalt, bedrükkend durch seine Unübersehbarkeit und durch sein Durcheinander. Wie sie *für Sie* sich darstellen, so, meinen Sie, müßten sie auch an sich sein. *Für mich* sind sie bedeutungslos, sagen Sie, also sind sie an sich bedeutungslos. Derweil haben sie doch, ganz unabhängig von dem äußeren Bild, in dem sie für Sie reale Gestalt gewinnen, ihre eigene Realität für sich selbst in ihrer eigentümlichen Innenwelt voll heftigsten Lebensdranges. Es sind *Sie*, die tot wie ein Stein, und blind und gefühllos in Ihrer Art, die Dinge zu betrachten. Ihre Augen sehen ein Bild, dessen eigentliche Bedeutung Ihnen entgeht. Jedes dieser sonderbaren, vielleicht auch abstoßenden Wesen ist von einer inneren Lebensfreude beseelt, vielleicht heißer, als Sie sie in der eigenen Brust fühlen ... Daß *Sie* es sich weder vorstellen, noch verstehen, noch danach verlangen, daß *Sie* persönlich kein Bedürfnis verspüren, fortzuleben, ist schlechthin gleichgültig. Daß Ihr Interesse an einem bestimmten Punkt aufhört, sagt uns nichts über die an sich bestehenden Interessen. Das Universum schafft mit jedem Lebewesen, das es aus seinen schöpferischen Quellen hervorgehen läßt, einen Drang nach seinem Leben und ein Verlangen nach dessen Fortdauer – wenn nirgends anders, so doch im Herzen dieses Wesens selbst. Es ist unsinnig anzunehmen, daß, nur weil bei uns selbst die Kraft, mit anderen Lebewesen mitzufühlen, so bald erlischt, auch im Herzen des unendlichen Wesens selbst eine solche Übersättigung oder ein Überdruß eintreten könnte. Es gibt da kein von vier Wänden umschlossenes Zimmer, in das die Seelen hineinkämen und sich nun drängen und zusammenrücken müßten, um neuen Bewohnern Platz zu machen. Jede neue Seele bringt ihre eigene räumliche Welt, ihre eigene Wohnstätte mit; und diese Räume

beengen sich nicht gegenseitig – der Raum meiner Vorstellung etwa kommt in keiner Weise dem Ihrigen ins Gehege.
Die Summe des möglichen Gesamtbewußtseins scheint von keinem Gesetz abhängig, das dem sogenannten Gesetz der Erhaltung der Energie vergleichbar wäre. Wenn ein Mensch aufwacht oder geboren wird, braucht darum nicht ein anderer einzuschlafen oder zu sterben, damit die Gesamtbewußtseinssumme in der Welt konstant bleibt. Wilhelm Wundt hat sogar in seinem *System der Philosophie* ein Gesetz des Universums formuliert, das er das Gesetz des Wachstums der geistigen Energie nennt und ausdrücklich dem Gesetz der Erhaltung der Energie in der physikalischen Welt gegenüberstellt. Es scheint keine eigentliche Grenze für das Wachstum in geistigen Dingen zu geben; und da jedes geistige Wesen, wo immer es erscheint, sich behauptet, sich ausbreitet und ungestüm nach Fortdauer verlangt, so dürfen wir mit Recht und buchstäblich sagen, ohne auf unsere pivaten Sympathien und ihre Grenzen weiter Rücksicht zu nehmen, daß der Zustrom individuellen Lebens im Weltall, wie unermeßlich er auch sein mag, den Bedarf nie übersteigen kann. Das Verlangen nach diesem Zuwachs ist in diesem Augenblick da, in dem das neue Wesen selber ins Dasein tritt, denn eben dieses neue Wesen verlangt nach der Fortdauer seines Seins.
Ich spreche, wie Sie sehen, vom Standpukt aller jener anderen Wesen aus, die sich ihres eigenen Daseins bewußt sind und sich innerlich desselben erfreuen. Wenn wir Pantheisten sind, so können wir dabei stehen bleiben. Wir brauchen dann nur zu sagen, daß durch diese Individuen wie durch ebenso viele verschiedene Ausdrucksformen der ewige Geist des Universums sein eigenes unendliches Leben bejaht und verwirklicht. Aber wenn wir Theisten sind, können wir, ohne das Ergebnis zu verändern, weitergehen. Gottes Liebe, können wir dann sagen, ist so unerschöpflich, daß sie nach einer buchstäblich endlosen Zunahme geschaffenen Lebens verlangt. Er kann niemals ermatten oder müde werden, wie wir es bei solchem immer wachsenden Zufluß tun würden. Sein Maß ist unendlich in allen Dingen. Sein Mitfühlen weiß von keinem Überdruß und von keinem Zuviel.
Sie werden nun, hoffe ich, mit mir einer Meinung darin sein, daß die peinliche Vorstellung eines Himmels, der an Übervölkerung leidet, eine leere Einbildung ist, ein Zeichen menschlicher Unfähigkeit, ein Überbleibsel des alten, engherzigen aristokratischen Glaubens. ›Verehre den Meister, hebe deine Augen auf zu seiner Größe und der Weite des Himmels‹, und du wirst glauben an ein demokratisch gestaltetes Weltall, das nichts weiß von deiner kleinlichen Auswahl.
Ich für mein Teil also bin wohl damit einverstanden, daß alles Leben, das in den Wäldern dieser Welt aufwuchs und im Hauch ihres Windes sich regte, unsterblich sei. Es ist eine bloße Tatsachenfrage, ob wir auch die Blätter hinzuzurechnen haben. Die bloße, abstrakt genommene Größe ihrer Anzahl, das scheinbar Zwecklose in der zahlreichen Wiederholung des Gleichartigen, fällt nicht als Gegengrund ins Gewicht. Denn Größe, Zahl, Gattungsgleichheit sind nur Formen unseres endlichen Denkens, an sich selbst betrachtet aber und unabhängig von uns ist die eine Skala von Dimensionen und Zahlen, angewandt auf die Welt, nicht wunderbarer und unbegreiflicher als die andere, sofern Sie dem Universum überhaupt ein Sein zugestehen anstatt des Nichtseins, das auch hätte herrschen können. Das Herz des Seins schließt niemanden aus, wie unser armes kleines Herz es ihm vorschreiben

möchte. Die innere Bedeutung fremden Lebens geht hinaus über das, was wir kraft unseres Mitfühlens umfassen können. Wenn wir in unserem eigenen Leben einen Wert spüren, der uns ein Recht zu geben scheint, seine Fortdauer von der Natur zu fordern, so lassen Sie uns doch auch duldsam sein gegen die Ansprüche, die von fremdem Leben erhoben werden, mag es noch so zahlreich und mag es in unseren Augen noch so wenig ideal sein. Aber auf keinen Fall lassen Sie uns deshalb mißtrauisch werden gegen den Glauben an die eigene Fortdauer, der doch aus der Tiefe unseres eigenen Bewußtseins stammt, weil unser Gefühl versagt gegenüber dem Anspruch anderer Wesen auf Fortdauer ihrer Existenz. Denn das hieße, der Blindheit das Gesetz des Sehens überweisen.« (a.a.O., S. 21 ff.)

[26] Sir Oliver Lodge: *Raymond, or Life and Death*, London 1916. Diesem Werk sind alle folgenden Zitate der Raymond-Botschaften entnommen. – Auf deutsch erschien von Lodge: *Das Fortleben des Menschen. Eine wissenschaftliche Studie über die okkulten Fähigkeiten des Menschen*, Bad Schmiedeberg/Leipzig o. J. (Vgl. auch Anmerkung 46.)
In dem bereits zitierten Buch von Stewart E. White, *Das uneingeschränkte Weltall* (vgl. Anmerkung 13), lesen wir, daß die jenseitige Betty White durch das Medium Joan davor warnt, allzu »Oliver-Lodgeisch« zu interpretieren. Die Diesseitigen sollten keinen detaillierten, wörtlich auszulegenden Bericht über die Struktur des Jenseits erwarten. Raymond Lodges Aussagen über »Zigarren, Ziegelsteinhäuser und andere Dinge« seien »viel zu buchstäbliche Übertragungen einer Parallelität. Sir Oliver ist ein verständnisvoller Physiker. Er begriff teilweise, was Raymond ihm mitzuteilen versuchte, verstand es aber nicht klar genug.« Stewart E. White kommentierte: »Wir konnten also bestenfalls hoffen, die Prinzipien ihres Lebens zu verstehen, keineswegs aber alle konkreten Einzelheiten.« (a.a.O., S. 206 f.)

[27] Darüber Koestler in dem bereits zitierten Buch *Die Wurzeln des Zufalls* (vgl. Anmerkung 5):
»In seinem Werk *Das Weltbild der Physik* (1931) stellte Sir Arthur Eddington sein berühmtes ›Gleichnis von den zwei Schreibtischen‹ vor. Der eine ist das alte Möbelstück, auf dem seine Ellbogen beim Schreiben aufliegen; der andere ist der Tisch, wie ihn der Physiker sieht und der fast gänzlich aus leerem Raum besteht, aus schierem Nichts, das von unvorstellbar kleinen Teilchen durchsetzt ist, von Elektronen, die um ihre Kerne wirbeln, von ihnen jedoch durch Entfernungen getrennt sind, die hunderttausendmal größer als ihr eigenes Volumen sind. Und dazwischen – nichts: Von diesen wenigen verlorenen Teilchen abgesehen, ist das Innere des Atoms leer. Eddington gelangte zu dem Schluß:
›In der Welt der Physik betrachten wir das Drama des Lebens im Schattenspiel. Das Schattenbild meines Ellbogens ruht auf einem schattenhaften Tisch, und meine Schattentinte fließt über schattenhaftes Papier ... Das offene Geständnis, daß die Physik sich mit einer Welt der Schatten befaßt, ist einer der bezeichnendsten Fortschritte der neueren Zeit.‹« (a.a.O., S. 55 f.)

[28] Nicht nur Myers, auch die Parapsychologen Henry Sidgwick und Edmund Gurney haben mittels Cross-Correspondences Botschaften aus dem Jenseits gesandt.

Die Übermittlung nahm insgesamt dreißig Jahre in Anspruch und lieferte ca. zweitausend Seiten Text automatischer Schrift. Zwischen 1906 und 1938 veröffentlichte das *Journal of the Society for Psychical Research*, London, ca. dreitausend Seiten Material (Wiedergaben, Kommentare etc.) über diese Botschaften.

[29] Vgl. Die Ausführungen in dem Kapitel »Die Evolution des Bewußtseins«, S. 53ff.

[30] Der Psychologe Professor Ian Stevenson von der Universität von Virginia beschäftigt sich seit einigen Jahren vor allem mit der Erforschung des Reinkarnationsphänomens. Aufgrund von eingehenden Untersuchungen und Hypnoseexperimenten kam er zu dem Schluß, daß die traditionelle Reinkarnationsvorstellung mehr Wahrscheinlichkeit für sich in Anspruch nehmen könne als jede Alternative, die zur Erklärung der nachgewiesenen Vorgänge aufgestellt wurde.

[31] Im 19. Jahrhundert aufgekommenes Instrument. Ein auf kleinen Rollen bewegliches Brett (Planchette) bewegt sich beim Auflegen von ein oder zwei Fingern nach verschiedenen Richtungen auf die Buchstaben zu, die rings um das Brett in weitem Bogen ausgelegt worden sind. Die aus den bezeichneten Buchstaben zusammengesetzten Wörter sind die Botschaft des »Geistes«.

[32] Stewart E. White: *The Betty Book. Excursions into the World of Other-Consciousness, Made by Betty between 1919 and 1936*, New York 1937. – Hieraus auch die vorangegangenen Zitate von White.

[33] Die bemerkenswerte Folge medialer Mitteilungen, die die angesehene Schriftstellerin Margaret Cameron 1918 unter dem Titel *The Seven Purposes* veröffentlichte, war das Werk einer »Arbeitsgemeinschaft von Unsichtbaren«, die unter der Leitung einer verstorbenen Freundin, Mary K., helfend und warnend eingriffen. Die letzte Botschaft schloß mit den Worten:
»Wir haben uns nur um zwei Dinge bemüht; einmal einer Gruppe intelligenter Leute zu beweisen, daß diese Kraft [die bei der Mitteilung verwendete Energie] tatsächlich besteht und zwischen eurer und unserer Ebene praktische Anwendung finden kann, und zweitens, die Menschheit vor dem Wesen und der unermeßlichen Tragweite bevorstehender Kämpfe zu warnen ... Von der freien Wahl jener, die diese Wahrheit hören, hängt der weitere Fortschritt der Welt ab.« (13. Juni 1918)

[34] White, *Das uneingeschränkte Weltall*, a.a.O.

[35] Basil King: *The Abolishing of Death*, New York 1919. – Berühmt wurde sein spiritistischer Roman *The Inner Shrine*, New York 1909.

[36] Edward Caleb Randell: *The Dead Have Never Died*, New York 1917. – Zum gleichen Thema schrieb Randall: *Life's Progression*, Buffalo 1906; *The Future of Man*, Buffalo 1908; *Frontiers of the After Life*, New York 1922: *An Hour in the After Life*, Buffalo 1931.

[37] Robert Crookall: *Intimations of Immortality*, London 1965.

[38] Crookall, a.a.O.

[39] Vgl. Jess Stearn: *Der schlafende Prophet. Prophezeiungen in Trance 1911–1998*, Genf 1972 (8. Aufl.) und Mary Ellen Carter: *Prophezeiungen in Trance des größten Propheten der Gegenwart*, Genf 1971.

[40] Shafica Karagulla: *Breakthrough to Creativity*, Los Angeles 1967.

[41] Über Gurwitschs »Mitogenetische Strahlung« informierten Ostrander/Schroeder in ihrem bereits zitierten Werk *Psi* (vgl. Anmerkung 6):
»›Alle lebenden Zellen produzieren eine unsichtbare Strahlung.‹ Mit dieser Behauptung elektrisierte der russische Wissenschaftler Alexander Gurwitsch in den dreißiger Jahren die Welt. Er veröffentlichte Forschungsergebnisse, die wie Psychokinese zwischen Pflanzen aussahen.
Er wählte die Wurzel einer frisch gekeimten Zwiebel als ›Sender‹ und montierte die Wurzel in eine Röhre. Die Wurzelspitze richtete Gurwitsch auf eine weitere Zwiebelwurzel, den ›Empfänger‹ – ebenfalls in einer Röhre. Nach drei Stunden zählte Gurwitsch die Zahl der Zellen in der offenen Seite des ›Empfängers‹ und die auf der verschlossenen Seite. Auf der offenen Seite, die dem ›biologischen Beschuß‹ durch die andere Wurzel ausgesetzt war, ermittelte er ein Viertel mehr Zellen. Die Zwiebelwurzel mußte also eine Art Energie ausstrahlen.
Gurwitsch installierte Quarzflächen zwischen den Zwiebel-Sender und den Zwiebel-Empfänger. Die seltsame Energie strömte immer noch durch. Er probierte Hefe als Empfänger aus. Die Gärungsrate der Hefe steigerte sich um dreißig Prozent – genauso wie das Wachstum der Bakterien. Bei Menschen stellte Gurwitsch fest, daß Muskelgewebe oder die Hornhaut des Auges, Blut und Nerven als ›Sender‹ der – wie er sie nannte – mitogenetischen Strahlung wirkten. Krebsgewebe strahlten ebenfalls, nicht aber das Blut von Krebspatienten. Mehrere Krankenhäuser in Europa begannen damit, diesen Bluttest zur Diagnose zu verwenden. Sie stellten fest, daß Krankheit die Strahlung verstärkte. Wenn eine Person einige Minuten eine Hefekultur hielt, war die Strahlung stark genug, kräftige Hefezellen zu töten.
Gurwitsch konnte die Strahlung von lebenden Wesen nicht sehen, er konnte lediglich die Ergebnisse tabellarisieren. Niemand konnte recht verstehen, was Gurwitsch entdeckt hatte und wodurch die Intensität der sogenannten mitogenetischen Strahlung verursacht wurde. Gurwitsch stellte eine Theorie biologischer Kraftfelder auf, aber sie wurde bald wieder vergessen.
Dann wandten die Kirlians die Hochfrequenzfotografie auf Pflanzen an, und jedermann konnte seltsame Strahlen und Lichtfelder aus den Pflanzen hervorschießen sehen. Heute überprüfen Biologen der Kirow-Universität von Kasachstan die Entdeckung Gurwitschs von neuem, denn: ›Heute besteht eine neue Möglichkeit, die Ideen von Gurwitsch zu bestätigen, die auf der Annahme von biologischem Plasma als dem Medium beruhen, das die Kraft der Strahlungsfelder verstärkt.‹
Die Kirlian-Fotografie könnte beweisen, daß eine Strahlung aus lebenden Wesen kommt, die andere lebende Wesen beeinflussen kann. Gurwitschs Entdeckung

wirft auch auf anderen Gebieten viele Fragen auf. Energie strömt aus Pflanzen – frischem Obst und Gemüse. Was bedeutet das hinsichtlich lebender Nahrungsmittel? Stellt diese Energie in den Pflanzen vielleicht den wahren Wert der Nahrung dar und wird dieser Wert durch unsere Chemikalien, Kunstdünger, Sprays und konservierenden Zusätze zerstört? Vielleicht könnte die Kirlian-Fotografie der Forschung in der Ernährung, der Landwirtschaft, dem Gartenbau und verwandten Gebieten ganz neue Impulse verleihen.« (A.a.O., S. 351 f.)

42 Der Aura- oder Kirlian-Fotografie ist in dem bereits zitierten Werk von Ostrander/Schroeder, *Psi*, ein Abschnitt gewidmet, der als eine ideale, aufschlußreiche Ergänzung zu Arthur Fords Ausführungen gelten kann und daher hier wiedergegeben sei:
»›Ein aufregendes Panorama von Farben – ganze Galaxien von Lichtern – blau, golden, grün, violett, alle glänzend und funkelnd!‹ ›Eine nie gesehene Welt öffnete sich vor meinen Augen. Leuchtende Labyrinthe, blitzend, blinkend, flammend. Einige der Funken waren bewegungslos, andere wanderten über einen dunklen Hintergrund. Über den geisterhaften Lichtern standen helle, vielfarbige Flammen und trübe Wolken.‹
›Es ist unbeschreiblich. Elektrische Flammen leuchten auf und dann Fackeln oder blaue oder orangefarbene Kronen. Flammendes Violett und wilde Blitze. Einige Lichter glitzern beständig, andere kommen und gehen wie Wandelsterne. Es ist phantastisch, ein geheimnisvolles Spiel – eine Feuerwelt.‹
›Wie ein Sommergewitter – Krater brachen aus – nicht mit heißer Lava, sondern Strahlen wie das Nordlicht.‹«
Diese Berichte von einer erstaunlichen Welt pulsierender vielfarbiger Lichter stammen nicht von Russen, die bei einer psychedelischen Show in Ekstase gerieten. Sie waren nicht Visionen von Leuten auf einem LSD-Trip. Diese leuchtenden Galaxien und farbigen, strahlenden Labyrinthe kamen aus dem menschlichen Körper. All das wurde sichtbar, als der Körper einer Versuchsperson in ein Feld elektrischer Hochfrequenzströme gebracht wurde.
War es die ›Aura‹, die die Beobachter sahen, diese Farbenhülle, die angeblich den Körper umgibt und die Medien und Hellseher schon lange gesehen haben wollen? War es der ›Astralleib‹ – der leuchtende Energiekörper, den wir, wie die Medien behaupten, alle besitzen?
Es war jedoch keine Gruppe von Medien, die dieses Phänomen studierte. Es waren Wissenschaftler – namhafte Gelehrte, Mitglieder des Präsidiums der Akademie der Wissenschaften der UdSSR und Mitarbeiter führender Institute und Universitäten der ganzen Sowjetunion. Nach zwanzig Jahren Forschung begannen sie nun zu verstehen, welche seltsamen Kräfte des menschlichen Körpers sie entdeckt hatten.
Die Vorstellung von einer menschlichen Aura, die den Körper umgibt, ist Jahrtausende alt. Bilder aus dem alten Ägypten, aus Indien, Griechenland und Rom zeigen heilige Gestalten, von einer leuchtenden Wolke umgeben.
Diese Übereinstimmung mag tatsächlich auf Beobachtungen von Hellsehern beruhen, die, wie berichtet, den Strahlenglanz um das Haupt von Heiligen zu sehen vermochten. Das berühmte Medium, Mrs. Eileen Garrett, berichtet in ihrem Buch *Awareness:* ›Ich habe immer jede Pflanze, jedes Tier und jede Person von einer

nebligen Umrandung umgeben gesehen.‹ Den Stimmungen des Menschen entsprechend, ändert sich, wie Mrs. Garrett sagt, die Farbe und die Konsistenz dieser ›Umrandung‹.

Hellseher weisen stets darauf hin, daß ›Aura‹ im Grunde eine falsche Bezeichnung ist; sie glauben vielmehr, daß der menschliche Körper von einem anderen Energiekörper durchdrungen ist, und daß sie die Lumineszenz dieses *zweiten* Körpers, der nach außen strahlt, sehen. Wir sehen, so sagten sie, etwas wie eine Sonnenfinsternis, der leuchtende Astralleib wird völlig durch den physischen Körper verborgen. Paracelsus, der Philosoph, Chemiker, Alchimist und Arzt, glaubte ebenfalls, daß ein halbkörperlicher oder ›Sternen‹körper im Fleisch lebt und sein Spiegelbild ist. Zu Anfang unseres Jahrhunderts entdeckte Dr. Walter Kilner vom St.-Thomas-Hospital in London, daß er, wenn er durch mit Dicyanid gefärbte Glasscheiben schaute, die Aura um den menschlichen Körper sehen konnte. Kilner zufolge war es eine Strahlungswolke, die sich über etwa 15 bis 20 Zentimeter erstreckte und deutliche Farben aufwies. Ermüdung, Krankheit oder wechselnde Stimmungen konnten die Größe der Wolke und die Farben verändern; die Strahlung wurde auch durch Magnetismus, Hypnose und Elektrizität beeinflußt. Er entwickelte ein ganzes Repertoire von Diagnosesystemen aus der Aura, und die Erforschung der Aura und der Zusammenhänge mit Krankheitssymptomen dauert in Europa noch an.

Einige Medien behaupten, man könne lernen, die Aura selbst zu sehen. Wenn man in einem fast dunklen Raum vor einer leeren Wand stehe und die Augen aufreiße, würde man leichte Spuren einer rauchartigen Energie aus den Fingerspitzen kommen sehen. Diese rauchartige Umrandung zeige Farben, die je nach Gesundheitszustand und Stimmung wechseln.

Einen wichtigen Hinweis darauf, daß der menschliche Körper tatsächlich Licht ausstrahle, erhielten die russischen Wissenschaftler im Jahre 1939 aus Krasnodar, der Hauptstadt des Kubangebietes. ›Wo kann ich mir hier einen technischen Apparat reparieren lassen?‹ fragte ein Institutsangestellter einen Kollegen. Reparaturen irgendwelcher Art sind in Rußland immer ein Problem. Aber der Gefragte brauchte nicht lange zu überlegen. Er sagte: ›Gehen Sie zu Semjon Davidowitsch Kirlian. Er ist der beste Elektriker von Krasnodar.‹

Als Kirlian in das Forschungsinstitut kam, um das Gerät abzuholen, sah er zufällig, daß ein Patient an einen Hochfrequenzapparat für Elektrotherapie angeschlossen war. Und plötzlich bemerkte Kirlian einen winzigen Lichtblitz zwischen den Elektroden und der Haut des Mannes. ›Ich möchte wissen, ob man das fotografieren könnte‹, überlegte er. ›Wenn ich nun eine fotografische Platte zwischen den Elektroden und der Haut des Patienten anbrächte?‹

Die Elektroden waren jedoch aus Glas, und die Platte wäre durch Lichteinwirkung verdorben gewesen, noch ehe die Maschine eingeschaltet worden war. Er mußte eine Elektrode aus Metall verwenden, was wiederum gefährlich war. ›Schon gut‹, sagte er, als er die metallene Elektrode an seiner eigenen Hand befestigte. ›Für die Wissenschaft muß man Opfer bringen!‹

Er schaltete das Gerät ein und fühlte einen stechenden Schmerz in seiner Hand unter der Elektrode. Er hatte eine schwere Verbrennung erlitten. Drei Sekunden später wurde das Gerät ausgeschaltet, und Kirlian gab die Platte eilig in die Emulsion.

Als das Bild in der Dunkelkkammer entwickelt war, konnte er darauf einen seltsamen Abdruck erkennen, eine Art Lumineszenz in der Form der Umrisse eines Fingers. ›Ich studierte das Bild mit einer Mischung von Schmerz, Erregung und Hoffnung‹, sagte Kirlian. ›Hatte ich eine Entdeckung gemacht? Eine Erfindung? Das war noch nicht klar.‹
Er stellte fest, daß Wissenschaftler das Phänomen schon früher entdeckt hatten, es war aber nur in den Forschungsberichten verzeichnet und dann vergessen worden. Kirlian ahnte, daß er auf etwas Neues gestoßen sei, und er war entschlossen, der Sache auf den Grund zu gehen. Andere Techniken, ohne Licht zu fotografieren, also Röntgenstrahlen, Infrarot und Radioaktivität nützten ihm nichts. Er mußte sich ein völlig neues Verfahren ausdenken, um auf einem Film die leuchtende Energie zu fotografieren, die der menschliche Körper ausstrahlt.
Zusammen mit seiner Frau Walentina, einer Lehrerin und Journalistin, erfand Kirlian schließlich eine völlig neue Methode der Fotografie, für die er insgesamt vierzehn Patente erhielt.
Die Fotografie mit elektrischen Hochfrequenzfeldern erfordert zunächst einmal einen speziell konstruierten Hochfrequenz-Funkengenerator oder Oszillator, der 75 000 bis 200 000 elektrische Schwingungen in der Sekunde erzeugt. Der Generator kann mit verschiedenen Klemmen, Platten, optischen Instrumenten, Mikroskopen oder Elektronenmikroskopen verbunden werden. Der zu untersuchende Gegenstand (Finger, Blatt usw.) wird zusammen mit dem Fotopapier zwischen die Klemmen eingeführt. Wenn der Generator eingeschaltet wird, entsteht zwischen den Klemmen ein Hochfrequenzfeld, das das Objekt augenscheinlich veranlaßt, eine Art Biolumineszenz auf das Fotopapier auszustrahlen. Eine Kamera ist für diese Art des Fotografierens nicht nötig.
Ein von einem Baum gerissenes Blatt zeigte, wenn es in das Feld eines Hochfrequenzstroms gelegt wurde, eine Myriade von Energiepunkten. Um die Ränder des Blattes waren türkisfarbene und rötliche Flammenmuster zu sehen, die aus spezifischen Kanälen des Blattes kamen. Ein menschlicher Finger, der in das Hochfrequenzfeld gebracht und ›fotografiert‹ wurde, erschien im Bild wie eine komplizierte topographische Karte mit Linien, Punkten, Lichtkratern und Leuchtfeuern. Einige Teile des Fingers sahen wie eine von innen erleuchtete Kürbislaterne aus.
Die Fotografien gaben zunächst nur statische Bilder wieder. Bald aber hatten die Kirlians ein optisches Spezialinstrument entwickelt, mit dem sie das Phänomen in der Bewegung beobachten konnten. Kirlian hielt seine Hand unter die Linse und schaltete den Strom ein.
Die Hand sah wie die Milchstraße am nächtlichen Sternenhimmel aus. Vor einem Hintergrund von Blau und Gold fand in der Hand etwas statt, das einem Feuerwerk ähnelte. Vielfarbige Fackeln leuchteten auf, dann Funken, Blitze und Lichter. Einige Lichter glühten längere Zeit wie Leuchtkugeln, andere blitzten nur kurz auf; wieder andere funkelten in Intervallen. In Teilen seiner Hand zeigten sich kleine Wolken. Gewisse glitzernde Flammen wanderten funkelnde Labyrinthe entlang wie Raumschiffe, die zu fernen Galaxien reisten.
Was bedeuteten diese Flammen? Und was beleuchteten sie? Die pulsierenden Funken trieben kein zufälliges Spiel.
Die Kirlians legten ein frisches Blatt unter die Linse eines Mikroskops, das mit dem

Hochfrequenzgenerator verbunden war. Sie sahen ein Bild, das dem der menschlichen Hand ähnelte. Dann versuchten sie es mit einem halbverwelkten Blatt. Es sah wie eine nächtliche Großstadt aus, in der die Lichter nach und nach erloschen. Dann nahmen sie ein fast völlig verwelktes Blatt. Es gab fast keine Flammen, und die Funken und ›Wolken‹ bewegten sich kaum. Während sie es beobachteten, schien es vor ihren Augen zu sterben, und sein Tod spiegelte sich im Bild der Energieimpulse. ›Wir schienen die Lebensaktivität des Blattes zu sehen‹, sagten die Kirlians, ›intensive, dynamische Energie in dem gesunden Blatt, weniger in dem welken und nichts in dem toten Blatt.‹

Die Kirlians untersuchten fast jede denkbare Substanz unter ihrem Hochfrequenzmikroskop – Leder, Metall, Holz, Laub, Papier, Münzen, Gummi. Das Lumineszenzmuster war bei jedem Objekt verschieden, aber lebende Dinge hatten völlig andere Strukturdetails als nicht lebende. Eine Metallmünze wies beispielsweise nur einen völlig gleichmäßigen Glanz um den Rand herum auf. Ein lebendes Blatt bestand jedoch aus Millionen funkelnder Lichter, die wie Juwelen glitzerten. Die Flammen längs der Ränder waren jeweils verschieden. ›Was wir durch das Mikroskop und unsere optischen Instrumente sahen, erinnert an das Kontrollbrett eines großen Computers. Hier und dort wurden Lichter heller oder schwächer. Waren es Signale der inneren Vorgänge? Bei lebenden Dingen sieht man, wie sich die Signale des inneren Zustands in der Helligkeit oder Trübheit oder Verfärbung der Flammen spiegeln. Die innere Lebensaktivität des Menschen wird in diesen ‚Lichthieroglyphen' niedergeschrieben. Wir hatten einen Apparat geschaffen, der diese Hieroglyphen aufschrieb. Um sie aber lesen zu können, würden wir Hilfe brauchen.‹

1949 verfügten die Kirlians schon über ein ganzes Arsenal von selbstkonstruierten Instrumenten, durch die sie das Spiel von Hochfrequenzströmen auf Menschen, Pflanzen und Tieren genauso wie auf lebloser Materie untersuchen konnten. Sie hatten jetzt das Gefühl, daß sie die Technik hinreichend vervollkommnet hatten, um die Resultate Biologen, Physiologen, Botanikern und anderen wissenschaftlichen Spezialisten vorzuführen.

Bald pilgerten sowjetische Wissenschaftler scharenweise nach Krasnodar. In etwa dreizehn Jahren kamen viele Hunderte von Besuchern: Biophysiker, Ärzte, Physiologen, Elektronikfachleute, Kriminologen – sie alle erschienen an der Tür des kleinen, einstöckigen Vorkriegs-Holzhauses an der Kirowstraße in Krasnodar.

Der bebrillte, schon etwas kahle Semjon, der die Konzentration eines Schachmeisters ausstrahlt, und seine dunkelhaarige, attraktive Frau Walentina empfingen die Gäste in den zwei schlichten Räumen, in denen sie wohnten und arbeiteten. Eine kleine Diele war in ein winziges Labor umgewandelt worden und mit komplizierten Instrumenten vollgestellt.

Eines Tages kam der Direktor eines wissenschaftlichen Forschungsinstituts. Er hatte zwei völlig gleich aussehende Blätter bei sich, die die Kirlians mit ihrer neuen Methode fotografieren sollten. Diese ›Zwillingsblätter‹ waren von der gleichen Pflanzengattung und zu genau der gleichen Zeit abgerissen worden. Aus zahlreichen Tests mit verschiedenen Pflanzen wußten sie, daß jede Pflanzengattung ihr eigenes unverwechselbares Energiebild zeigt. Die Fotos der beiden Blätter, die ihnen der Wissenschaftler gegeben hatte, unterschieden sich jedoch scharf voneinan-

der. Stammten die Blätter doch von verschiedenen Pflanzengattungen? Hatten die Kirlians einen Fehler gemacht?
Sie wiederholten die Aufnahme mehrere Male – die Ergebnisse blieben die gleichen. Die Lumineszenzen aus dem einen Blatt wiesen kugelförmige Flammen auf, die symmetrisch über das ganze Bild des Blattes verteilt waren. Das zweite Blatt zeigte winzige dunkle geometrische Muster, die hier und dort Gruppen bildeten. Semjon und Walentina arbeiteten die ganze Nacht hindurch, machten Aufnahme nach Aufnahme von den zwei Blättern. Aber wie sie die Technik auch veränderten – die Ergebnisse blieben die gleichen. Enttäuscht wiesen sie am anderen Morgen die Bilderserien ihrem berühmten Gast vor. Zu ihrer Überraschung erhellte sich sein Gesicht vor Freude. ›Sie haben es gefunden‹, sagte er begeistert.
Die zw erschöpften Erfinder vergaßen ihre Müdigkeit, als der Botaniker erklärte: ›Beide Blätter sind tatsächlich von der gleichen Pflanzengattung. Doch eine der Pflanzen war, wie ich vermutete, bereits mit einer Krankheit infiziert. Sie haben mir das bestätigt! An der Pflanze oder an dem Blatt ist äußerlich nichts zu erkennen, was darauf hindeutet, daß sie infiziert wurde und bald eingehen wird. Kein Test mit der Pflanze selbst zeigte, daß etwas mit ihr nicht in Ordnung ist. Mit der Hochfrequenzfotografie haben Sie die Krankheit der Pflanze sozusagen im voraus diagnostiziert.‹
Für die Kirlians war das eine elektrisierende Nachricht. Sorgfältig untersuchten sie das erkrankte Blatt. (Die Pflanze, von der es stammte, ging einige Zeit später ein.) Die Kirlians erkannten allmählich, daß die Galaxien funkelnder Lichter, die sie auf ihren Hochfrequenzfotografien sahen, eine Art Energie-Gegenkörper des Blattes waren. Lange bevor sich die Krankheit physisch in der Pflanze manifestierte und pathologische Veränderungen sichtbar wurden, existierte sie bereits in diesem ›Phantom-Körper‹ der Energie. Die Institute schickten den Kirlians nun Hunderte von ›grünen Patienten‹, Blätter von Wein, Tabak, von Obstbäumen usw. In jedem Fall konnten die Kirlians feststellen, ob die Pflanze krank war oder nicht, indem sie die Energiekörper der Blätter in Hochfrequenzfotos untersuchten.
Indem man eine Pflanzenkrankheit diagnostiziert, bevor sie tatsächlich eintritt, wird es möglich, den Krankheitsursachen entgegenzuwirken und so vielleicht wertvolle Ernten zu retten.
Die philosophischen Implikationen waren sogar noch außergewöhnlicher. Es schien, als ob lebende Dinge zwei Körper hätten – den physischen Körper, den jedermann sehen kann, und einen sekundären ›Energie-Körper‹, den die Kirlians in ihren Hochfrequenzfotos beobachten konnten. Der Energiekörper schien nicht lediglich eine Strahlung des physischen Körpers zu sein. Der physische Körper schien irgendwie *zu spiegeln*, was in dem Energiekörper geschah. Wenn in dem Energiekörper der Pflanze eine Störung des Gleichgewichts auftrat, deutete das auf eine Krankheit hin, und allmählich würde der physische Körper diese Veränderung spiegeln. Die Kirlians fragten sich, ob das auch für Menschen galt.
Eines Tages erwarteten die Kirlians den Besuch von zwei namhaften Wissenschaftlern eines Moskauer Instituts. Vor einem wichtigen Besuch pflegten sie ihre empfindlichen Geräte genau zu prüfen, damit alles für eine Demonstration bereit war. Aus einem unbekannten Grund wollte diesmal das ›temperamentvolle‹ optische Gerät nicht funktionieren. Ganz gleich, wie sie den Apparat einstellten, das Bild

zeigte sich durch die Linse unscharf. Die Kirlians nahmen daraufhin das Gerät auseinander und setzten es wieder zusammen. Immer noch war das Bild verschleiert. Sie überprüften ihre anderen Geräte, um sicherzugehen, daß wenigstens diese in Ordnung waren. Auch sie arbeiteten nicht richtig, wie Testfotos erwiesen. Auf den Bildern erschienen nur dunkle Flecken und Wolken. Fast verzweifelt baute Kirlian alles auseinander, Teile des Gerätes waren über den ganzen Arbeitstisch verstreut. Er beugte sich vor, um etwas zu suchen, als ihm plötzlich schwindlig wurde. Diese Schwindelanfälle waren immer die Ankündigung einer Verschlimmerung der Gefäßerkrankung, an der er litt. Die einzige Therapie war sofortige absolute Ruhe. Walentina brachte ihren Mann zu Bett und setzte in Eile die Instrumente wieder zusammen.

Die Gäste erschienen, und Frau Kirlian demonstrierte den fotografischen Vorgang, indem sie die Fingerspitzen auf die Fotoplatten legte und den Hochfrequenzstrom einschaltete. Alle Bilder waren völlig klar. Walentina legte die Hand unter das Spezialinstrument für die direkte Beobachtung. Auch das Spiel der Lichtfackeln auf ihrer Hand war klar und deutlich. Die Wissenschaftler waren begeistert, die Demonstration war ein voller Erfolg.

Nachdem die Herren gegangen waren, taumelte Kirlian aus dem Bett. War es nicht seltsam, daß alle Instrumente korrekt arbeiteten, als Walentina sie bediente, während sie bei ihm gestreikt hatten? ›Wir lösten uns an den Instrumenten ab. Es gab keinen Zweifel. Meine Hände zeigten ein chaotisches, verschleiertes und wolkiges Energiebild. Walentinas Hände wiesen ein klares Schema des sich entladenden Energiestroms auf, die Flammen waren hell und scharf.‹ Was Semjon zuvor gesehen und für einen Fehler in der Linse oder der Einstellung gehalten hatte, war in Wirklichkeit ein Warnzeichen seiner Erkrankung, das sich in dem Energieschema seiner Hand zeigte, ehe sie sich physisch bemerkbar machte. Jetzt, in der Krisis, zeigte sich die Krankheit im Hochfrequenzbild als ein totaler Aufruhr der Energieflammen.

›Nichts ist so schlimm, daß es nicht auch was Gutes bringt‹, tröstete sich Semjon, als er sich im Bett erholte. Vielleicht könnte man auf diese Weise alle Arten von Krankheiten diagnostizieren, lange bevor sie als physische Störung auftraten. Vielleicht könnte sogar Krebs erkannt werden, solange er nur eine Abweichung im Energieschema und noch nicht ein Tumor im Körper war. Die Kirlians waren der Ansicht, daß sie eine wichtige Entdeckung gemacht hatten, als sie feststellten, daß eine Krankheit die aus dem Körper kommende Energieentladung gewaltig verändern konnte.

›Unser optischer Spezialapparat macht uns mehr Kummer als alles, was wir sonst gebastelt haben‹, klagten die Kirlians. Es wäre schwer, sich ein kapriziöseres Instrument vorzustellen. Es mußte dreifach eingestellt werden: die optischen Linsen, die Spannung und die Hochfrequenzentladung. Der Erfolg jedes Experiments hing von allzuvielen Details ab. Es war nicht leicht, dabei die Ruhe zu bewahren.

Kirlian erprobte das Gerät für die Demonstration vor einem weiteren bedeutenden Gast, als es neue Schwierigkeiten gab: ›Ich beobachtete meine Hand durch das Okular, als es plötzlich so aussah, als ob die Flammen nicht mehr mitmachen wollten. Die violetten Flammen begannen zu wirbeln, dann wurden sie gelbrosa; schließlich hörte das Feld zu schwimmen auf, und alles schien unklar zu werden.‹

Die Kirlians ersetzten die Linsen, da sie glaubten, das Glas sei überhitzt worden. Sie probierten es nochmals. Jetzt war alles in Ordnung.
Der Wissenschaftler kam, und die Demonstration begann. Die statischen Fotos wurden gut, als Kirlian aber nervös die Hand unter die Linse des heimtückischen optischen Geräts legte, spielte der Apparat wieder verrückt. Durch das Okular konnte er den Hintergrund seiner Hand nicht sehen, und die Kanäle der Lichtschemata waren unscharf. ›Bitte, entschuldigen Sie‹, bat er seinen Gast. ›Ich muß den Apparat neu einstellen.‹ Hastig wechselte er die Linsen aus, setzte den Generator in Betrieb – und wieder erschien das verteufelte, unscharfe Bild seiner Hand. Der Gast bat ungeduldig, selbst durch das Okular sehen zu dürfen. Überraschenderweise schien ihm zu gefallen, was er sah. Kirlian atmete erleichtert auf, und als sich das Interesse des Gastes an dem Phänomen weiter steigerte, bemerkte er, wie seine nervöse Spannung nachließ und er ganz ruhig wurde. In diesem Augenblick äußerte der Gast, daß er mit dem Bild, das er sah, höchst zufrieden sei.
Kirlian erinnerte sich plötzlich, daß die Zeit längst abgelaufen war. Es war nicht ratsam, die Hand zu lange in dem Hochfrequenzfeld zu lassen. Als er die Demonstration beendete, schaute er selbst durch das Okular. Der Apparat arbeitete jetzt einwandfrei, obwohl er ihn seit der letzten ›Panne‹ nicht nochmals reguliert hatte.
›Diese fürchterliche Maschine!‹ schimpften die Erfinder. Gerade, wenn sie sie vorführen wollten, benahm sie sich wie ein ungezogenes Kind. Bei zahlreichen Demonstrationen hatten die Kirlians den gleichen Ärger, bis sie schließlich dahinterkamen: Es war nicht der Apparat, sie waren es selbst, die die Schwierigkeiten machten. *Ihre* nervöse Erregung, *ihre* Sorge, ob das Experiment gelingen würde, waren es, die sich in dem Lichtpanorama spiegelten.
Wenn es ihre Gäste verstanden hätten, den Code der Farben und die Positionen der Flammen zu entziffern, hätten sie in den Händen der Kirlians mehr als nur Lichtspiele gesehen.
›Die Veränderungen im Energiebild vollziehen sich sehr schnell‹, wissen die Kirlians jetzt. Zum Beweis schlagen sie den Beobachtern nun vor, zwischendurch ein Glas Wodka zu trinken. Wenn sie dann ihre eigenen Hände in der Hochfrequenzladung beobachten, können sie den stimulierenden Geist des Alkohols sofort in vielfarbigen Flammen aus ihrem Körper schießen sehen.
Seit Jahrhunderten haben Medien ein Phänomen beschrieben, das sie ›Aura‹ nannten. Aus den Energiewolken, die sie rings um die Menschen sahen, diagnostizierten sie Krankheiten und Gemütszustände. Wahrscheinlich besteht diese Aura aus zahlreichen Elementen des menschlichen Kräftefelds, einschließlich vielleicht der Wärmestrahlung der elektromagnetischen Felder und vieler anderer Substanzen, die uns noch unbekannt sind. Die Bilder der Kirlians scheinen mindestens einige Partikel der Aura zu zeigen, Elemente, die bisher noch kein Instrument angezeigt oder aufgezeichnet hat. Medien sagen oft, daß die Aura etwas mit der ›Frequenz‹ zu tun habe, und der Kirliansche Prozeß macht diese Form der Aura sichtbar, indem er elektrische Hochfrequenzfelder durch lebende Dinge schickt. Die Kirlians sagen, daß sich in den Fotografien der Biolumineszenz bei wechselnden Frequenzen verschiedenartige Details zeigen, und zwar je nach der dominierenden Frequenz.
Vor etwas mehr als hundert Jahren hat der deutsche Chemiker Karl von Reichenbach von ausgedehnten Forschungen über eine Art von Lumineszenz berichtet, die

von Menschen, Pflanzen und Tieren ausstrahle. Er hatte sie nach dem nordischen Gott Odin ›odische Kraft‹ genannt, um das ›Allesdurchdringende‹ anzudeuten. Merkwürdigerweise sind die Berichte Reichenbachs mit dem identisch, was uns die Russen beschrieben und was wir auf den Kirlianschen Fotos gesehen haben.
Innerhalb von zwei Grundfarben, Blau und Gelbrot, beschrieben Reichenbachs Medien ›grüne, rote, orangefarbene und violette Flammen, die auftauchen und verschwinden. Violettrot erscheint und erlöscht in einem rauchartigen Dampf; alles vermischt mit vielen kleinen strahlenden Funken und Sternen‹.
In den Kirlianschen Farbaufnahmen von Pflanzenblättern sahen wir die gleichen flammenden Grundfarben: Blau und Gelbrot. Reichenbach meinte, die blauen und die rötlichgelben Farben deuteten an, daß die ›odische Energie‹ polarisiert sei.
Dr. Walter Kilner in London, der gefärbte Linsen verwendete, will das gleiche Phänomen gesehen haben. Auch seinen Berichten nach ist die Aura aus Energie um den Körper in unaufhörlicher Bewegung, und es schießen, wie auf den Kirlianschen Fotos, farbige Energieflammen von dem Körper weg in den Raum. Schlechte Gesundheit, Müdigkeit und Depressionen wirken Kilner zufolge auf die Aura ein. Er hat gelernt, anhand der Flammen und Farben der Aura Diagnosen zu stellen. Er fand auch heraus, daß einige Menschen die Farben ihrer Aura beliebig wechseln können. Er hat darüber in seinem Buch *Die menschliche Aura* geschrieben.
Die sowjetischen Wissenschaftler fragen sich nach wie vor: Was ist diese Biolumineszenz? Einige behaupteten: ›Diese Energie ist weder elektrisch noch elektromagnetisch.‹
Hat es Sinn, weiterzumachen, weiterzuforschen? Dreizehn Jahre lang blieb das Schicksal der Kirlianschen Fotografie und ihres phantastischen ›neuen Fensters in das Unbekannte‹ ungeklärt.
›Ich kenne die Kirlian-Fotografie schon lange‹, sagte Gleb M. Frank, seinerzeit Direktor des Instituts für biologische Physik an der Akademie der Wissenschaften und jetzt Chef der neuen Wissenschaftsstadt Puschkino in der Nähe von Moskau, vor der sowjetischen Presse. ›Ich habe die Kirlian-Methode dem Laboratorium für angewandte Fotografie und Kinematografie der Sowjetischen Akademie der Wissenschaften vorgeführt. Diese Technik muß für die gesamte Wissenschaft und Technik erschlossen werden.‹
Professoren der Medizin, wie Dr. S. M. Pawlenko, Vorsitzender der Pathologie-Physiologie-Abteilung des Ersten Moskauer Medizinischen Instituts, äußerten: ›Die Kirliansche Fotografie kann für die Frühdiagnose von Krankheiten, besonders bei Krebs, angewandt werden.‹
Der Mediziner Dr. Lew Nikolajewitsch Fedorow war von der Kirlian-Methode hingerissen. Auf sein Drängen finanzierte das Ministerium für Volksgesundheit einige der Forschungsarbeiten der Kirlians. Unglücklicherweise starb Dr. Fedorow, und die Zuschüsse wurden eingestellt.
Das Landwirtschaftliche Institut des Kubangebietes unter der Leitung von P. F. Warukoi hatte den Eindruck, daß die Kirlian-Methode für die Landwirtschaft äußerst förderlich sein könnte. ›Wir wollen diese Entdeckung studieren. Wir haben sogar das Geld zur Finanzierung des Projekts aufgetrieben, aber die Regierung hat uns den notwendigen Stab von Wissenschaftlern für unsere Forschungen verweigert.‹

Dr. L. A. Tumerman, der führende sowjetische Biophysiker vom Institut für Strahlungsforschung und physikalisch-chemische Biologie der Akademie der Wissenschaften, drängte die Akademie, den Erfindern Laboratoriumsplätze zur Verfügung zu stellen.
Fast jeder Wissenschaftler, der die Hochfrequenzfotografie und das bemerkenswerte Phänomen der Biolumineszenz gesehen hatte, ging mit der Überzeugung weg, daß die Erfindung der Kirlians auf jedem Gebiet der Wissenschaft und der Technik nützlich sein würde. Viele Forscher begannen mit eigenen Experimenten.
In der Zwischenzeit arbeiteten Semjon und Walentina Kirlian – wie einst Marie und Pierre Curie auf der Suche nach dem Radium – geduldig an dem Versuch weiter, die geheimnisvollen ›leuchtenden Hieroglyphen‹ zu enträtseln, die sie aus dem menschlichen Körper pulsieren sehen. Allmählich füllten die Aufzeichnungen über ihre ständig zunehmenden Entdeckungen zwei dicke Bände. Tag und Nacht in ihrem winzigen Laboratorium am Werk, vervollkommneten sie auf eigene Kosten eine Methode nach der anderen. Sie schufen neue optische Instrumente und neue Techniken, die es ermöglichten, die Hochfrequenzfotografie mit einem Elektronenmikroskop zu verbinden. Das patriotisch gesinnte Ehepaar stellte alle seine Patente dem Staat zur Verfügung. Über ein Vierteljahrhundert lang hatten sie mühevolle und kostspielige Experimente mit der geheimnisvollen menschlichen Energie unternommen. Würden die Öffentlichkeit in der Sowjetunion und die übrige Welt ihre bemerkenswerte Entdeckung je zu sehen bekommen?
Anfang der sechziger Jahre gingen sowjetische Journalisten für die Kirlians auf die Barrikaden. ›Die Situation ist so schlimm wie vor der Revolution‹, schrieb einer von ihnen, ›als die zaristischen Bürokraten entschieden, daß in dem Neuen zuviel Ungewißheit liege.‹ Der zornige Journalist fuhr fort: ›Alle Wissenschaftler, die die Kirlians arbeiten sahen, stimmen darin überein, daß ihre Forschungen für die Menschen von größtem Nutzen sein können. Fünfundzwanzig Jahre sind verstrichen, seit die Kirlians ihre Entdeckung gemacht haben. Und noch hat das zuständige Ministerium keine Mittel bewilligt, weder für die Kirlians selbst noch für ein wissenschaftliches Institut, das diese Arbeit fortführen kann.‹
Semjon Davidowitsch und Walentina Kirlian haben uns einen Weg eröffnet, das Unsichtbare zu sehen. Aber was bedeutet diese Masse farbiger Energie in unserem Innern? Die Lösung des Rätsels könnte unsere gesamte Auffassung von uns selbst und von unserem Universum revolutionieren. Es hat den Anschein, daß die Kirlians weit mehr entdeckt haben als lediglich die Fotografierbarkeit der Aura.
Gibt es so etwas wie einen ›Astralleib‹, einen Energiekörper, der sozusagen ein Duplikat unseres physischen Körpers ist? Seit Jahrhunderten sprechen Schriftsteller, Okkultisten und Hellseher genauso wie die Philosophen der Antike und der asiatischen Welt von einem unsichtbaren zweiten Körper, den wir alle besitzen.
Menschen, denen ein Glied amputiert wurde, spüren oft den fehlenden Arm, das fehlende Bein noch, genauso, als ob der Körperteil noch vorhanden wäre. Ärzte tun solche ›Einbildungen‹ als eine Wunscherfüllungs-Halluzination ab; sie sagen, Nerven registrieren noch fehlende Glieder, oder, der Mensch habe den Hang, den Körper als ein Ganzes zu betrachten. Medien und Hellseher haben jedoch oft behauptet, ›Phantomglieder‹ tatsächlich zu ›sehen‹. Der fehlende Arm oder das Bein befinde sich in einer fluiden Form noch mit dem Körper verbunden.

Einigen Medien zufolge ist der Astralleib größer als der physische Körper, und die Aura oder das Licht, das sie um den Körper strahlen sehen, ist einfach der äußere Rand dieses unsichtbaren Doubles. Eines der hervorragendsten und zuverläßlichsten Medien unserer Zeit, Eileen Garrett, schreibt in *Awareness:* ›Mein ganzes Leben lang war ich mir der Tatsache bewußt, daß jedermann einen zweiten Körper besitzt – ein ‚Double'. Nach östlicher Weisheitslehre und nach theosophischer Anschauung soll es ein Energiekörper sein, ein magnetischer Raum, der mit dem physischen menschlichen Corpus assoziiert ist, ein Raum, in dem die immateriellen Kräfte des Kosmos, des Sonnensystems, der Planeten und der unmittelbaren Umgebung des Menschen in das physische Leben des Individuums integriert werden.‹ Sie sagt, das Double diene der Ausweitung des Bewußtseins. ›Das Double ist das Medium der telepathischen und hellseherischen Projektion.‹

Wenn Mrs. Garrett recht hat, steht das Geheimnis der ASW mit diesem sogenannten Astralleib in Verbindung. Welche wissenschaftlichen Beweise besitzen wir jedoch für die Existenz dieses ›Energiekörpers‹?

Dr. Wilder Penfield von der McGill-Universität in Montreal hat zahlreiche Operationen vorgenommen, bei denen er massive Teile des Gehirns seiner Patienten entfernte. Trotzdem scheint der ›Geist‹ ohne Störung des Bewußtseins weiterzuarbeiten. ›Vielleicht werden wir immer gezwungen sein, uns ein spirituelles Element vorzustellen ... eine spirituelle Essenz, die fähig ist, den Mechanismus des Bewußtseins zu kontrollieren. Die Maschine wird den Menschen und der Mechanismus wird die Natur des Geistes nie ganz erklären‹, sagt Dr. Penfield.

Ein Bericht des äußerst zuverlässigen englischen Mediums Geraldine Cummins aus den dreißiger Jahren war für das, was wir in Rußland entdecken sollten, überraschend relevant. ›Der Geist wirkt nicht direkt auf das Gehirn ein. Es gibt einen ätherischen Körper, der das Bindeglied zwischen dem Geist und den Teilen des Gehirns darstellt ... Viel mehr korpuskulare Partikel, als die Wissenschaftler ahnen, wandern an Fäden von dem ätherischen Körper oder Double zu gewissen Regionen des Körpers oder des Gehirns. Ich möchte sie ‚Lebenseinheiten' nennen ... Dieser unsichtbare Körper, den einige den ‚Mechanismus' nennen, ist der einzige Kanal, durch den sich Geist und Leben mit der physischen Gestalt in Verbindung setzen können. Sollte ein Faden zwischen den beiden reißen, versagt die Kontrolle augenblicklich. Jedes Tier hat einen eigenen unsichtbaren Körper, der aus einer Art Äther besteht. Mit der Zeit sollte es möglich sein, ein Instrument zu schaffen, durch das man diesen Körper wahrnehmen kann.‹

Wenn dieses sogenannte Double je sichtbar gemacht werden könnte, wären die Ergebnisse revolutionär. Nicht nur würde das unsere Begriffe von uns selbst und von allen anderen Lebewesen revidieren, es würde auch das Geheimnis aller paranormalen Erscheinungen erklären.

Ist den Sowjets dieser Durchbruch bereits gelungen? Haben sie das menschliche Double sichtbar und erforschbar gemacht? Die Kirlians entdeckten die Hochfrequenzfotografie bereits 1939. In den sechziger Jahren war die Untersuchung der Biolumineszenz-Phänomene in der gesamten UdSSR in vollem Gang.

Eines Tages setzte sich ein junger sowjetischer Wissenschaftler, ein Experte für Kirlian-Fotografie, zu uns an den Tisch. Aus seiner Aktenmappe holte er das Foto eines Pflanzenblattes, das stark vergrößert war. Das Bild war nach der Kirlian-Methode in einem Hochfrequenzfeld aufgenommen worden. Es war ein Bild, wie wir es schon kannten: eine Menge leuchtender Flammen, Lichter über dem ganzen Blatt und eine präzise Aura von Lumineszenzen um die Ränder. Dann reichte er uns ein zweites Foto. Es sah wie das andere Blatt aus, nur: Durch die Mitte der rechten Blattseite schien eine Linie nach unten zu führen. Jenseits der Linie schienen die funkelnden Umrisse und die Blattadern durchsichtiger, der Hintergrund verschwommener.

›Das ist das gleiche Blatt wie auf dem ersten Bild‹, erklärte der junge Mann. ›Das Blatt ist aber zerschnitten worden. Ein Drittel wurde entfernt. Doch das Energieschema des *ganzen* Blattes ist noch vorhanden.‹

Mit anderen Worten, wir sahen tatsächlich den ›Geist‹ eines Blatteils. ›Was ist das für eine Substanz?‹ fragten wir ihn und wiesen auf den Teil des Blattes, der angeblich nicht mehr vorhanden war, als die Aufnahme gemacht wurde.

›Es ist eine Form von Energie‹, lautete die Antwort. ›Diese Energie mag ihren Ursprung in elektrischer Aktivität oder in elektromagnetischen Feldern haben, aber die Natur dieser Energie ist völlig anders als jede, die wir kennen. Wir halten es für eine Art Plasma.‹ (In der Physik ist Plasma der vierte Zustand der Materie – Ströme von ionisierten Teilchen.)

›Was geschieht, wenn man mehr als ein Drittel des Blattes wegschneidet?‹

›Dann stirbt das Blatt, und sein ganzer ‚Energiekörper' verschwindet.‹

›Wenn einem Menschen ein Finger, ein Arm oder ein Bein amputiert wird, behält er dann ebenfalls noch einen ‚Phantom-Körper', eine Art ‚Geist' des Fingers, Arms oder Beins?‹

›Ja‹, nickte der Wissenschaftler.

Nach dem, was wir gesehen hatten, schienen die Sowjets Beweise dafür zu haben, daß es in allen lebenden Dingen eine Energie-Grundsubstanz gibt, einen unsichtbaren Körper oder eine Lumineszenz, die unseren physischen Körper durchdringt. Aber welcher Art ist dieser Körper? Wie funktioniert er? Woher kommt er?

Den ersten Ansatz zu einer Erklärung fand man in der Nähe der sowjetischen Weltraumzentren im fernen Kasachstan. In der Kirow-Staatsuniversität von Alma-Ata drängte sich eine Gruppe von Biologen, Biochemikern und Biophysikern um ein riesiges Elektronenmikroskop. Die Kirlian-Apparatur hatte sich mächtig entwickelt. Jetzt war sie mit einem der kompliziertesten elektronischen Geräte verbunden. Die Wissenschaftler, die durch das Okular schauten, sahen in der lautlosen Hochfrequenzentladung etwas, das bislang nur Hellsehern vorbehalten war. Sie sahen das ›Double‹ eines lebenden Organismus in Bewegung.

Dutzende von Experimenten wurden mit dem Kirlian-Effekt an lebenden Pflanzen, Tieren und Menschen vorgenommen. Was war dieses Double? ›Eine Art elementarer plasmaartiger Ansammlung, die aus ionisierten, erregten Elektronen, Protonen und möglicherweise anderen Partikeln besteht? Es ist kein chaotisches System. *Es ist ein geordneter Organismus in sich und agiert als Einheit.*‹

1968 gaben Dr. W. Injuschin, Dr. V. Grischtschenko, Dr. N. Worobew, Dr. N. Schuiskij, Dr. N. Fedorowa und Dr. F. Gibadulin ihre Entdeckung bekannt. Alle lebenden Wesen – Pflanzen, Tiere und Menschen – haben nicht nur einen physischen Körper, der aus Atomen und Molekülen besteht, sondern aus einem Gegenstück-Energiekörper. Sie nannten ihn den ›biologischen Plasmakörper.‹

In einer wissenschaftlichen Studie mit dem Titel *Die biologische Essenz des Kirlian-Effekts*, veröffentlicht von der Staatsuniversität von Kasachstan, beschrieben sie ihre Forschung am lebenden ›Energiekörper‹: ›Die auf den Kirlian-Bildern sichtbare Lumineszenz wird durch das Bioplasma und nicht durch den elektrischen Zustand des Organismus verursacht.‹ Eine der bemerkenswertesten Eigenarten dieses vibrierenden, farbigen Energiekörpers in allen Lebewesen bestehe darin, daß er ›eine spezifische räumliche Organisation besitzt‹. Er hat Gestalt. Innerhalb des Energiekörpers haben alle Vorgänge ihre spezifische Bewegung, die der Energie in dem physischen Körper absolut unähnlich ist. Der Bioplasmakörper ist auch polarisiert. In den letzten paar Jahren haben Wissenschaftler in vielen Ländern das Postulat aufgestellt, daß den lebenden Dingen eine Art Matrix (Grundsubstanz), eine Art unsichtbares Organisationsschema innewohnt. In der Sowjetunion zerhackte beispielsweise Dr. Alexander Studitskij am Institut für tierische Morphologie Muskelgewebe und packte es in eine Wunde im Körper einer Ratte. Der Körper gestaltete daraus einen völlig neuen Muskel, so, als ob er nur ein bestimmtes Organisationsschema anzuwenden brauche.

Ein amerikanischer Neurologe stellte fest, daß er Spuren des elektrischen Feldschemas von dem fehlenden Glied eines Salamanders finden konnte. Andere Wissenschaftler haben etwas Protoplasma genommen, das zum Arm eines Tierfötus heranwachsen sollte, und es an die Stelle des Beinansatzes ›gepflanzt‹. Ein Bein und nicht ein Arm entstand, was wieder auf ein Organisationsfeld hinweist.

Auf Fotos, die uns die Russen zeigten, sahen wir, daß der Bioplasmakörper vollständig klar und in einem Hochfrequenzfeld sichtbar zurückbleibt, wenn ein Teil des physischen Körpers weggeschnitten wurde. Wenn der Energiekörper auch verschwindet, stirbt die Pflanze oder das Tier.

›Es gibt ein feststehendes Verhältnis zwischen dem physischen und dem Energiekörper, also zwischen der atomar-molekularen Materie und dem plasmatischen Zustand lebender Wesen‹, berichteten die Herren aus Alma-Ata. Die Energie jedes Lebewesens besteht aus der Energie seiner physischen Zellen und der mobileren Energie des Bioplasmas, sagen Injuschin, Grischtschenko und ihre Kollegen.

Was erzeugt diese bioplasmatische Energie? Wie erneuern wir unseren Energiekörper? Die kasachstanischen Wissenschaftler entdeckten, daß es der Sauerstoff ist, den wir atmen, der einige seiner überzähligen Elektronen und ein gewisses Quantum Energie in den Energiekörper umformt. In der lautlosen Hochfrequenzentladung konnten sie den Ablauf dieses Vorgangs tatsächlich sehen.

Wie es scheint, lädt das Atmen den ganzen bioplasmatischen Körper auf, erneuert unsere Reserven an vitaler Energie und trägt dazu bei, gestörte Energiefelder auszugleichen. Bekanntlich hat die Yogaphilosophie von jeher behauptet, daß das Atmen den ganzen Körper mit ›vitaler Kraft‹ oder ›Prana‹ auflade. Daher schreibt Yoga auch bestimmte Atemübungen zur Erhaltung der Gesundheit vor.

Jetzt verstanden die Biologen von Alma-Ata allmählich, warum das Einatmen ionisierter Luft bei vielen Arten von Krankheiten eine heilende Wirkung hat. Die Sowjets sagen, daß viele Krankheiten dann beginnen, wenn der Nachschub an Bioplasma gestört ist. Sie haben festgestellt, schon das Besprühen einer Wunde beschleunige die Heilung, da die negativen Ionen helfen, den Plasmakörper wieder ins Gleichgewicht zu bringen.

›Der Begriff des biologischen Plasmakörpers erschließt neue Wege zum Verständnis für das Wachstum von Krebs, Tumoren und anderen Krankheitsformen‹, schreiben die Biologen. Sie studierten auch den Einfluß verschiedener Farben auf das Bioplasma. Sie fanden heraus, daß jede Farbe die Aktivität des Bioplasmas verändert und darin spezifische Oszillationen hervorruft. Blau schien beispielsweise die Entladung von Biolumineszenz zu intensivieren. Vielleicht liegt die Voraussetzung für das augenlose Sehen in den Reaktionen des menschlichen Bioplasmas auf Farbe. Man stellte auch fest, daß schwache Magnetfelder die Lumineszenz des Bioplasmas stabilisierten.
Auf der Parapsychologie-Konferenz in Moskau lernten wir einen der Forscher aus Alma-Ata, Dr. W. Injuschin, persönlich kennen. Er erklärte: ›Die Entdeckung der Kirlians hat die Möglichkeit erschlossen, die plasmatischen Zustände des Organismus zu studieren. Durch den biologischen Plasmakörper reagieren wir auf das gesamte kosmische Geschehen. Unsere Biologen haben alle Arten von biologischen Reaktionen der Menschen, Pflanzen und Tiere auf Störungen in der Sonne (oder Sonnenprotuberanzen) registriert. Diese Störungen verursachen Veränderungen im ganzen plasmatischen Gleichgewicht des Universums und wirken wiederum auf das Bioplasma der lebenden Organismen ein. Das Ergebnis sind physische Veränderungen, die wir sehen können.‹
Die sowjetischen Erkenntnisse stimmten genau mit dem überein, was Eileen Garrett gesagt hatte. Man fragt sich, ob die Sowjets bei ihren Arbeiten über den bioplasmatischen Körper nicht nebenbei neue wissenschaftliche Grundlagen für ein weiteres uraltes Forschungsgebiet schaffen – für die Astrologie.
Der Kosmobiologe Dr. Tschijewskij arbeitete intensiv über die Einwirkung des elfeinhalbjährigen Zyklus der Sonnenprotuberanzen auf das menschliche Leben. Seit Jahrhunderten haben Medien behauptet, daß es möglich sei, den Astralleib nach Belieben vom physischen Körper zu trennen. Einige meinten sogar, daß sie diesen Energiekörper nicht nur bewegen, sondern selbst sogar darin ›reisen‹ können. Die Sowjets untersuchen gegenwärtig Yogis, die sich angeblich außerhalb ihres Körpers zu begeben vermögen. Man sagt, daß dieser Energiekörper in Krisenzeiten, in der Trance, im Koma oder unter der Einwirkung von Drogen den physischen Körper verlassen könne. Dr. Charles Tart von der Universität von Südkalifornien in Davis beginnt eben mit Tests über die ›Reisen außerhalb des Körpers‹.
Harold Sherman, Schriftsteller, Medium und Direktor der Parapsychologischen Forschungsstiftung in Arkansas, hat versucht, Personen zu untersuchen, die behaupten, diese Erfahrung bereits gehabt zu haben. Beim Tod soll dieser Energiekörper den physischen Körper endgültig verlassen und, wie Medien wissen wollen, sein Leben in ätherischer Form fortsetzen.
Es ist unwahrscheinlich, daß die Sowjets zur Zeit dabei sind, das Leben nach dem Tode zu erforschen. Aber im Verlauf ihrer ausgedehnten Forschung mit dem Kirlian-Effekt haben sie oft den Augenblick des Todes fotografiert. Sie sahen, wie während des Todes einer Pflanze oder eines Tieres Funken und Flammen des bioplasmatischen Körpers in den Raum schossen, wegschwammen und den Blicken entschwanden. Die Lumineszenz der toten Tiere ließ immer mehr nach. Trotzdem konnten biologische Felddetektoren aus einer Entfernung immer noch pulsierende Kraftfelder aus dem jetzt toten Körper feststellen. Kommt diese Energie aus dem

sich auflösenden bioplasmatischen Körper? Vielleicht kann mit Hilfe der Kirlian-Fotografie etwas mehr über das Geheimnis des Todes enthüllt werden.
Von all den neuen, erregenden Forschungsergebnissen, von denen wir hinter dem Eisernen Vorhang erfuhren, erschien uns die Entdeckung der Kirlians als die wichtigste. Die Folgerungen sind unendlich vielfältig. Es gibt kaum eine Disziplin unseres Denkens – Philosophie, Wissenschaft, Kunst, Religion und Medizin –, deren Grundlagen nicht durch die Vorstellung verändert würden, daß in uns ein Energie- oder Astralkörper existiert. Wir haben ihn den *sekundären* Körper genannt, aber vielleicht ist es in Wirklichkeit der *primäre* Körper. Vielleicht sind wir durch ihn auf vitalere Art mit allen Dingen im Universum verbunden, als wir bisher wußten.
Für die Parapsychologie könnte das Vorhandensein eines menschlichen Energiekörpers der Schlüssel zu jahrhundertealten Geheimnissen bedeuten. Es scheint so, als ob Mrs. Garrett hinsichtlich der Existenz eines solchen Energiekörpers, seiner Eigenschaften und des Einflusses der Sonnenenergie auf diesen Körper recht hat. Hat sie auch mit der Erklärung recht, daß dieser Energiekörper das Medium außersinnlicher Wahrnehmungen und Geschehnisse ist?« (a.a.O., S. 181 ff.)

43 Goethe hat gegenüber verschiedenen Personen über eigene Spukerlebnisse berichtet, darunter auch über die »unsichtbare Bedienung«, die er im oberen Stockwerk seines Weimarer Hauses um sich spürte, eine alte Frau und ein junges Mädchen. Der jungen Jenny von Pappenheim erzählte er: »Es war wohl ein Traum, aber ganz wie Wirklichkeit ... Eines Tages habe ich sie gesehen. Die Alte wandte sich zu mir und sagte: ›Seit fünfundzwanzig Jahren wohnen wir hier mit der Bedingung, vor Tagesanbruch fort zu sein. Nun ist das Mädchen ohnmächtig, und ich kann nicht gehen.‹ – Als ich genauer hinsah, waren sie verschwunden.« (Lily Braun, *Im Schatten der Titanen*, Braunschweig 1908 u.ö.)

44 White: *Das uneingeschränkte Weltall*, S. 24.

45 Wenige Tage nach Arthur Fords Tod nahm Edgar D. Mitchell als Kommandant der »Apollo 14« auf dem Flug zum Mond erstmals telepathische Kontakte zwischen Weltraum und Erde auf. Über das Ergebnis dieses Experiments berichteten u.a. *The Journal of Parapsychology*, Vol. 35, Nr. 2, Juni 1971, und *Psychic*, September/Oktober 1971 (Interview mit E. D. Mitchell).

46 Sir Oliver Lodge hat mehrere Kapitel seines Werks *Das Fortleben des Menschen* (vgl. Anmerkung 26) dem Medium Lenore Piper gewidmet. Er schreibt u. a.: »Mrs. Piper wurde fast ununterbrochen beobachtet von Professor James und anderen Gelehrten, vom Tage des ersten Auftretens ihres Entrücktseins an, und zwar lange Jahre hindurch, und auch ihr Privatleben (sie war in einem größeren Warenhaus in Boston angestellt) wurde überwacht.
Dr. Hodgson z. B. brachte mehrere seiner Bekannten zu Mrs. Piper, und manche von diesen haben dann aus den Trancereden der Mrs. Piper über ihre verstorbenen Verwandten usw. Sachen gehört, von denen sie überzeugt waren, daß Frau Piper sie nicht gekannt haben konnte – daß sie überhaupt nichts von den Privatangele-

genheiten der Personen wissen konnte, die Dr. Hodgson nach seiner Wahl, und ohne Namen zu nennen, in ihr Haus brachte. Ich glaube sagen zu können, daß alle Sachverständigen, die Mrs. Piper sowohl wach wie auch entrückt genügend beobachtet haben, um sich ein Urteil bilden zu können, mit mir darin übereinstimmen:
1. daß manche offenbarten Tatsachen auch von den gewandtesten Geheimpolizisten nicht hätten in Erfahrung gebracht werden können;
2. daß, um manche Sachen kennenzulernen, ein Aufwand an Zeit und Geld nötig gewesen wäre, die Frau Piper niemals zur Verfügung gestanden haben;
3. daß ihr Verhalten niemals auch nur den leisesten Anlaß bot, ihr Betrug oder Hinterlist zuzutrauen. Wenige Personen sind so lange und so peinlich beobachtet worden wie sie, und bei allen Beobachtern hinterließ sie den Eindruck der Redlichkeit, Aufrichtigkeit und Ehrlichkeit.« (a.a.O., S. 179f.)

47 Unvorhersehbare »Pannen« rufen manchmal gewisse Störenfriede unter den Jenseitigen hervor, die aus Übermut oder Mißgunst den Kontrollgeist – und damit natürlich auch die Séanceteilnehmer – durch alle möglichen »Zwischenrufe« irreführen. Der irische Dichter und Visionär William Butler Yeats hat diese Typen »Frustratoren« genannt. Darüber schreibt er in *A Vision* (Neuausgabe 1962). – Arthur Ford war der Ansicht, daß Frustratoren aus Fleisch und Blut mehr Schaden anrichten als diejenigen aus dem Jenseits.

48 Bischof James A. Pike hat sich inzwischen durch verschiedene amerikanische Medien aus dem Jenseits gemeldet. Empfängerin der Botschaften ist seine Witwe, Mrs. Diane Kennedy Pike, die, hellseherisch begabt, nach einer Vision eine genaue Skizze der Gegend angefertigt hatte, in der man Pike einige Tage später tot auffand.

49 Gemeint ist Arthur Fords letztes Buch, *The Life beyond Death*, New York 1971.

Personenregister

Die Namen jenseitiger Personen sind *kursiv* gesetzt. AT = Gestalten des Alten Testaments; NT = Gestalten des Neuen Testaments.